STRASBOURG, IMPRIMERIE DE LEVRAULT.

HISTOIRE
DE LA VIE ET DES OUVRAGES
DE
FRANÇOIS BACON.

LIVRE VI.

If parts allure thee, think how Bacon shin'd,
The wisest, brightest, meanest of mankind.

Si les dons de l'esprit vous séduisent, songez à l'éclat dont a brillé Bacon, le plus sage, le plus illustre et en même temps le plus faible des hommes:
(Pope, *Essay on man*, epist. *IV*, v. 277 et 278.)

Le 4 Novembre 1619 Fréderic V, électeur palatin, avait accepté la couronne que les états de Bohême lui avaient offerte, et que Ferdinand II, empereur d'Allemagne, portait depuis le 29 Juin 1617; mais il ne l'avait pas conservée long-temps : son compétiteur l'avait chassé non-seulement de la Bohême, mais encore du Palatinat, son patrimoine. En vain ce malheureux prince avait eu recours au roi d'Angleterre, dont il avait épousé la fille; celui-ci avait refusé de le secourir, malgré le vœu du peuple anglais, qui brûlait de venger le gendre et le coréligionnaire de son roi. Jacques cachait sa pusillani-

HISTOIRE
DE LA VIE ET DES OUVRAGES

DE

FRANÇOIS BACON,

BARON DE VERULAM ET VICOMTE DE SAINT-ALBAN,

SUIVIE

DE QUELQUES-UNS DE SES ÉCRITS,

TRADUITS POUR LA PREMIÈRE FOIS EN FRANÇAIS,

PAR J. B. DE VAUZELLES,

CONSEILLER A LA COUR ROYALE D'ORLÉANS.

> La raison. . . . .
> Fait au sommet des airs, en déployant ses ailes,
> De son divin flambeau jaillir trois étincelles :
> Aux bords de la Gironde, en des vallons fleuris,
> L'une alla de Montaigne échauffer les écrits;
> La seconde à Florence éclaira Galilée;
> Sur le rivage anglais la troisième envolée,
> Brillait devant Bacon dans le nouveau chemin,
> Où ce profond penseur guida l'esprit humain.
> M. J. CHÉNIER, *La Batavide*, chant I.

TOME II.

PARIS,

Chez F. G. LEVRAULT, rue de la Harpe, n.º 81;
STRASBOURG, même maison, rue des Juifs, n.º 33.

1833.

HISTOIRE
DE LA VIE ET DES OUVRAGES
DE
FRANÇOIS BACON.

mité, véritable cause de ce refus, sous son prétendu respect pour la légitimité, dont la Bohême avait, suivant lui, blessé le principe, en se donnant à elle-même un souverain. D'ailleurs il désirait voir son fils s'unir avec l'infante d'Espagne, et cette alliance ne pouvait se concilier avec les intérêts de son gendre, que la maison d'Autriche avait résolu de faire périr. Toutefois il aimait Fréderic, et lui avait fait passer des sommes considérables en Hollande, où ce prince s'était réfugié. Ces libéralités et d'autres plus difficiles à justifier, avaient mis le trésor à sec. La ressource des monopoles, priviléges et licences était elle-même épuisée; le roi les avait prodigués avec une facilité accrue par l'influence pernicieuse du favori et provoquée par la complaisance intéressée du chancelier[1], de sorte que les courtisans, dont l'avidité sait abuser des abus même, n'avaient rien laissé au monarque, soit à donner, soit à appliquer à ses propres besoins. D'un autre

---

1. On peut juger de l'influence de l'un et de la complaisance de l'autre, par une lettre de Bacon à Buckingham, en date du 29 Novembre 1620 (tom. III, pag. 589 et 590), où il est question de patentes établissant un monopole, au profit de Gilles Mompesson, sur les auberges; de Christophe Villiers et de M. Maule, sur les cabarets, et du lieutenant de la Tour sur les tonneaux. Bacon prie Buckingham de lui faire connaître ses intentions, et lui promet qu'il le trouvera toujours empressé à s'y conformer, surtout relativement aux individus qui l'intéressent personnellement.

côté la nation était mécontente, et le moment peu favorable pour adresser des demandes au parlement. Mais nécessité ne connaît point de loi : Jacques avait besoin d'argent, et les communes pouvaient seules lui en procurer. Il n'en répugnait pas moins à leur convocation, se rappelant de quelle manière la dernière assemblée et lui s'étaient séparés, et n'ignorant pas que depuis les griefs avaient augmenté.

Bacon qui, ainsi qu'on le voit par plusieurs de ses lettres, regardait la fréquente convocation des parlemens comme également avantageuse au roi et au peuple, ne négligea rien pour dissiper les inquiétudes de Jacques, et fut le premier à provoquer une mesure devenue indispensable.

Chargé de préparer les élections, le chancelier rendit compte, le 7 Octobre, au duc de Buckingham, de ce qu'il avait fait pour cela.[1]

« Hier, dit-il, j'ai mandé près de moi les deux grands-juges et le sergent ès-lois Crew, pour les entretenir de l'article du parlement. Je n'ai pas jugé à propos d'appeler un plus grand nombre de personnes dans une affaire où le secret importe encore plus que les conseils. Nous avons réduit notre délibération à quatre points principaux :

« 1.° A l'examen des anciens et des nouveaux griefs.

---

[1]. *Bacon's Works*, tom. III, pag. 382.

« 2.° A la préparation d'une proclamation. Nous sommes convenus qu'il faudrait donner la forme d'avis et non d'ordre à ce que l'on y dirait des élections.

« 3.° A l'examen des hommes propres à être membres du parlement, ne perdant pas de vue que cette assemblée doit être composée des meilleures têtes du royaume, si l'on veut qu'elle soit capable de mettre ordre aux affaires de l'État, conformément au vrai but de son institution. Nous nous sommes occupés des moyens à employer pour y faire entrer de tels hommes sans innovation ni éclat. Dans ce dessein, nous avons dressé quelques listes où nous avons inscrit les principaux conseillers de la couronne, les hommes d'État et les courtisans les plus distingués; les plus graves et les plus habiles jurisconsultes; enfin, les chevaliers et les gentlemen les plus sages et les plus respectables des comtés.

« 4.° A la préparation de certains bills propres à augmenter le respect et la reconnaissance que doit exciter la sollicitude du roi. Nous avons écarté tout ce qui aurait pu compromettre S. M.; du reste, nous avons préparé au parlement des travaux substantiels.

« De ces quatre points, le troisième, qui concerne les personnes, ne devra pas être communiqué au conseil, et doit être réservé à quelques-uns de ses membres seulement; les autres points peuvent être communiqués sans inconvénient. »

La proclamation, arrêtée comme il est dit dans la précédente lettre, fut rédigée par Bacon, puis soumise à Éd. Coke et aux membres de la commission, qui l'approuvèrent. Les raisons pour lesquelles le parlement était convoqué y sont disertement déduites; mais le morceau qui regarde les élections est surtout remarquable, et peut trouver des objets de comparaison dans d'autres temps et même dans d'autres lieux : c'est par là que se termine la proclamation.[1]

Après avoir exposé la situation malheureuse du roi de Bohême, et le besoin qu'il aurait de secours, « on voit, fait-on dire au roi, combien est importante la question qui sera soumise au parlement, et qu'aucune ne mérite d'être plus mûrement pesée et délibérée. Il convient donc que la chambre soit composée des membres les plus sages, les plus habiles et les plus distingués par leur mérite qu'on pourra trouver, conformément aux anciens et véritables principes de son institution.

« Le soin que nous devons prendre du bien public, auquel nos bien-aimés sujets sont tous intéressés, nous oblige à exhorter, sans porter atteinte à la liberté des élections, tous les électeurs des bourgs et comtés :

« 1.° A jeter les yeux sur les personnes les plus

---

[1]. *Bacon's Works*, tom. III, pag. 285.

dignes dans tous les ordres; sur des chevaliers et des gentlemen qui soient la lumière et les guides de leurs provinces; sur des personnes qui aient l'expérience des débats parlementaires; sur de sages et prudens politiques qui aient été employés aux affaires publiques, soit dans le royaume, soit au dehors; sur de graves et habiles jurisconsultes; sur des citoyens riches, et en général sur des personnes qui aient intérêt au bien de l'État;

« 2.° A choisir des députés bien intentionnés pour la religion, également éloignés d'une aveugle superstition et d'une fâcheuse disposition au schisme;

« 3.° A ne pas déshonorer le parlement en y envoyant des banqueroutiers et des gens obérés, qui aient intérêt à faire traîner les affaires en longueur, dans la seule vue d'être à couvert pendant ce temps des poursuites de la justice; des jurisconsultes peu habiles et peu estimés; des jeunes gens peu capables de mûres délibérations; des personnes attachées à quelque grand et assez dans sa dépendance pour qu'on puisse supposer qu'il disposerait de leur voix; ni qui que ce soit d'un rang obscur ou inférieur.

« De cette manière nous aurons une chambre des communes bien composée, digne de représenter le tiers-état (*third-estate*) du royaume, propre à nourrir une amiable et consolante union entre notre peuple et nous, et capable d'être, avec la bénédiction de Dieu, par nos soins et notre autorité, concurremment avec nos prélats et nos pairs, un noble instrument pour régler des affaires aussi importantes que celles dont je viens de parler. »

Buckingham, à qui Bacon adressa ce projet de proclamation, lui répondit[1] : « J'ai montré votre proclamation au roi. Il s'attendait que vous n'y auriez pas touché d'autre article que celui des élections. Il trouve de graves inconvéniens à ce qu'il y soit question d'affaires d'État, sur lesquelles il ne lui convient pas de s'ouvrir au public. Il se réserve de faire aux chambres telles communications qu'il jugera convenables quand elles seront assemblées, conformément à l'usage suivi par ses prédécesseurs, usage qu'il entend adopter. Il se propose de tirer parti du commencement de votre projet quand le moment en sera venu. Quant à la fin, il en a fait un extrait qu'il a l'intention de faire entrer dans la proclamation qu'il veut composer lui-même, et qu'il vous communiquera ainsi qu'à vos collègues. »

En effet, le 6 Novembre le roi publia une proclamation composée en partie de celle qu'avait préparée Bacon, et convoqua le parlement pour le 30 Janvier; puis, voulant que son chancelier y parût avec éclat, le 27 il le nomma vicomte de Saint-Alban. 1621

---

1. *Bacon's Works*, tom. III, pag. 388.

Le préambule des lettres-patentes portait : que des gens de vertu et de patriotisme étant le plus bel ornement du trône, S. M. avait résolu de récompenser dans son bien-aimé et fidèle conseiller, un homme illustre par sa naissance, plus illustre par les services que son père et surtout lui-même avaient rendus dans le premier poste de la magistrature, après en avoir utilement parcouru tous les degrés ; que S. M. entendait aussi récompenser sa conduite dans le conseil privé et dans l'administration de la liste civile, et sa noble résistance au vœu de la popularité. »

Cette nouvelle dignité, accompagnée contre l'usage d'une pension, acquit encore du prix par la manière dont elle lui fut conférée. Des personnages encore plus distingués que ceux qui l'avaient assisté lorsqu'il avait été nommé baron de Verulam, voulurent lui servir de témoins : ce furent le prince de Galles lui-même; Mandeville, lord grand-trésorier; le comte de Worcester, lord garde-du-sceau privé; le marquis de Buckingham, lord grand-amiral; les comtes de Pembroke, d'Arundel, de Rutland, de Montgomery, de Leicester, de March, d'Holderness, etc. Lord Crew lui porta la robe de vicomte, et Buckingham la lui passa. Mais désormais les honneurs ne pouvaient plus augmenter l'éclat de son nom; le *Novum organum*, récemment publié, l'avait élevé au-dessus des faveurs des rois, et le titre de vicomte ne fut qu'une bandelette de plus ajoutée à celles dont il se trouva décoré, lorsque Jacques le sacrifia moins à la vindicte publique qu'au salut de Buckingham. Cette faveur ne lui en causa pas moins une joie puérile et peu digne d'un homme aussi supérieur, quoiqu'il l'ait exprimée avec une originalité piquante dans cette lettre au roi.[1]

« Sous le bon plaisir de V. M., voici, de compte fait, la huitième grâce qu'elle m'accorde. Elle m'a nommé son conseiller savant, d'abord extraordinaire, puis ordinaire; bientôt après, elle m'a fait son solliciteur général, charge dans laquelle je l'ai servie pendant sept ans. Elle m'a ensuite nommé son attorney général, titre que je n'ai pas tardé à cumuler avec celui de conseiller privé, par une sorte d'exception qu'elle a bien voulu faire en ma faveur et qui ne s'était pas vue depuis bien long-temps. Peu d'années après elle m'a confié son grand-sceau; mais cette charge ne faisait de moi qu'une planète mobile, vous en avez fait une étoile fixe en me créant chancelier. Enfin, quand il ne vous a plus été possible de me faire monter davantage, votre bienveillance s'est occupée de me combler d'honneurs; c'est ainsi qu'elle m'a d'abord nommé baron de Verulam, et qu'elle me nomme aujourd'hui vicomte de Saint-Alban. Je trouve, dans ces huit faveurs, ce qu'on

---

[1]. *Bacon's Works*, tom. III, pag. 595.

appelle en musique un diapason, voire un nombre harmonique ou accord parfait. Grâce à Dieu et à vous, je puis maintenant sans superstition être enterré vêtu de l'habit de Saint-Alban.[1]

« Trois particularités ajoutent encore au nombre de ces faveurs aussi bien qu'à ma reconnaissance; la première, c'est qu'elles me soient venues d'un roi tel que vous. La plupart du temps les rois répandent les honneurs comme des jetons qu'ils jetteraient du haut de leur palais; mais V. M. les distribue avec une grâce qui en fait de véritables dignités. La seconde particularité, c'est la continuité de votre bonté pour moi qui, comme la bonté divine, fait succéder une faveur à une autre. Enfin la troisième, c'est que les honneurs que vous m'avez accordés ressemblent aux patentes, que vous accompagnez de cette clause bienveillante : *absque aliquid inde reddendo* (sans réserves aucunes). Les places que vous donnez, imposent à ceux qui les reçoivent des devoirs et des charges; mais les honneurs n'imposent d'autre obligation que celle de la reconnaissance, qui, loin d'accabler les esprits, les élève.

« Je puis donc vous dire *quid retribuam?* QUE VOUS RENDRE POUR TANT DE BIENFAITS. Je n'ai rien

---

[1]. Du temps de Bacon il n'était pas rare de voir les personnes d'un rang élevé recommander qu'on les inhumât revêtues des habits d'un ordre religieux. Anne d'Autriche fut portée à Saint-Denys vêtue en cordelière.

en propre, mais j'offre à V. M. tout ce que je tiens de Dieu; oui, tout, mes travaux, mes services, mes efforts assidus, en un mot, mon cœur et ma vie. V. M. en usera, je l'espère, comme fait Dieu lui-même, et si elle me trouve le cœur droit, elle daignera supporter les imperfections que j'ai d'ailleurs. Enfin, je voue à V. M. tout le temps dont je pourrai disposer : je ne demande qu'une chose, c'est de l'employer jusqu'à la fin pour vous, et de me survivre dans vos souvenirs. Cette prière est la seule que je fasse pour moi-même; toutes mes autres prières sont pour V. M. »

Le marquis de Buckingham, qu'il avait chargé de remettre cette lettre au roi, lui répondit[1] :

« Noble mylord, j'ai montré votre lettre de remercîment à S. M., qui a dit que c'était trop de reconnaissance pour si peu de chose, et que la faveur qu'elle vous a accordée était un trop faible encouragement pour un aussi fidèle serviteur. Quant à moi, je me réjouirai toujours lorsque S. M. vous donnera des preuves de son affection, et je contribuerai tant que je le pourrai, à accroître la bonne opinion qu'elle a de vous. »

Enfin, le 30 Janvier[2], Bacon se présenta devant les chambres, dont il ouvrit la session par un dis-

---

1. *Bacon's Works*, tom. III, pag. 596.

2. Deux mois environ après la bataille de Prague, qui avait ruiné les espérances du prince palatin.

cours [1] où il détermine l'étendue de leurs pouvoirs, qu'il réduit à trois : *conseiller*, *adhérer* et *assister*. Il oubliait le pouvoir d'accuser et de juger les ministres prévaricateurs, dont le parlement était sur le point de faire à son égard un si sévère usage. Il prévoyait si peu cet orage, que, près d'en être assailli, il rêvait encore aux moyens de réaliser cette maison de Salomon dont il avait tracé le plan dans sa Nouvelle Atlantide, et Bushel nous a conservé un fragment du discours [2] qu'il se proposait de prononcer à la chambre des pairs, sur les procédés à suivre pour réparer les mines envahies par les eaux, et dans lequel il est question d'une espèce d'académie industrielle qu'il projetait. [3]

Le parlement ne parut pas d'abord disposé à s'écarter des voies de soumission et de respect que venait de lui tracer le chancelier. Les communes même se montrèrent résolues à tout sacrifier pour

---

1. *Bacon's Works*, tom. III, pag. 596.
2. *Ibid.*, tom. I.ᵉʳ, pag. 419.
3. *Bushel's Extract*, pag. 18 et 19. Quoique disposé à croire que Bacon avait inventé un procédé nouveau pour l'épuisement des mines inondées, et avait formé le projet d'établir une institution du genre de celle dont nous parlons; quoique, admettant qu'il ait pu préparer un discours pour faire adopter ses vues par le parlement, Tennison répugne à croire que le fragment cité soit de lui, « les compositions du chancelier, dit-il, étant d'ordinaire plus méthodiques et mieux écrites. » (*Baconiana*, pag. 97.)

rester en bonne intelligence avec le roi. Elles ne voulurent pas qu'on parlât des nouvelles impositions qui avaient fait la matière d'une vive querelle dans la dernière session, et s'il s'éleva quelques plaintes sur l'emprisonnement de plusieurs de leurs membres, la plus grave et plus prudente partie de la chambre désira que ce tort fût enseveli dans l'oubli : il y a plus, lorsqu'elles furent informées que le roi avait fait remettre de l'argent au prince palatin, elles lui accordèrent d'une voix unanime deux subsides, et cela dès l'ouverture de la session, contre l'usage adopté dans les précédentes assemblées. Elles passèrent ensuite, mais avec beaucoup de modération, à l'examen des abus.

Le premier qui attira l'attention des communes, fut celui des monopoles accordés par lettres-patentes, dont plusieurs, il est vrai, avaient déjà été supprimés par suite des remontrances du parlement, mais que l'avidité ingénieuse des faiseurs de projets avait bientôt remplacés, et souvent pour un qui était aboli, on en voyait renaître plusieurs non moins insupportables à la nation que stériles pour le prince.

Le comité de recherches, qui fut nommé aussitôt par la chambre des communes, commença sa mission par dénoncer trois patentes qui donnaient aux titulaires, l'une le droit exclusif d'autoriser toutes les tavernes à bière; une autre, toutes les auberges et hôtelleries; une autre, enfin, la fabrication du galon d'or et d'argent. A l'aide de ces patentes, des sommes considérables avaient été levées et mille vexations exercées. Enfin, il était de notoriété publique, que les galons sortis des manufactures privilégiées contenaient beaucoup plus de cuivre que d'or et d'argent. On mit à découvert une série de fraudes et un système d'oppression, dont on trouverait à peine des exemples dans les gouvernemens les plus despotiques.

Nul ne prit plus de part à cette investigation qu'Éd. Coke, à qui sa longue expérience et son profond savoir donnaient beaucoup d'autorité, quoique ses ennemis fissent courir le bruit, que son zèle pour le bien public n'avait d'autre motif que le souvenir du traitement qu'il avait reçu de la cour. Mais quels que fussent les motifs des réformateurs, leurs recherches furent utiles, puisqu'elles contribuèrent à déraciner les abus qui avaient détruit la liberté du commerce et souillé l'administration de la justice, et surtout puisqu'elles firent revivre dans la chambre des communes un privilége inestimable pour la nation, celui de citer les ministres d'État criminels, devant la chambre des lords.

Les trois monopoles que nous venons de citer furent déclarés griefs publics, et les patentés, sir Gilles Mompesson et François Michell, se voyant menacés, cherchèrent un appui dans Buckingham.

Celui-ci avait reçu leur argent en retour des patentes qu'ils avaient obtenues par son intermédiaire, et son frère, sir Édouard Villiers, avait été associé à leurs bénéfices. Il était naturel qu'ils eussent recours à sa protection, mais leurs démarches n'eurent d'autres résultats que de compromettre le favori.

Les communes ayant représenté ces graves abus au roi, en furent reçues avec de grandes apparences de bienveillance et d'affection. Il leur fit même des remercîmens de l'avoir informé de ce qui se passait, jusqu'à déclarer qu'il avait honte que de telles vexations se fussent introduites à son insu dans l'administration. « Je vous assure, dit-il, que si j'en avais été informé plus tôt, j'aurais fait le devoir d'un roi juste, et que je n'aurais pas attendu que vous fussiez assemblés pour punir les coupables avec autant et plus de sévérité que vous ne le voulez faire aujourd'hui. »

Mais ce langage n'était qu'une feinte; Jacques voulait par-dessus tout sauver son favori, qu'il voyait fortement compromis, et dont il sentait bien que les mécontens finiraient par attaquer la personne. Il ne se montrait si courroucé que pour pouvoir diriger l'animadversion publique et la détourner de Buckingham[1]. Il désirait aussi sauver son chancelier, qui avait scellé avec une complaisance coupable les

---

1. *Cabala*, *letter II*.

lettres-patentes et les édits qui autorisaient tant de vexations; mais pour quiconque connaissait le caractère du roi, il était clair que Bacon était perdu, si jamais le salut du favori exigeait sa perte[1]. Le chancelier vit se former l'orage et ne put le conjurer : il a laissé des traces de ses fâcheux pressentimens dans deux lettres à son ami Toby Mattew.[2] L'on voit dans une autre, adressée à Buckingham lui-même, sous la date du 7 Mars[3], qu'il fit ce qu'il put pour empêcher que les communes poussassent plus loin leurs menaçantes investigations, et surtout pour paralyser la haineuse activité d'Éd. Coke. « Votre seigneurie, dit-il, aurait peu d'influence sur lui, mais je pense qu'un mot du roi le désarmerait. »

Les communes pénétrèrent la pensée secrète de Jacques, et composèrent avec sa faiblesse. Dès le lundi 5 Mars elles avaient envoyé à la chambre des lords un message pour se plaindre de diverses concussions, entre autres de celles attribuées à Gilles Mompesson et à François Michell, et pour demander une conférence à ce sujet. Quant à Éd. Villiers, Buckingham, son frère, avait trouvé le moyen de le soustraire aux recherches du parlement, en lui faisant donner une mission en pays étranger, tout

---

1. *Bushel's Abridg. postscript.*, pag. 2 et 3.
2. *Bacon's Works*, tom. III, pag. 389.
3. *Ibid.*, pag. 597.

en déclarant que si son frère avait participé au crime, il était le premier à demander qu'il participât au châtiment. Ainsi les associés d'É. Villiers restèrent de fait exposés seuls aux poursuites des communes.

Le jeudi 8 Mars, la chambre des lords s'assembla, puis s'ajourna au samedi suivant, jour auquel eut lieu la conférence des deux chambres sur l'affaire de Mompesson. Le 12, le chancelier, après avoir pris secrètement les ordres du roi, fit son rapport à la chambre sur cette conférence. Il insinua que les informations qu'on se proposait de faire *ne produiraient rien, mais qu'elles auraient toujours l'avantage de mettre la couronne à l'abri du soupçon.* [1] Lord Chamberlain et William, comte de Pembroke, n'en jugèrent pas ainsi, et se plaignirent à la chambre de ce rapport, disant qu'il y avait de l'inconvenance à s'exprimer de la sorte, alors qu'une commission venait d'être nommée pour informer. Ils firent observer que le chancelier semblait plaider dans sa propre cause. Celui-ci, indépendamment du sceau qu'il avait apposé au privilége de Mompesson, n'était pas désintéressé dans l'exercice de ce privilége, à en juger par une lettre à Buckingham, du 10 Février 1619 [2]. Il reconnut qu'il avait eu tort de s'ex-

---

1. Voy. Hume, Hist. d'Angl., tom. VII.
2. *Bacon's Works*, tom. III, pag. 379. Le docteur Hacket, évêque de Lichtfield, dans la Vie de l'archevêque Williams, insinue qu'un présent reçu dans l'affaire de G. Mompesson fut la cause première de la ruine de Bacon.

primer comme il l'avait fait, et en demanda pardon à la chambre. Lord Mandeville, grand-trésorier, qui avait tenu un langage à peu près semblable, et qui s'était attiré des reproches non moins vifs, se rétracta également.

Cette déférence ne désarma point le parlement; Mompesson et Michell furent condamnés à une prison perpétuelle et à une amende, dégradés du titre de chevalier et déclarés infames. Mais Mompesson avait trouvé le moyen de se soustraire à la surveillance du sergent d'armes, et avait passé les mers. Quelque rigoureux que fût ce jugement, on put voir combien les lords, ainsi que les communes, connivaient aux affections du roi. Par exemple, l'attorney général Yelverton, arrêté et accusé d'avoir rédigé les patentes et protégé les priviléges, ayant osé dire, pour sa défense, qu'il y avait été contraint par Buckingham au nom du roi, les lords s'offensèrent de cette allégation, et l'accusation primitive, oubliée, fit place à ce grief nouveau, pour lequel Yelverton fut condamné à rester en prison le temps qu'il plairait au roi, et à payer à la couronne 10,000 liv. st., et 5000 au marquis de Buckingham, amendes qui lui furent remises dans la suite.

Cependant l'approbation que le roi semblait donner à cette justice incomplète, encourageant les communes, elles songeaient à attaquer le chancelier, lorsque des plaintes plus précises, portées devant elles contre ce chef de la magistrature, dévoilèrent la corruption et les abus qui s'étaient introduits dans la cour suprême de la chancellerie, et fournirent un prétexte légitime à des poursuites. Une bourse avait été trouvée sous le carreau sur lequel siégeait le chancelier[1], et cet indice de corruption fut bientôt fortifié par d'autres faits. L'irritation s'en accrut, et la chambre fut un moment incertaine si elle poursuivrait seulement Bacon : plusieurs membres tenaient des assemblées secrètes, où l'on ne projetait rien moins que de rendre Buckingham responsable de toutes les concessions et de tous les brigandages qui se commettaient depuis long-temps sous son égide. Quelques créatures du favori lui persuadèrent qu'il n'y avait de salut pour lui que dans la prompte dissolution du parlement; et le roi se serait infailliblement porté à un coup si hardi et si dangereux, sans les sages remontrances du doyen de Westminster, Williams, dont l'ambition cherchait à capter, par l'apparence du zèle, la bienveillance de Jacques et de son favori. Cet adroit politique conseilla au roi de révoquer, par une déclaration, toutes les concessions onéreuses pour la nation qu'il avait faites à ses courtisans,

---

[1] Voyez *Réflexions désintéressées sur le cas de ceux qui corrompent les autres ou s'en laissent corrompre par des présens, faites au sujet du chancelier Bacon, par un bon Anglais.* Brochure in-8.°, 1721.

et d'apaiser le parlement, irrité contre Buckingham, en annonçant que celui-ci, instruit combien les gens d'affaires lui en avaient imposé, avait été le premier à solliciter l'annullation des priviléges qu'on avait surpris à sa bonne foi. Jacques suivit ce conseil : il alla plus loin; sentant qu'il fallait encore une victime, il abandonna son chancelier à la vindicte publique. Toutefois ce sacrifice lui coûta beaucoup, et il ne put s'empêcher de pleurer, lorsqu'il apprit que Bacon était accusé [1]. Quant à Buckingham, il fut informé des poursuites dirigées contre le malheureux chancelier par une lettre de sir Lionel Cranfield [2], son allié, et par une autre de Calvert, son secrétaire, tous deux membres de la chambre des communes. « J'espère, répondit-il au premier, que Dieu, qui a donné tant de grandes qualités à mylord Bacon, l'aura préservé des crimes qu'on lui impute; j'espère aussi que les communes cesseront leurs poursuites devant la chambre haute, et s'adresseront au roi, qui peut et veut faire justice. [3] » Ce langage hypocrite, qui ne trompa personne, fut néanmoins un voile que la justice n'osa déchirer.

---

1. *Bacon's Works*, tom. III, pag. 396.

2. Lionel Cranfield, négociant de la cité, avait acheté la protection de Buckingham, en épousant une de ses parentes. Il avait été nommé lord grand-trésorier en Octobre 1620.

3. *Collections relating to the life of lord Bacon*, p. 55, by Rusworth.

Il paraît, par une lettre de Bacon à Buckingham [1], écrite sur la première nouvelle des poursuites que préparait la chambre des communes, que les dispositions menaçantes du parlement avaient déjà fait l'objet d'un entretien entre le chancelier et le favori. « Cher mylord, dit Bacon, me voici dans ce purgatoire dont me parlait dernièrement votre seigneurie; mais je ne suis pas inquiet, mon bonheur étant indépendant de ma fortune. Ma conscience me dit que mes mains sont pures et que pur est mon cœur; j'espère que mes amis et les gens de ma maison sont purs aussi. Cependant quelle réputation, fût-ce celle de Job lui-même et du juge le plus intègre, ne serait pas un instant obscurcie par l'acharnement qu'on montre contre moi, dans un temps où le rang dénonce et la simple accusation déshonore. S'il suffit d'être chancelier pour être accusé, quel homme honorable voudra désormais accepter le grand-sceau? Mais j'espère que S. M. et votre seigneurie daigneront mettre fin, d'une manière ou d'une autre, aux embarras où je me trouve. Au fond ce que je crains le plus, c'est que les occupations et les soucis dont je suis accablé, ne laissent pas à mon faible corps le temps de se remettre, et que je ne sois obligé de garder le lit, ce qu'on ne manquerait pas de regarder comme une feinte et un

---

[1]. *Bacon's Works*, tom. III, pag. 499.

moyen d'éluder la présence de mes accusateurs. Dieu me garde de ce malheur et fasse que vous soyez heureux ! »

Il n'est pas absolument impossible que Bacon fût de bonne foi, lorsqu'il parlait ainsi de son innocence et de sa pureté. Cette bonne foi, dans laquelle pouvait l'avoir entretenu l'exemple de ses prédécesseurs [1], qui étaient dans l'usage de recevoir des présens, prouverait seulement la dépravation d'un temps que, vingt ans plus tard, après la révolution, les demeurans de cet âge appelèrent sans doute le bon temps. Au surplus, on ne prétendait pas que Bacon eût le premier reçu des présens, mais on faisait observer avec raison, qu'aucune suite de précédens, quelque longue qu'elle fût, ne pouvait justifier une conduite aussi coupable et aussi destructive de l'opinion que l'on doit avoir de l'impartialité d'un juge.

---

1. On pourrait ajouter : de ses contemporains. En effet, sir John Bennet, juge à la cour des prérogatives de Cantorbery, fut accusé, pendant cette même session, devant la chambre des lords, d'avoir permis, pour de l'argent, l'exécution de testamens contraires à la loi. Mais il parvint à se soustraire à cette accusation, en demandant du temps pour préparer sa défense. Avant l'expiration du délai qui lui fut accordé, le parlement fut prorogé, et à la session suivante on oublia et l'accusation et l'accusé. A la vérité, peu de temps après Bennet fut condamné à une amende de 20,000 liv. st. par la chambre étoilée pour la même cause, mais le roi lui en fit remise.

Cependant le 12 Mars la chambre des communes nomma des commissaires[1], qu'elle chargea spécialement de la recherche des abus qui s'étaient introduits dans la justice. Sir Edward Sackville, depuis comte de Dorset, créé président de cette commission, prétexta une indisposition pour se dispenser d'agir contre Bacon, dont il était l'ami. Il fut remplacé par sir Robert Philips, que recommandaient également son amour du bien public et sa modération. Ce président fit son rapport à la chambre le 15; il exposa que deux particuliers accusaient le chancelier de vendre la justice, et citaient des faits qui leur étaient personnels. Il parla d'ailleurs sans aigreur et avec tous les égards et les ménagemens possibles, « attendu, dit-il, que la chose touchait l'honneur d'un grand homme, si distingué par ses talens naturels et acquis qu'il n'en disait pas davantage, de peur de ne pouvoir en dire assez.[2] »

Il n'en conclut pas moins à ce que l'accusation, telle qu'elle se présentait, fût déférée à la chambre haute. Le perpétuel ennemi de Bacon, Coke, fut le seul qui agît avec passion dans cette poursuite.[3]

Un second rapport fut fait le 17 Mars, dans lequel Philips exposa quelques circonstances plus

---

1. *State trials*, tom. I, pag. 353.
2. *Court and character of king James, by sir Antony Weldon*, pag. 139.
3. Biogr. brit., pag. 401.

graves que dans le premier. Sir Éd. Sackville et M. Finch, alors assesseurs de Londres, parlèrent en faveur du chancelier, et s'efforcèrent d'atténuer les charges portées contre lui. Enfin, le 19, sur la demande de Coke, un acte d'accusation en forme fut présenté aux lords dans une conférence qu'ils eurent avec la chambre des communes, et le lendemain le lord-trésorier en fit le rapport à la chambre haute.[1]

« Il exposa le désir qu'avaient les communes d'informer leurs seigneuries des graves abus qui s'étaient introduits dans les cours de justice; que la dénonciation se divisait en trois parties, concernant :

« La première, les accusés;

« La deuxième, les chefs d'accusation;

« La troisième, les preuves.

« Que les accusés étaient le lord chancelier d'Angleterre et le Dr Field, depuis évêque de Laudaff.

« Que les qualités supérieures du lord chancelier le recommandaient particulièrement; qu'il avait rehaussé l'éclat d'une place d'où la bonté, la justice et la clémence se répandent sur les justiciables; que ces vertus avaient été sa seule règle[2] dans toutes

---

[1]. *The passages in parliament aganist Francis, viscount Saint-Alban.* Bacon's *Works*, tom. II, pag. 44.

2. « Ses arrêts, dit M. L. Échard dans son Histoire d'Angleterre, furent toujours si équitables, qu'il n'y en eut jamais de cassé comme injuste, bien que plusieurs aient été attaqués par

les grandes contestations qui avaient été portées devant sa seigneurie, et que ses arrêts n'avaient jamais été cassés par le parlement pour cause d'injustice ou de mal jugé.[1]

« Que cependant le lord chancelier était accusé de prévarication et de corruption au premier chef, dans l'exercice de ses éminentes fonctions; que l'on citait deux faits :

« Le premier concernait Christophe Awbrey.

« Dans une cause pendante à la chancellerie, entre Awbrey et sir William Bruncker, Awbrey sentant que sa cause prenait une mauvaise tournure, avait fait remettre au lord chancelier, en sa maison de Gray'sinn, par les mains de sir George Hastings, son avocat, 100 liv. st. qu'il avait été obligé d'emprunter à un usurier. Cette affaire traînant en longueur, Awbrey avait écrit plusieurs lettres au lord

---

la voie de l'appel. » Hume lui rend le même témoignage. « Il paraît, dit-il, que les prédécesseurs de Bacon étaient dans l'usage d'accepter des présens. En suivant ce dangereux exemple, il n'avait pas laissé que de conserver sur le siége l'intégrité d'un juge, et ses arrêts n'en étaient pas moins sévères contre ceux même dont il avait reçu des arrhes d'iniquité. »

[1]. On présume que l'usage des appels de la chancellerie à la chambre des pairs, commença à s'établir lorsque Fr. Bacon tenait le grand-sceau. Quant aux appels des cours de justice, ils avaient lieu depuis long-temps sous la forme de *dénonciation d'erreur* (*writ of error*). Comment. de Blakstone, tom. III, pag. 454.

chancelier sans pouvoir obtenir de réponse; enfin, il en avait écrit une dernière, sur laquelle sa seigneurie lui avait répondu, que s'il l'importunait davantage, il le ferait mettre en prison. En définitive Awbrey avait perdu sa cause, malgré les assurances contraires qu'on lui avait données de la part du chancelier.

« Le deuxième chef d'accusation se rapporte à M. Édouard Égerton. Il existait plusieurs procès entre M. Édouard Égerton et sir Rowland Égerton. Édouard, peu de temps après la promotion de Bacon aux fonctions de lord garde du grand-sceau, avait fait cadeau à ce ministre d'un bassin et d'une aiguière, qui valaient plus de 50 liv. st.; depuis il avait remis 400 liv. st. tant à sir George Hastings qu'à sir Richard Young, pour les faire tenir à sa seigneurie. Ceux-ci les avaient présentés à Bacon comme un témoignage de la reconnaissance d'Édouard pour les services qu'il lui avait rendus lorsqu'il était attorney général. Sa seigneurie les avait pris, les avait soupesés, et avait dit que c'était trop; puis avait ajouté que M. Édouard, en l'enrichissant ainsi, lui faisait un devoir de lui être favorable dans toutes les causes où il aurait pour lui la justice.

« Les preuves de ce fait se trouvaient dans le témoignage de sir G. Hastings et de sir R. Young, qui déclaraient avoir remis au chancelier une bourse dont ils ignoraient le contenu. Enfin, le tabellion

Merefil déclarait avoir emprunté 700 liv. st. pour M. Édouard, qui depuis lui avait dit en avoir donné 400 à sa seigneurie.

« Cette déclaration compromettait encore, comme ayant pris part à cette manœuvre, l'évêque de Laudaff; ce prélat, qui jouissait auparavant d'une grande considération, avait forcé M. Édouard, en le menaçant d'une amende de 10,000 liv. st., à en mettre 6000 à sa disposition, sous la promesse de lui faire obtenir un arrêt favorable par l'entremise du marquis de Buckingham, qui avait tout pouvoir sur le chancelier, et qu'il insinuait n'être pas désintéressé dans cette ténébreuse négociation. Cependant, nonobstant les promesses de l'évêque de Laudaff, Édouard avait été condamné, et n'avait pu obtenir la restitution du prix de tant de manœuvres stériles. »

Le lord trésorier ajouta : « Que les communes se proposaient de suivre sur ces chefs d'accusation, sauf à y joindre les plaintes qui pourraient survenir; qu'elles entendaient se conformer aux précédens, desquels il résultait que de très-grands personnages avaient été poursuivis devant le parlement pour des causes analogues.

« Qu'elles suppliaient leurs seigneuries, d'autant qu'il s'agissait d'un homme revêtu d'éminentes dignités, de ne pas laisser languir ce procès et de presser son instruction, afin que l'accusé ou ses accusateurs fussent punis, suivant que celui-là serait reconnu innocent ou coupable. »

Après ce rapport, le lord amiral, marquis de Buckingham, présenta à la chambre une lettre adressée à leurs seigneuries et ainsi conçue :

« Aux très-honorables et très-gracieux lords spirituels et temporels, siégeant en la chambre haute du parlement.

« Milords,

« Je supplie très-humblement vos seigneuries d'interpréter favorablement mon absence : la cause n'en est ni feinte ni imaginaire ; j'éprouve au cœur et aux reins un mal qui me fait cruellement souffrir, quelque force que je puise dans la persuasion où est mon esprit que je ne suis pas éloigné du ciel, dont j'ai déjà les avant-goûts.

« Mais que je meure ou que je vive, je suis jaloux de défendre, autant que j'en suis capable, mon honneur et ma réputation contre la plainte pour cause de corruption, dont je suis l'objet devant vos seigneuries ; qu'il me soit permis de vous adresser les prières suivantes :

« La première, c'est que vous ne me priviez pas de votre estime avant de m'avoir entendu.

« La seconde, c'est qu'ayant égard à la situation de mon esprit, qui dans ce moment est presque entièrement séquestré des affaires de ce monde et s'occupe exclusivement du compte et de la justification qu'il doit à une cour encore plus élevée que la vôtre, vos seigneuries daignent, suivant l'usage des autres cours, m'accorder un délai suffisant pour me concerter avec un conseil et préparer ma défense; préparation, au reste, à laquelle le conseil aura la moindre part; car, grâce à Dieu, ce n'est point avec des subtilités que je compte défendre mon innocence : mon intention est de déclarer avec cette franchise et cette ingénuité que vos seigneuries me connaissent, tout ce que je sais ou me rappelle.

« La troisième c'est que, conformément aux règles de la procédure criminelle, il me soit permis de reprocher les témoins qui seront produits contre moi, et d'engager devant vos seigneuries un débat contradictoire, comme aussi de faire une contre-enquête qui mettra la vérité dans tout son jour.

« La dernière, c'est que vos seigneuries veuillent bien ne pas puiser de préventions défavorables dans le nombre et la gravité des plaintes qui pourraient venir se réunir à celles que vous connaissez déjà : c'est une justice qu'a le droit de réclamer un magistrat qui expédie par an plus de deux mille ordonnances ou arrêts, et contre qui l'on se plaît à susciter tant de haines. Je demande, enfin, qu'il me soit permis de répondre successivement et séparément sur chaque chef, comme le veut une impartiale justice.

« Je me flatte, milords, que vous ne trouverez

rien que de juste dans ces demandes; si vous y faites droit, je m'applaudirai d'avoir pour juges de si nobles pairs et de si vénérables prélats; et sans chercher dans les priviléges de mon rang des subterfuges qui ne conviennent qu'à des coupables, je m'efforcerai, comme je l'ai dit, de donner à vos seigneuries des preuves de ma franchise et de ma bonne foi, m'en reposant sur votre honneur et votre bienveillance. Dans cet espoir, je prie Dieu de bénir vos résolutions et vos personnes.

« Sur quoi

Je demeure, de vos seigneuries,
l'humble serviteur,
F. Saint-Alban, chancelier. »

19 Mars 1621.

Le même jour le roi hâta, sans le vouloir, la chute du malheureux chancelier, en disant aux lords qu'il espérait que ce ministre était innocent; mais que, s'il était déclaré coupable, il était déterminé à le punir sévèrement.

Dès le lendemain les pairs répondirent au chancelier qu'ils avaient reçu sa lettre; qu'on observerait à son égard les formes de la plus rigoureuse justice, et qu'ils ne désiraient rien tant que de le voir se disculper. A cette fin ils le priaient de ne rien oublier pour sa légitime défense.

Le mercredi 21 Mars les communes envoyèrent à la chambre des lords un message relatif à une plainte supplémentaire, composée des quatre chefs suivans :

1.º Dans un procès pendant à la chancellerie entre lady Wharton, demanderesse, et Wood et autres, défendeurs, le chancelier était accusé d'avoir reçu de lady Wharton un cadeau de trois cents livres.

2.º Dans un procès entre Hall, demandeur, et Holman, défendeur, ce dernier, différant de répondre, avait été mis à la prison de la flotte, où il était resté vingt semaines. Mais ayant sollicité sa mise en liberté, il lui avait été dit par des personnes qui entouraient le chancelier, que l'arrêt qui avait été rendu contre lui par suite de son silence, serait rapporté, s'il voulait déposer 2000 liv. st., qui seraient mises à la disposition du chancelier. Il n'avait pas voulu donner cette somme, mais il avait donné 1000 liv. st. et avait obtenu sa liberté à ce prix.

3.º Le chancelier était accusé de s'être fait remettre, par l'intermédiaire de M. Burough et de M. Hunt, ses serviteurs, une somme de 200 liv. st. pour l'homologation d'une sentence arbitrale entre Smith-Wicke et Wiche. Mais sur la réclamation de Smith-Wicke cette somme avait été restituée, sauf 20 liv. st., que Hunt avait gardées pendant une année.

Ces plaintes déposées sur le bureau, les lords procédèrent à l'information, firent appeler divers témoins devant la chambre, et nommèrent une commission tirée de son sein pour discuter les preuves.

Cette discussion, qui eut lieu le 24 Mars, fut entièrement défavorable à Bacon, qu'elle jeta dans un état voisin du désespoir : on peut en juger par les deux lettres suivantes.[1]

« Au marquis de Buckingham.

« Mylord, le jour d'hier ne fut pas un jour pour moi. Aujourd'hui j'attends des nouvelles de vous, qui êtes mon ancre sur cette mer agitée. Cependant, pour tranquilliser mon cœur, j'écris à S. M. la lettre ci-incluse; je prie votre seigneurie de la lire et de ne la remettre qu'autant qu'elle le jugera convenable. Fasse le Ciel que votre seigneurie soit constamment heureuse.

« Toujours à elle tant que je pourrai.
Fr. Saint-Alban, chancelier. »

25 Mars 1621.

« Au roi.

« Sous le bon plaisir de V. M., le temps n'est plus où j'apportais pour autrui aux oreilles de mon roi le gémissement de la colombe; c'est pour moi-même que je le fais entendre aujourd'hui. J'accours vers lui sur les ailes du ramier; une fois, dans la semaine qui vient de s'écouler, j'ai cru qu'elles me porte-

---

1. *Bacon's Works*, tom. III, pag. 393.

raient encore plus haut [1], et pourtant, quand je rentre en moi-même, je n'y trouve pas ce qui a pu m'attirer un pareil orage. V. M. sait mieux que personne que jamais je ne lui donnai de conseils violens, et que je fus toujours le partisan des voies les plus douces. Ai-je donc été pour le peuple un avare oppresseur? me suis-je montré arrogant, intraitable? me suis-je rendu odieux par mes manières et mes discours? Je n'ai hérité de mon père aucune haine; je suis né bon citoyen : quelle peut donc être la cause de cet orage? car ce sont ordinairement là les choses qui attirent le mépris et excitent l'indignation.

« Quant à la chambre des communes, c'est dans son sein que mon crédit a pris naissance, et l'on veut qu'il y trouve sa fin! Cependant, ce même parlement, lors du message au sujet de la religion, a retrouvé son ancienne affection pour moi, et a reconnu que j'étais toujours le même homme, sauf les honneurs dont vous avez récompensé mes services.

« A l'égard de la chambre haute, peu de jours avant tout ce bruit, ceux qui la composent semblaient me porter sur les mains, à cause de la candeur qu'ils trouvaient en moi; candeur qui, disaient-ils, est le signe caractéristique d'une ame noble, sans ruse et sans détour.

---

1. Il avait failli mourir.

« Pour ce qui est des dons et présens par lesquels on m'accuse de m'être laissé corrompre, j'espère qu'au jour où tous les cœurs seront ouverts, le mien n'offrira pas une source empoisonnée par la coupable habitude de vendre la justice, quoique je reconnaisse ma fragilité et que je sois loin de me prétendre exempt des vices de mon siècle.

« Aussi suis-je bien déterminé, quand viendra le moment de répondre, à ne pas me parer d'une fausse innocence, et, comme je l'ai écrit à leurs seigneuries, à n'employer ni subtilités ni détours. Je leur parlerai le langage que mon cœur me parle à moi-même, excusant, atténuant, ou confessant ingénument les choses, et j'espère que Dieu me fera la grâce de bien voir toutes mes fautes, de peur que je ne tombe dans l'endurcissement en me faisant meilleur que je ne suis.

« Mais je ne veux pas importuner davantage V. M. de mes chagrins; je lui demande même pardon de la longueur de cette doléance. La seule chose après laquelle je soupire, comme un cerf altéré soupire après l'eau du torrent, c'est d'apprendre par le généreux ami qui vous remettra cette lettre, quels sentimens me conserve le cœur de V. M., qui est un abîme de bonté, comme je suis un abîme de misère. Je me suis toujours considéré à votre service comme simple usufruitier, et vous seul comme propriétaire de ma personne; ne vous étonnez donc pas que je m'offre aujourd'hui en holocauste pour qu'on dispose de moi ainsi que l'exigera la gloire, soit de votre justice, soit de votre clémence et votre utilité, consentant à demeurer comme l'argile entre les bienveillantes mains de V. M. »

Fr. Saint-Alban, chancelier.

25 Mars 1621.

Le lendemain le roi vint à la chambre des lords, y prononça un discours préparé, dans lequel, affectant de se montrer populaire, il avoua que le gouvernement avait fait de grandes fautes et était tombé dans plusieurs méprises; qu'on avait de justes sujets de se plaindre des lettres et édits ruineux surpris à Buckingham, et déclara qu'il abandonnait les coupables à la rigueur des lois. Il alla plus loin; pour mieux prouver la sincérité de son indignation, il commua de sa propre autorité le châtiment du fugitif Mompesson en un exil perpétuel. Il ajourna ensuite le parlement au 18 Avril, sous couleur de lui procurer un repos dont il avait besoin; mais, au fond, pour laisser aux esprits le temps de se calmer, et ménager à l'infortuné chancelier plus d'indulgence. Malheureusement les choses tournèrent autrement qu'il ne l'avait prévu; les plaintes se multiplièrent pendant cet intervalle et vinrent aggraver la position de l'accusé. L'inquiétude gagna le marquis de Buckingham. En effet, Bacon paraissait disposé à se défendre et à ne pas se prévaloir de sa maladie pour ne pas comparaître. Or, son éloquence, qui égalait son savoir, pouvait faire changer de face au procès et détourner sur le favori l'orage qu'il voulait concentrer sur le chancelier. Ce dernier pouvait prouver que celui-là l'avait contraint de sceller ces lettres patentes dont on se plaignait tant; il pouvait dévoiler les mystères d'un gouvernement oppresseur qu'il connaissait parfaitement; et s'il ne se fût pas complétement lavé, il eût au moins singulièrement atténué les torts qu'on lui reprochait. Mais alors c'en était fait de Buckingham et de sa fortune. Le roi le sentit, et, après quelques hésitations, fit venir Bacon le 16 Avril, et, sous couleur d'un de ces conseils qui sont des ordres [1], lui défendit de comparaître, et l'exhorta à se soumettre à la chambre des pairs, lui donnant sa parole royale de lui épargner la honte d'une condamnation; ou, s'il ne le pouvait, de le dédommager plus tard en lui rendant les honneurs et les places qu'on lui aurait enlevés.

Séduit par ces promesses ou pressé par le témoignage de sa conscience, le malheureux chancelier obéit et fut perdu. Toutefois, avant de quitter Jacques, Bacon lui dit : « Gardez que ceux qui attaquent aujourd'hui votre chancelier, n'attaquent un

---

[1]. *Bushel's Extract postscript.*, *pag.* 19 *and* 20; *and Bacon's Works*, tom. III, pag. 600.

jour votre personne : je suis la première victime; plaise à Dieu que je sois la dernière [1] ! » Ces paroles, dans la bouche de Bacon, n'avaient-elles pour objet que d'intéresser personnellement le roi à son sort, ou bien étaient-elles une sorte de prévision des événemens qui agitèrent les dernières années du règne de Jacques, et se terminèrent par la mort tragique de son fils? Les personnes qui ont intérêt à faire croire que l'impunité des ministres est la sauvegarde des rois, ne manqueront pas d'adopter cette dernière version [2]. Elles verront, dans l'abandon que Jacques fit de son chancelier, la première cause des malheurs qui affligèrent la famille de ce prince; pour nous, nous trouverions plutôt cette cause dans la faiblesse qui fit tout sacrifier à Jacques pour sauver son indigne favori.

Bacon, pour se conformer à la volonté du roi, renonça donc à faire usage du droit de défense que la chambre haute lui avait reconnu, et dont la nature ou l'instinct de la conservation personnelle lui faisaient une loi. On peut voir, ce qu'il dit à ce

---

[1]. Voyez la *Baconiana* du docteur Tennison.

[2]. Le docteur Heylin, dans la Vie de l'archevêque Laud, partie I, *ad annum* 1621, et M. Elfing, dans un discours sur les parlemens, resté manuscrit, regardent le sacrifice que le roi fit de son chancelier comme une faute grave, qui fut le prélude de celles qu'il commit depuis. Lord Clarendon et M. Hakeville ont partagé cette opinion.

sujet, dans un écrit[1] qu'il s'était proposé de remettre à Jacques le jour qu'il en obtint audience. Cet écrit ou mémoire n'est pas achevé; on en trouve même dans ses œuvres une seconde ébauche, où, comme dans la première, il se borne à discuter la nature et la gravité du crime qu'il est résolu de confesser. Il distingue trois sortes de prévarications dont un magistrat peut se rendre coupable.

1.° Recevoir des cadeaux pour des affaires qu'il sait être encore en litispendance.

Et il déclare être innocent de cœur et d'intention sous ce rapport.

2.° Recevoir des cadeaux sans s'assurer si l'affaire est ou non jugée.

Et il convient qu'il peut avoir eu quelquefois ce tort.

3.° Recevoir des cadeaux après que l'affaire est jugée et terminée.

Il allègue ici l'opinion des jurisconsultes, qui ne voient point, à ce qu'il prétend, une prévarication dans ce dernier fait. « Pour moi, dit-il, je ne sais si j'ai failli en le commettant; dans tous les cas j'ai failli de bonne foi. Si je me suis trompé, je désire qu'on m'éclaire, et je suis disposé à me repentir doublement, une fois pour le crime, une fois pour l'erreur; car j'aimerais mieux être ré-

---

[1]. *Bacon's Works*, tom. III, pag. 600, 601 et 602.

puté prévaricateur que fauteur de prévarication. »

Il paraît qu'il se borna à écrire au roi la lettre suivante.[1]

« Sous le bon plaisir de V. M., je reconnais les obligations infinies que je vous ai, pour m'avoir accordé l'accès de votre royale personne, et m'avoir permis de toucher le pan de votre manteau. Je vois que V. M. imite celui qui ne veut pas *rompre le roseau cassé, ni éteindre le lumignon qui fume*, et comme elle imite le Christ, je ne doute pas que leurs seigneuries ne veuillent vous imiter à leur tour. Voilà le principe de ma confiance en la clémence de V. M., et pourquoi je compte sur sa protection auprès de milords. Il ne m'est pas possible et il ne serait pas prudent à moi de leur faire une réponse circonstanciée, tant que je ne connaîtrai pas précisément les faits qu'on m'impute; dès qu'on me les aura signifiés, je déclarerai la vérité sans détour, et me montrerai *sans feuilles de figuier*, excusant ce qui sera susceptible d'excuse, atténuant ce qui pourra être atténué, et confessant ingénument ce qui ne pourra admettre ni atténuation ni excuse. Que s'il m'arrive de considérer comme innocent ce qui serait réellement coupable, je désire qu'on me le dise, afin que je puisse m'en repentir doublement, une fois pour ma faute, une autre fois

---

[1]. *Bacon's Works*, tom. III, pag. 394.

pour mon erreur. Je me mets dès à présent à la discrétion de V. M., et demeure, etc. »

20 Avril 1621.

L'agitation de Bacon était au comble; une fièvre ardente, soit qu'elle fût une des causes de cette agitation, soit qu'elle en fût l'effet, ne lui avait pas permis d'abord de calculer les conséquences de la promesse indiscrète qu'il venait de faire au roi. Un moment de calme lui ouvrit les yeux sur le piége dans lequel il s'était engagé. Il voulut en sortir, et écrivit[1] dès le lendemain à Jacques, qui ne lui accorda qu'une pitié stérile.

« Sous le bon plaisir de V. M., je vous dirai qu'il a plu à Dieu de m'affliger pendant ces trois derniers jours d'un mal de tête extrêmement douloureux, qui s'était fixé comme un apostume sur l'occiput. Le peu de médecine que je possède me disait que ce mal était un rhumatisme, et partant une sorte de paralysie locale, ou bien un abcès qui devait trouver son issue dans une fièvre suivie de mort subite. Avec cette crainte, et surtout au milieu des douleurs que j'éprouvais, il m'était impossible de m'occuper d'aucune affaire; mais maintenant que mon mal est devenu plus supportable, je sens le besoin de m'occuper de celle qui m'intéresse. Je vous écris donc pour me prosterner derechef à vos pieds.

---

1. *Bacon's Works*, tom. III, pag. 395.

« V. M. m'est témoin que dans la dernière et consolante audience qu'elle a daigné m'accorder, je n'ai nullement cherché à l'émouvoir pour obtenir qu'elle usât de sa prérogative, en évoquant à elle ma cause. Je n'ai pas demandé qu'elle s'opposât à ce que la chambre des lords en connût; c'est, au contraire, d'après mon désir que V. M. l'a laissée dans leur juridiction, et a consenti que le rapport en fût fait par milord trésorier. Qu'au moins aujourd'hui il me soit permis de supplier V. M. de vouloir bien, en vertu de son droit de faire grâce, me soustraire, sous le bon plaisir de la chambre, à la sentence qui me menace[1]. *Faites que ce calice s'éloigne de moi*, tel est dans ce moment le plus ardent de mes vœux.

« J'hésite d'autant moins à vous demander cette faveur, que, dans l'intention où l'on est de faire une réforme, on fera, en me retirant le grand-sceau, d'après ma soumission sans réserve, un exemple plus efficace que ne pourraient l'être les plus grandes rigueurs.

« J'abandonne respectueusement à V. M. le choix du mode qu'il lui conviendra d'employer; mais je

---

[1]. Aujourd'hui le pouvoir de faire grâce, qui appartient au roi, ne peut être exercé en faveur d'un individu accusé par la chambre basse, tant qu'il n'est qu'accusé. « Aucun pardon, disent les statuts XII et XIII, chap. 2, de Guillaume III, ne pourra être allégué contre une accusation intentée par la chambre basse. »

ne doute pas, si vous daignez prendre l'initiative, si le prince, votre fils, en fait la motion, et si milord marquis veut bien user de son crédit sur les amis qu'il a dans la chambre, que d'après ma soumission sans réserve, et voyant que je me mets à leur discrétion, les lords ne m'épargnent une sentence flétrissante, surtout quand ils verront que vous m'avez retiré le grand-sceau. Cette demande est la dernière que je compte adresser à V. M. dans cette affaire : qu'elle daigne considérer que je me borne à crier *merci*, après l'avoir servie pendant quinze années avec un aveugle dévouement et aussi bien que l'ont permis mes faibles moyens. Au moins puis-je dire que, pendant tout ce temps, je suis resté vierge de tout manquement envers votre personne et ses prérogatives. Tout ce que je demande en récompense, c'est qu'on ne me prive pas en une seule fois de huit distinctions successivement acquises.

« A propos de présens, quand on en reçoit on peut en faire; j'ose donc offrir à V. M., pour peu qu'elle veuille m'assurer du loisir et que Dieu me prête vie, d'entreprendre d'écrire une bonne *histoire d'Angleterre*, et de rédiger un *corps de lois* mieux digéré que n'est le nôtre. Sur ce, je prie Dieu pour vous, et demeure de V. M. »

L'affligé, mais toujours dévoué serviteur et sujet,

Fr. Saint-Alban, chancelier.

21 Avril 1621.

Cette lettre étant restée sans réponse, le 24 Avril Bacon fit remettre, par le prince de Galles à la chambre des lords, l'acte de soumission suivant.[1]

« Humble acte de soumission du grand-chancelier aux très-honorables lords siégeant en la chambre haute du parlement.

« Sous le bon plaisir de vos seigneuries, je vous supplie très-humblement, milords, de vouloir bien interpréter favorablement ce que je vais écrire. Les paroles qui échappent à un esprit troublé et à un cœur navré réclament quelque indulgence.

« Ainsi j'espère que vous étendrez votre bienveillance à tout ce que je dirai; et d'abord je vais débuter d'une manière bien étrange dans le sujet dont j'occuperai vos seigneuries ; car, au milieu d'afflictions aussi grandes que mortel en puisse supporter, l'honneur étant plus précieux que la vie, je commencerai par me féliciter de plusieurs choses.

« Premièrement, de ce que désormais la dignité de juge et de magistrat ne sera plus un brevet d'impunité; ce qui, pour le dire en peu de mots, est un commencement d'âge d'or.

« Secondement de ce qu'instruits par mon exem-

---

[1]. La manière dont cet acte est écrit prouve, dit Carteret dans la Biographie britannique, que Bacon, dans l'abîme du malheur, était capable de commander à ses pensées et d'écrire avec autant de force et de liberté d'esprit qu'au temps de sa prospérité.

ple, les juges se garderont de toute chose qui ressemblerait, même de loin, à la corruption, comme on se garde d'un serpent. Par là ils purgeront les cours de justice des abus qui y règnent, et leur rendront leur ancienne gloire et leur primitive splendeur.

« Ces deux considérations, Dieu m'en est témoin, ne me sont pas une petite consolation dans mon malheur, qui, par son excès même, doit produire de si heureux effets !

« Mais laissons mes sentimens, dont Dieu seul est juge, et passons aux faits de ma cause, dont vos seigneuries doivent connaître, après Dieu et le roi, son vicaire en ce monde.

« Je sais que depuis long-temps on attend de moi quelque justification, et je me suis arrêté à une seule, empruntée à Job. Après la confession pleine et entière que je vais faire à vos seigneuries, en me mettant à leur discrétion, j'espère pouvoir dire avec ce saint homme : *« Je n'ai pas caché mes actions comme Adam a caché les siennes; je n'ai pas renfermé mes fautes dans mon sein. »* Voilà l'unique justification dont j'userai.

« Il ne me reste plus qu'à confesser ingénument et *sans feuilles de figuier*, qu'après avoir pris connaissance des diverses charges élevées contre moi, je reconnais qu'insuffisamment établies devant vous, elles le sont suffisamment dans ma mémoire et devant ma conscience, pour me déterminer à abandonner ma défense, et vous obliger à me condamner et à me punir.

« Ainsi je ne fatiguerai pas vos seigneuries de la recherche minutieuse des griefs que je crois porter à faux ; qu'*importe*, en effet, *une épine extirpée quand il en reste plusieurs dans la plaie ?* QUID TE EXEMPTA JUVAT SPINIS E MILLIBUS UNA ? Ainsi, je ne ferai point observer à vos seigneuries que toutes les preuves ne vont point au but ; je ne chercherai point à vous donner des scrupules sur la foi que méritent les témoins ; je ne vous représenterai pas combien il me serait facile, si je voulais me défendre, de trouver à mes fautes des particularités atténuantes dans le temps où elles ont eu lieu, dans la manière dont elles ont été commises, dans les circonstances qui les ont accompagnées ; je laisse à vos nobles pensées le soin de faire valoir toutes ces choses, et de recueillir les observations qui naissent d'elles-mêmes, et celles que le raisonnement peut seul suggérer. Vous examinerez avec charité et sous toutes leurs faces, les divers chefs de l'accusation, selon les lumières que Dieu vous donnera. Pour moi, je m'abandonne sans réserve à votre humanité et à votre clémence.

« Maintenant que j'ai parlé à vos seigneuries comme à mes juges, je leur adresserai quelques mots comme à des pairs et à des prélats, recommandant humblement ma cause à vos nobles esprits et à votre magnanime affection.

« Vous n'êtes pas en effet de simples juges, mais des juges parlementaires, dont le pouvoir discrétionnaire s'étend beaucoup plus loin que celui des autres juridictions. Si donc vos seigneuries ne sont pas liées dans leur rigueur et leur sévérité par la procédure ordinaire et les précédens des cours, elles le sont bien moins encore dans leur indulgence et leur miséricorde.

« Toutefois s'il m'arrivait de dire quelque chose qui contrariât l'importante réforme que vous méditez, ce serait contre mon intention. Je prie seulement vos seigneuries de me permettre de citer un trait d'histoire : Titus Manlius ôta la vie à son fils, pour avoir livré bataille malgré la défense de son général. A quelque temps de là, Papirius Cursor, dictateur, poursuivit avec la même sévérité Quintus Maximus, qui, au moment d'être condamné, obtint sa grâce à l'intercession des principaux membres du sénat. Là-dessus Tite-Live fait cette profonde et belle réflexion : *Le danger que courut Quintus Maximus ne consolida pas moins la discipline militaire, que n'avait fait le déplorable supplice de Titus Manlius.* NEQUE MINUS FIRMATA EST DISCIPLINA MILITARIS PERICULO QUINTI MAXIMI, QUAM MISERABILI SUPPLICIO TITI MANLII. La mise en jugement des hommes d'un rang élevé, pour être suivie d'une condamnation moins rigoureuse, n'en inspire pas moins de terreur.

« Au reste, je suis dans un cas tout différent, et je souhaite humblement que S. M. me retire son sceau; ce sera pour moi un sujet d'affliction bien grande, mais aussi, je l'espère, une suffisante expiation de mes fautes.

« Si donc l'indulgence et la miséricorde sont à votre disposition et peuvent se concilier avec les nobles fins que vous vous proposez, pourquoi n'attendrais-je pas de vous faveur et pitié?

« Vos seigneuries se plairont à imiter un digne modèle, le roi, notre maître, dont le cœur recèle tant de sagesse et de bonté. Elles n'oublieront pas non plus que son fils siége dans leurs rangs. Elles se rappelleront qu'il y a cent ans qu'on n'avait vu de prince du sang dans cette chambre, et jamais de prince dont il soit plus convenable de solenniser la présence par des actes de clémence et de justice. Milords, vous êtes ou des hommes de naissance, et toujours la compassion habite les cœurs qu'un noble sang anime, ou de respectables prélats, serviteurs de celui *qui ne rompt pas le roseau cassé, et n'éteint pas le lumignon qui fume.* Or, plus les siéges où vous êtes assis sont élevés, plus vous devez être sensibles aux vicissitudes de ce monde et à la chute de quiconque tombe de haut.

« Vos seigneuries ne doivent pas perdre de vue

que mes fautes sont vices du siècle autant que vices de l'homme, et que le commencement d'une réforme a une vertu contraire à celle de la piscine de Bethsaïda. Cette piscine ne guérissait que le premier qu'on y jetait, tandis qu'une réforme ne frappe que le premier sur qui elle tombe. Puisse celle qui me menace s'arrêter à moi et ne pas aller plus loin!

« Enfin, j'ose me flatter que vos seigneuries conservent à un homme qui est encore leur collègue, une partie des sentimens d'affection dont ils m'ont donné des marques pendant cette session même, et j'espère que ces témoignages ne ressembleront pas à la dernière lueur que jette un flambeau avant de s'éteindre, mais plutôt aux rayons de cette bonté qui garde tous ses feux pour la fin.

« En conséquence je remets mon sort entre vos mains; que mon repentir et ma soumission soient mon arrêt, et que la perte du sceau soit ma peine. Daignent vos seigneuries m'épargner de plus grandes rigueurs, et me recommander à la clémence et à la miséricorde du roi pour tout ce qui s'est passé. Que l'esprit de Dieu soit avec vous.

« De vos seigneuries,

L'humble et suppliant serviteur.
Fr. Saint-Alban, chancelier. »

22 Avril 1621.

Les lords ayant pris connaissance de cette soumission, entendu le résumé des charges et les preuves à l'appui, envoyèrent au chancelier, par l'intermédiaire du baron Denham et de l'attorney général, une copie dudit résumé, mais sans les preuves.

Ce message avait pour objet de lui faire connaître que la confession consignée par sa seigneurie dans ledit acte de soumission, était incomplète sous trois rapports.

1.° Sa seigneurie ne précisait aucun aveu.

2.° Elle ne laissait pas voir si elle comprenait de quelle nature était l'accusation dirigée contre elle.

3.° La forme qu'elle avait donnée à son aveu en diminuait l'effet.

En conséquence les lords croyaient devoir lui adresser le détail des charges dirigées contre lui, et entendaient qu'il s'expliquât catégoriquement sur chacune d'elles dans un délai convenable.

A ce message, le chancelier répondit qu'il s'empresserait de donner satisfaction aux lords.

Mais le 25 Avril, ceux-ci, mécontens de cette réponse, envoyèrent un nouveau message à sa seigneurie, pour lui faire savoir :

Qu'ils avaient reçu la réponse vague qu'il avait faite à leur message de la veille; qu'ils lui en envoyaient un nouveau, pour qu'il déclarât directement et sur-le-champ, s'il voulait faire une confession explicite, ou s'il entendait se réserver le droit de se défendre.

Les députés rapportèrent aux lords pour réponse :

Que le chancelier avait renoncé à toute défense, et était disposé à se reconnaître coupable de corruption, comme à faire une confession circonstanciée sur chaque chef d'accusation, résolu qu'il était de se mettre humblement à la discrétion de la chambre; qu'il demandait seulement la liberté de s'expliquer et de dire vérité sur les particularités qui lui paraissaient avoir été rapportées incomplétement ou avec inexactitude.

Les lords renvoyèrent la même députation au chancelier, pour lui dire que leurs seigneuries lui accordaient jusqu'au lundi suivant, pour adresser à la chambre l'acte de confession et de soumission qu'il annonçait.

En conséquence, et pour se conformer à cette injonction, le 29 Avril le chancelier leur adressa l'acte que voici.

AUX TRÈS-HONORÉS LORDS SPIRITUELS ET TEMPORELS, SIÉGEANT EN LA HAUTE COUR DU PARLEMENT.

Humble confession et soumission de moi, lord grand-chancelier.

« Après avoir pris connaissance de l'accusation portée contre moi, descendant au fond de ma conscience, et rappelant, d'aussi loin que je le puis, ma conduite à ma mémoire, je confesse pleinement et ingénument que je suis coupable de corruption.[1]

---

[1]. Quelques personnes ont qualifié de bassesse l'humilité avec

Je renonce à toute défense, et m'abandonne à la clémence et à la miséricorde de vos seigneuries.

« Je confesse que les faits suivans sont tels que je le vais dire :

« Le premier chef de l'accusation porte : *Dans la cause entre sir Rowland Égerton et Édouard Égerton, le lord chancelier a reçu 300 liv. st. de sir Édouard avant le jugement.*

« Je confesse et déclare que, sur le renvoi qui me fut fait par S. M. de tous les procès et difficultés existant entre sir Rowland et sir Édouard, les deux parties s'obligèrent, par une reconnaissance réciproque de 10,000 liv. st., à s'en rapporter à mon jugement; je les entendis ensuite dans leurs moyens respectifs, puis je rédigeai mon jugement d'après l'avis et avec l'approbation de milord Hobard. Ce jugement fut prononcé et rendu public en Février, et ce n'est que plusieurs jours après que je reçus les 300 livres dont il est question dans l'accusation. Depuis, Édouard Égerton refusa de se soumettre au jugement; ce qui obligea, vers le milieu de l'été suivant, sir Rowland à lui intenter un procès pour faire confirmer ma sentence.

« Le second chef porte : *Dans la même cause, le chancelier a encore reçu d'Édouard Égerton 400 l. st.*

---

laquelle Bacon s'accusa lui-même. J'aime mieux croire que cette humilité prit sa source dans le sentiment intérieur de ses fautes.

« Je confesse et déclare qu'aussitôt après ma promotion aux fonctions de garde du sceau, époque où plusieurs personnes me firent des cadeaux, il me fut remis 400 liv. st. dans une bourse, de la part de M. Édouard Égerton ; mais, autant que je me le rappelle, il me fut expressément dit que c'était pour des faveurs passées, et non en vue de faveurs futures.

« Le troisième chef porte : *Dans la cause entre Hody et Hody, le chancelier a reçu une douzaine de boutons valant environ 50 liv. st., et ce, quinze jours après le jugement.*

« Je confesse et déclare que, conformément à ce qui est dit dans l'accusation, quinze jours environ après le jugement de cette cause, qui avait pour objet une succession importante, j'ai reçu de sir Thomas Perrot, à titre de présent, douze boutons d'or, valant 50 liv. st.

« Le quatrième chef porte : *Dans la cause entre lady Wharton et les cohéritiers de sir Francis Willoughby, le chancelier a reçu 310 liv. st.*

« Je confesse et déclare qu'à deux reprises différentes, j'ai reçu de lady Wharton 200 liv. et 100 pièces en or, et cela, j'en conviens, avant que le procès fût terminé. Mais j'ai de fortes raisons de soupçonner qu'il existait des intelligences entre M. Shute[1]

---

1. Un des domestiques de Bacon.

et le greffier, pour enregistrer certaines ordonnances que j'ai désapprouvées depuis.

« Le cinquième chef porte : *Dans la cause de sir Thomas Monk, le chancelier a reçu dudit Thomas Monk, par les mains de sir Henri Holmes*[1], *110 liv. st., mais neuf mois seulement après le jugement.*

« Je confesse et déclare que j'ai reçu 100 pièces, mais long-temps après le jugement, ainsi que cela est dit dans l'accusation.

« Le sixième chef porte : *Dans la cause entre sir John Trevor et Ascue, le chancelier a reçu 100 liv. st. dudit sir John Trevor.*

« Je confesse et déclare avoir reçu, au premier de l'an, 100 liv. st. de sir John Trevor, mais comme un présent de nouvelle année. J'ignorais si son procès était terminé ou non; mais depuis j'ai su qu'il ne l'était pas; car bien que la cause fût alors en état d'être jugée, toujours est-il qu'elle était encore en litispendance.

« Le septième chef porte : *Dans la cause entre Holman et Young, le chancelier a reçu de Young 100 liv. st., après avoir jugé en sa faveur.*

« Je confesse et déclare avoir reçu, mais, autant que je me le rappelle, assez long-temps après le jugement, la somme de 110 liv. st., soit de M. Toby Matthew, soit de Young lui-même, regardant cet

---

1. Autre domestique de Bacon.

argent comme une gratification donnée par Young à Hutcher, mon domestique, avec lequel j'affirme n'avoir jamais été de connivence.

« Le huitième chef porte : *Dans la cause entre Fisher et Wunham, le chancelier, après avoir rendu son arrêt, a reçu une tenture de tapisserie valant 160 liv. st. et plus, que Fisher lui a donnée sur l'invitation de M. Shute.*

« Je confesse et déclare que, quelque temps après avoir rendu mon arrêt, étant sur le point de retourner à l'hôtel d'Yorck, je reçus une tenture de tapisserie que je crois de la valeur indiquée dans l'acte d'accusation, et ce par les mains de M. Shute, tant de la part de sir Edward Fisher, que de la part d'autres personnes qui n'avaient pas de procès, et qui m'en firent cadeau à l'époque où je meublai ma maison.

« Le neuvième chef porte : *Dans la cause entre Kennedy et Vanlore, le chancelier a reçu de Kennedy une riche armoire, estimée à 800 liv. st.*

« Je confesse et déclare que cette armoire a été apportée chez moi, mais je nie qu'elle vaille la moitié de ce qu'on l'estime. Je dis à celui qui l'avait apportée, que je la verrais avec plaisir, mais que je ne l'acceptais point. J'ordonnai qu'on la remportât, et témoignai mon mécontentement lorsque j'appris qu'on ne m'avait pas obéi. Ce n'est qu'environ un an et demi après, autant que je me le rappelle, que, sir John Kennedy ayant refusé pendant tout ce temps de la reprendre, j'appris, par mes domestiques, qu'un certain Pinkney me la faisait redemander, comme l'ayant donnée en gage à sir John Kennedy, pour une somme d'argent que celui-ci lui avait prêtée. A cette occasion, sir John Kennedy écrivit de sa propre main à Sherborne, un de mes domestiques, qu'il espérait que je ne lui ferais pas l'affront de rendre le présent qu'il m'avait fait, et surtout de le remettre aux mains d'un coquin. Voilà comment cette armoire est restée chez moi, mais prête à retourner à celui à qui vos seigneuries l'adjugeront.

« Le dixième chef porte : *Le chancelier a emprunté une fois* 1000 *liv. st. de Vanlore, sur un billet de sa main, et une autre fois la même somme sur un billet de sa seigneurie, endossé par Hunt, qui est un homme à lui.*

« Je confesse et déclare avoir emprunté l'argent dont il vient d'être parlé, mais j'affirme que cet emprunt n'avait rien de simulé. Je me rappelle seulement qu'environ un an après, j'écrivis, de mon propre mouvement, une lettre à un de mes amis qui approchait le roi : je lui manifestais le désir qu'il plût à S. M. m'acquitter envers Pierre Vanlore, à qui je devais 2000 livres st., en le plaçant dans la chambre étoilée.

« Le onzième chef porte : *Le chancelier a reçu*

de Richard Scott 200 *liv. st.* après le jugement de son procès, mais suivant une promesse antérieurement faite; la convention avait été réglée par M. Shute.

« Je confesse et déclare, autant que je me le rappelle, avoir reçu 200 liv. st. de M. Scott, par les mains de M. Shute, quinze jours environ après la prononciation de l'arrêt. Quant à la promesse dont il est question, je puis affirmer que je n'en avais aucune connaissance, non plus que de la convention réglée d'avance par M. Shute.

« Le douzième chef porte : *Le chancelier, dans la même cause, a reçu* 100 *liv. st. de sir John Leuthall.*

« Je confesse et déclare, autant que je me le rappelle, avoir, quelques mois après la prononciation de l'arrêt, reçu 100 liv. st. de Sherborne, un de mes domestiques, de la part de sir John Leuthall, qui n'était pas la partie adverse de Scott, mais un tiers qui, par le même arrêt, avait gagné un procès contre un certain Power.

« Le treizième chef porte : *Le chancelier a reçu de M. Worth* 100 *liv. st., à raison de la cause pendante entre ce dernier et sir Arthur Mainwaring.*

« Je confesse et déclare que cette cause, qui avait pour objet une succession d'une grande importance, avait été terminée arbitralement par mes soins et du consentement des parties, de sorte que l'arrêt avait été passé d'accord. Quelques mois après les 100 liv. dont il s'agit me furent remises par les mains de Hunt, un de mes domestiques.

« Le quatorzième chef porte : *Le chancelier a reçu de sir Ralph Hansbye 500 liv. st. dans un procès que celui-ci avait devant lui.*

« Je confesse et déclare qu'il y eut deux arrêts de rendus, l'un, autant que je me le rappelle, concernant une succession, et l'autre concernant des biens meubles et immeubles, lesquels deux arrêts furent compris dans un seul et même procès-verbal. Assez long-temps après le premier arrêt et avant le second, M. Toby Matthew me fit remettre les 500 liv. st. dont il s'agit, de sorte que je ne puis nier que la cause ne fût alors pendante.

« Le quinzième chef porte : *William Compton sollicita un délai pour le paiement d'une dette de 1200 liv. st., le lord chancelier le lui accorda, mais à condition que partie de cette somme serait payée tout de suite et partie plus tard. Le lord chancelier envoya ensuite emprunter de sa part 500 liv. st. à Compton, et comme celui-ci se disposait à payer 400 liv. st. à un certain Huxley, sa seigneurie pria ce dernier de patienter six mois, et se fit remettre cet argent. Mais à défaut de paiement, un procès s'éleva entre Huxley et Compton devant la cour de chancellerie, où sa seigneurie condamna Compton à payer à Huxley ce qu'il lui devait avec domma-*

ges et intérêts, tandis que la somme destinée à ce paiement était dans ses propres mains.

« Je déclare et affirme que le délai que j'ai accordé était de toute justice, ne pouvant être refusé contre un gentleman dont sans cela Compton eût été la victime. Quant à l'argent que Compton m'avait prêté, je l'ai bien et dûment emprunté sur billet portant intérêt, et si j'ai envoyé quelqu'un à Huxley, ç'a été uniquement pour l'inviter à accorder à Compton un plus long délai, et nullement pour m'engager envers Huxley, soit comme débiteur, soit comme caution. Aussi, quoique je ne fusse pas prêt pour rembourser Compton, comme je l'aurais voulu, sauf 100 liv. st. que je lui payai, n'ai-je pu refuser à Huxley une justice aussi complète que si je n'avais rien dû à Compton. Au reste, si j'ai été la cause du préjudice qu'a éprouvé ce dernier, je suis prêt à lui en tenir compte.

« Le seizième chef porte : *Dans la cause entre sir William Bronker et Awbrey, le lord chancelier a reçu* 100 *liv. st. d'Awbrey.*

« Je confesse et reconnais que cet argent a été donné et reçu, et je m'en rapporte aux témoins sur la manière dont cela s'est fait.

« Le dix-septième chef porte : *Dans la cause de lord Montague, le chancelier a reçu* 600 *ou* 700 *liv. st. de lord Montague, et devait en recevoir davantage après le procès.*

Je confesse et reconnais qu'il y a eu de l'argent de donné dans cette cause, et à peu près la somme indiquée dans l'accusation. Autant que je me le rappelle, cette somme fut remise à M. Bevis Thelwall après la prononciation de l'arrêt; mais je ne puis dire que le procès fût terminé, car quelques ordonnances ont été rendues depuis, sir Françis Inglefield ayant fait plusieurs fois défaut. Je me rappelle que, lorsque Thelwall m'apporta cet argent, il dit que milord se proposait de faire davantage, s'il parvenait à obtenir qu'on le laissât en repos : je fis peu d'attention à ces paroles.

« Le dix-huitième chef porte : *Dans la cause de M. Dunch, le chancelier a reçu dudit M. Dunch 200 liv. st.*

« Je confesse et reconnais que cette somme fut remise par M. Thelwall à Hatcher, mon domestique, pour m'être donnée, quelque temps, je crois, après l'arrêt, sans que je puisse préciser l'époque.

« Le dix-neuvième chef porte : *Dans la cause entre Reynell et Peacocke, le chancelier a reçu de Reynell 200 liv. st., et une bague de diamant valant 500 à 600 liv. st.*

« Je confesse et reconnais que lors de ma promotion au sceau, comme j'étais à White-Hall, Hunt, mon domestique, me rémit 200 liv. st. de la part de sir Georges Reynell, mon allié le plus proche, pour être employées dans l'ameublement de ma maison. Ce dernier m'a dit depuis que c'était en reconnaissance des diverses faveurs qu'il avait reçues de moi, et je suis sûr que son procès n'était pas alors commencé. Le diamant seul me fut donné lorsque sa cause était pendante; et, bien que l'on fût au jour de l'an, ce bijou était d'un trop grand prix pour que l'on n'y voie que des étrennes. Il était pourtant loin d'avoir la valeur qu'on lui attribue dans l'accusation.

« Le vingtième chef porte : *Le chancelier a pris de Peacocke* 100 *liv. st. sans intérêts, sans lui donner de sûreté et sans terme de paiement.*

« Je confesse et déclare avoir reçu de M. Peacocke 100 liv. st. à Dorset-House, lors de ma promotion au sceau, et ce, à titre de présent. Alors son procès n'était point commencé; l'été suivant, j'envoyai Lister, mon domestique, à M. Rolfe, mon ami et mon voisin à Saint-Alban, pour que ce dernier employât son crédit auprès de Peacocke, qui passait pour un homme riche, afin de me faire prêter 500 liv. st.; depuis je lui envoyai Hunt, mon domestique, pour emprunter 500 liv. st. de plus, que M. Rolfe me fit prêter encore, en me disant que c'était sans intérêts, sans écrit, et que je les rendrais quand bon me semblerait.

« Le vingt-unième chef porte : *Dans la cause entre Smith-Wicke et Wiche, le chancelier a reçu de Smith-Wicke* 200 *liv. st. qui ont été remboursées.*

« Je confesse et déclare que Hunt, mon domestique, qui était chargé de recevoir pour moi les droits à prendre sur les minutes de la chancellerie, ayant porté sur son compte 200 liv. st. qu'il avait acceptés, de son chef, de Smith-Wicke, je lui ordonnai de restituer cette somme, ou de la défalquer de ce qui pouvait être dû par ledit Smith-Wicke, et cela, dès que je sus pourquoi elle avait été donnée.

« Le vingt-deuxième chef porte : *Dans la cause de sir Henri Ruswell, le chancelier a reçu de l'argent dudit Ruswell, mais on ne connaît pas au juste la somme.*

« Je confesse et reconnais avoir reçu de M. Hunt, mon domestique, de l'argent dans une bourse, de la part de M. Ruswell ; et, bien que l'accusation ne détermine pas la somme, je crois devoir faire l'aveu qu'elle était de 300 à 400 liv. st., et que je la reçus quelques mois après la prononciation de l'arrêt. Dans cette affaire j'avais été assisté de deux juges.

« Le vingt-troisième chef porte : *Dans la cause de M. Barker, le chancelier a reçu 200 liv. st. dudit Barker.*

« Je confesse et reconnais avoir reçu de M. Barker la somme énoncée dans l'accusation, quelques mois après la prononciation de l'arrêt.

« Les vingt-quatrième, vingt-cinquième et vingt-sixième chefs portent[1] : Le vingt-quatrième, *un procès, entre les épiciers et les apothicaires, ayant été renvoyé par S. M. devant le lord chancelier, sa seigneurie a reçu* 200 *liv. st. des épiciers;* le vingt-cinquième, *dans la même cause, le chancelier a reçu des apothicaires, faisant cause commune avec les épiciers, une tasse d'or du prix de* 400 *à* 500

---

1. Des lettres-patentes du 9 Avril 1606 avaient incorporé les apothicaires avec les épiciers. De secondes lettres-patentes, du 6 Décembre 1617, avaient ensuite séparé la compagnie des apothicaires de celle des épiciers, et avaient érigé la première en corporation particulière sous le titre de *Société des maîtres et gardiens des arcanes de la pharmacie de Londres.* De là, procès entre les épiciers et les apothicaires, dont quelques-uns avaient pris parti pour ceux-là. Pendant que la commission de la chambre des communes instruisait son procès, Bacon avait écrit à ce sujet la lettre suivante à sir Humphrey May, chancelier du duché de Lancastre. (Voyez *the Work's*, vol. III, pag. 599.)

« M. le chancelier,

« Des lettres-patentes de S. M., concernant la séparation de la compagnie des apothicaires de celle des épiciers, passeront vendredi sous vos yeux. Elles placent ceux-ci sous la surveillance de ceux-là, et ceux-là sous la surveillance des médecins. Ce réglement me paraît à la fois conforme à la justice et aux convenances; d'ailleurs, si je suis bien informé, il est l'ouvrage du roi lui-même, qui l'a pris fort à cœur; et je le conçois, car les autres réglemens ne touchent que des intérêts pécuniaires, tandis que celui-ci touche la vie même de ses sujets. Peut-être me soupçonnerez-vous de partialité en faveur des apothicaires, à raison de ce que je fus toujours, par ma santé, dans la dépendance de la médecine. Mais il est une circonstance qui

liv. st.; plus, un cadeau d'ambre gris; le vingt-sixième, *le chancelier a reçu de la nouvelle compagnie des apothicaires, qui plaidait contre celle des épiciers,* 100 *liv. st.*

« Je confesse et reconnais avoir reçu les différentes sommes sus-énoncées; mais il faut que l'on sache qu'il ne s'agissait pas d'une affaire judiciaire, mais m'intéresse bien au-delà de cette vie; je veux parler de l'accusation qui pèse sur moi et dans laquelle ce grief est compris. Il est très-vrai que lorsque j'eus apposé le sceau sur les lettres-patentes des apothicaires, ils me remirent 100 liv. st., mais ce n'était pas là une affaire judiciaire; et quelque coupable que je sois d'ailleurs, je voudrais bien que l'on ne me chargeât pas plus que je ne le mérite. Je me méfie de la sévérité que l'on attribue au président de la commission de la chambre des communes (Robert Philips), et j'ai lieu de croire qu'il a contre moi une dent que l'âge n'a pas fait tomber; il serait pourtant mieux à lui de se rappeler ce qu'a dit un sage : *C'est bien assez de ne pas relever ceux qui sont tombés; il est par trop inhumain de battre un homme à terre, ou de pousser un homme qui tombe,* SATIS EST LAPSOS NON ERIGERE; URGERE VERO JACENTES, AUT PRÆCIPITANTES IMPELLERE, CERTE EST INHUMANUM. M. le chancelier, si vous êtes sensible au noble plaisir de m'être utile dans cette circonstance, en me montrant l'intérêt que vous prenez à ma réputation, et la compassion que vous inspire mon infortune, vous ferez connaître ces détails à l'assemblée, que je préfère en voir instruire par vous plutôt que par tout autre. J'espère que votre honneur n'en souffrira point; vous m'obligerez beaucoup, et cette démarche sera un digne fruit de notre dernière réconciliation.

« Sur ce, je demeure

« Votre fidèle ami, tout prêt à vous servir. »

d'une amiable composition entre les parties, qui ont réuni volontairement leurs bourses pour me faire un présent que j'ai pu accepter sans scrupule. Si j'avais cru prévariquer, ne savais-je pas que je ne pourrais cacher ma conduite, ce que je recevais devant nécessairement être porté sur les registres des trois compagnies?

« Le vingt-septième chef porte : *Le chancelier a accepté de marchands français* 1000 *liv. st., pour contraindre les cabaretiers de Londres à recevoir d'eux quinze cents tonnes de vin. Pour arriver à ce but, sa seigneurie a usé de voies illégales, agissant comme si ces matières étaient dans les attributions de sa charge et de son autorité : il n'a rendu ni arrêt, ni décision judiciaire; s'est contenté d'effrayer les cabaretiers par des menaces, et en a fait mettre plusieurs en prison, les forçant de cette manière à acheter, au plus haut prix qu'il se pût vendre, du vin dont ils n'avaient aucun besoin et dont ils ne savaient quel emploi faire.*

« Je confesse et déclare que sir Thomas Smith m'a sollicité vivement en faveur de la compagnie française, ne me laissant point ignorer que les cabaretiers s'entendaient entre eux pour ne pas prendre les vins de la compagnie, à quelque prix que ce fût; que cela ruinerait le commerce et empêcherait les négocians français de venir cette année. Il ajoutait que cette affaire était de la plus haute importance, et touchait aux intérêts de l'État. Il ne doutait pas que le roi ne me sût gré et ne me récompensât de ce que je ferais pour prévenir de si graves inconvéniens; il savait en outre que les négocians français avaient l'intention de me donner 1000 liv. st. pour me payer du travail que cela m'occasionnerait. En conséquence, j'ai tenté les voies de la persuasion pour rapprocher les parties et empêcher un procès. J'ai proposé d'abord de mettre les vins à un prix qui assurait aux cabaretiers 6 livres de bénéfice par tonne, comme je m'en étais informé. Depuis, les marchands s'étant adressés au roi lui-même, et Sa Majesté m'ayant recommandé cette affaire comme intéressant le commerce et la marine, je m'y portai avec plus de zèle, et fis mettre en prison, pour un jour ou deux, les cabaretiers les plus mutins. C'est après ces mesures que les négocians français m'offrirent 1000 liv. sterl. pour lesquelles ils s'étaient cotisés, reconnaissant que je les avais préservés de leur ruine, et m'assurant que, si les cabaretiers savaient mettre des bornes à leur cupidité, ils trouveraient un bénéfice fort raisonnable dans la revente de leurs vins. Voilà les choses telles qu'elles se sont passées, au moins je le crois.

« Le vingt-huitième chef porte : *Le lord chancelier a laissé à ses domestiques la facilité de commettre de graves exactions; en mettant son sceau à leur disposition, ou en scellant lui-même les ordres qu'ils se permettaient de donner.*[1]

« Je confesse que j'ai commis une grande faute et une négligence impardonnable en ne surveillant pas mieux mes domestiques.

« Telles sont les déclarations que j'avais à faire, je les ai produites dans la sincérité de mon cœur; et s'il s'y trouvait quelque erreur, je vous prie de l'imputer à ma mémoire et nullement à l'intention d'obscurcir la vérité, ou de pallier quoi que ce soit. Je le confesse de nouveau : dans les faits dont on m'accuse, il y a, de quelque façon qu'on les envisage[2], crime de corruption et oubli de la probité; je m'en repens du fond de mon cœur, et me soumets au jugement, à la clémence et à la miséricorde de la cour.

« Je ne dirai rien pour ma défense proprement dite; je supplie seulement vos seigneuries de jeter des yeux de compassion sur ma personne et ma position. On ne m'a jamais accusé d'avarice; or, l'apôtre dit, *que c'est la cupidité qui est le chemin*

---

[1]. Le docteur Rawley et M. Bushel, qui avaient été à son service, insinuent que plusieurs de ses domestiques avaient en effet abusé de sa facilité.

[2]. Rushworth, dans ses Collections historiques, tom. I.er, pag. 25, fait observer comme circonstance atténuante, que la plupart des jugemens, à raison desquels Bacon reçut des présens, étaient *interlocutoires* et ne préjugeaient pas le fond.

de tous les vices : ainsi, j'espère que vos seigneuries me trouveront dans la voie du repentir, d'autant qu'il est peu ou pas un des faits qui me sont imputés qui n'aient près de deux ans de date. Les hommes qui ont l'habitude de la corruption sont communément incorrigibles; pour moi, il semble que Dieu ait pris plaisir à me préparer graduellement à la pénitence que je fais aujourd'hui. Quant à ma position, elle est si pauvre et si misérable, que mon plus grand souci est maintenant de payer mes dettes.

« Mais je crains d'avoir occupé trop long-temps de moi vos seigneuries; je finis en m'en rapportant entièrement à elles sur mon sort. Puisse ma condamnation, si vos seigneuries la prononcent, ne pas consommer ma ruine, mais se ressentir de votre bienveillance et de votre pitié! J'attends plus de vous, j'attends que vous soyez pour moi de nobles intercesseurs auprès de S. M., afin qu'elle m'accorde sa clémence et sa faveur.

« De vos seigneuries

L'humble et suppliant serviteur,
Fr. Saint-Alban, chancelier. »

La chambre ayant pris connaissance de cet acte, envoya au chancelier une nombreuse députation prise dans son sein, pour remettre ledit acte sous ses yeux et lui demander si c'était bien là sa pleine et entière confession, si la signature qu'elle portait était bien de sa main, et s'il persistait ou non dans les déclarations qu'elle contenait.

Le chancelier répondit : « Milords, cet acte est bien mon ouvrage; mon cœur et ma main y sont : je prie vos seigneuries d'avoir pitié d'un roseau brisé. »

Sur cette réponse, la chambre arrêta que S. M. serait priée de retirer son sceau à l'accusé, et son altesse fut invitée à se charger de cette mission, qu'elle voulut bien accepter. Les lords qui avaient été envoyés au chancelier pour lui faire reconnaître sa signature, furent commis pour accompagner le prince chez le roi, avec quelques autres pairs qui leur furent adjoints. S. M. les reçut à White-Hall, et après les avoir entendus, envoya quatre d'entre eux au chancelier pour lui redemander le grand-sceau. Arrivés chez Bacon, ceux-ci lui dirent combien ils étaient mortifiés que leur visite eût un pareil objet, et qu'ils auraient désiré venir le voir pour une tout autre cause. — « Vous ne pouviez venir pour un plus juste motif, répliqua Bacon; voici le sceau : c'est à la faveur du roi que je le devais; ce sont mes fautes qui me l'ont fait perdre, *Rex dedit, culpa abstulit.* »

De son côté le roi, en reprenant le grand-sceau, s'écria : « En vérité, je ne sais à qui le confier; je ne connais pas un seul de mes gens de robe qui ne soit un faquin ! » et il commissionna le lord grand-juge pour remplir par intérim les fonctions de chancelier.

Le mercredi 2 Mai, le parlement ayant pris lecture de la décision du roi, arrêta qu'il serait procédé le lendemain matin au jugement de l'ex-chancelier. En conséquence, un huissier et un sergent d'armes attachés au service de la chambre haute, furent chargés de s'aller assurer de sa personne. Le sergent reçut en outre l'ordre de prendre avec lui sa masse et de la lui présenter, en le sommant de comparaître en personne devant la chambre haute, le lendemain matin à neuf heures. Ces officiers trouvèrent au lit Bacon, qui leur répondit qu'il était malade, protestant que ce n'était point une excuse feinte, et que, s'il s'était bien porté, il les aurait volontiers suivis.

Nonobstant cette réponse, les lords décidèrent qu'il serait procédé contre l'accusé en son absence; et que le lendemain 3 Mai, un message serait envoyé à cette fin aux communes, pour leur dire entre autres choses, que la chambre haute était prête à prononcer son jugement dans l'affaire du vicomte de Saint-Alban, si elles le requéraient. Ainsi on épargna à l'accusé l'humiliation de s'agenouiller comme un criminel à la barre de la chambre qu'il avait si souvent présidée en sa qualité de chancelier.

Cependant les communes s'étant rendues à la cour des pairs, sir Thomas Richardson, leur orateur, se présenta à la barre, et, faisant trois saluts profonds et respectueux, dit :

« Les chevaliers, citoyens et bourgeois composant la chambre des communes, ont rendu plainte devant vos seigneuries contre milord chancelier, pour raison de plusieurs actes de corruption et prévarication au premier chef. Nous sommes informés que vos seigneuries sont prêtes à rendre leur jugement sur cette accusation; c'est pourquoi moi, orateur de la chambre des communes, parlant en son nom, je demande humblement et sollicite jugement contre milord chancelier, selon ce qu'exige la nature de son crime. »

Le lord grand-juge répondit :

« Monsieur l'orateur, sur la plainte de la chambre des communes contre le vicomte de Saint-Alban, lord chancelier, la haute cour du parlement a procédé à une information, de laquelle il résulte, aussi bien que de l'aveu de l'accusé, qu'il est coupable des crimes et actes de corruption signalés par ladite chambre des communes, et de plusieurs autres faits de même nature non signalés par elle.

« En conséquence, la haute cour a fait sommer ledit lord chancelier de comparaître devant elle, ce dont il s'est excusé sur sa faiblesse et son état de maladie, protestant que cet empêchement n'est pas feint et qu'il aurait comparu volontiers s'il l'avait pu. La haute cour n'en a pas moins cru devoir procéder à son jugement, dont la teneur suit :

« *Le vicomte de Saint-Alban, lord chancelier d'Angleterre, est condamné :*

« 1.° *A payer au roi une amende de* 40,000 *liv. st.*

« 2.° *A rester enfermé en la prison de la Tour le temps qu'il plaira au roi.*

« 3.° *A ne pouvoir plus exercer de fonctions publiques, soit honorifiques, soit salariées.*

« 4.° *A ne pouvoir plus siéger au parlement et à ne jamais se montrer dans l'étendue du ressort de la cour.*

« *Tels sont le jugement et la volonté de la haute cour.* »

Thomas Bushel, ancien domestique de Bacon, qui a donné un récit circonstancié de la disgrâce de son maître, raconte que ce dernier l'avait envoyé chez lord Windsor pour savoir ce que le parlement avait décidé sur son sort; il revint lui dire en pleurant que la sentence le ruinait, mais que ses titres lui étaient conservés, grâce au suffrage des évêques, qui lui avaient été favorables sur ce point. Bacon lui répondit : « Ainsi donc je ne dois de remercîmens qu'au clergé. »

Cette fatale sentence jeta les serviteurs de Bacon dans la plus grande consternation; car ils ne se dissimulaient pas que la faiblesse de leur maître pour eux était une des principales causes de sa chute, et l'on ne peut douter que plusieurs ne fussent très-coupables. Un des torts de Bacon est de ne l'avoir point ignoré et de l'avoir néanmoins souffert. R. Stephens rapporte, que pendant le cours de son procès, traversant un jour une chambre où plusieurs de ses domestiques étaient assis, comme ils se levaient à son aspect pour le saluer, il leur dit : « Restez assis, mes maîtres, votre *élévation* a fait mon *abaissement*, SIT DOWN, MY MASTERS, HE CRIED; YOUR RISE HATH BEEN MY FALL. » Jeu de mots qui devenait un reproche bien amer dans la circonstance où se trouvait Bacon.

Les écrivains contemporains ont beaucoup exagéré ses fautes, soit qu'ils aient été égarés par leur haine personnelle, soit que les rumeurs populaires leur aient imposé. Ainsi, on fit courir le bruit que les présens qu'il avait reçus pendant ses trois années d'exercice dans les fonctions de chancelier, montaient à 100,000 liv. st. : il parle de ce bruit dans une lettre à Buckingham. « C'est, dit-il, une abominable calomnie : je n'ai jamais reçu un sou pour aucun bénéfice ou charge ecclésiastique; je n'ai jamais reçu un sou pour laisser violer des scellés; je n'ai jamais reçu un sou pour aucunes commissions ou affaires de cette nature. Je n'ai non plus partagé avec aucun employé des profits secondaires ou de moindre importance. Mes crimes, je les ai déclarés moi-même; j'ai confessé ma culpabilité et n'ai point cherché d'excuse. »

L'amour du faste et l'excessive libéralité de Bacon paraissent avoir été la cause première de ses malheurs. M. Howel, dans une lettre du 6 Janvier 1625, rapporte une anecdote qui tendrait à le confirmer.[1] Un jour que le roi lui avait envoyé un cerf de sa chasse, il invita le sous-chancelier à venir le manger avec lui, et à la fin du repas lui fit présent d'une grande coupe de vermeil, avec laquelle ils avaient porté la santé du roi. On conçoit qu'un homme aussi libéral, occupé d'ailleurs des sublimes spéculations de son génie et impliqué dans les affaires d'État les plus graves, ait négligé ses propres affaires : on conçoit qu'il n'ait pas exercé sur ses domestiques cette surveillance rigoureuse que réclame la délicatesse d'un homme public, tant d'autres grands seigneurs l'imitent à cet égard; mais ce que l'on conçoit moins, c'est que lui qui naguère louait à tort ou à raison sir George Villiers de ce qu'il méprisait l'argent, lorsqu'il ne pouvait l'acquérir qu'aux dépens de l'État et de la vertu, ait souffert que ses domestiques, non contens de travailler pour eux-mêmes, réparassent ses prodigalités en lui donnant part à leurs malversations. Le témoignage de Bushel, au sujet de ces derniers, est d'une naïveté curieuse. « Je ne pouvais, dit-il, me faire

---

[1]. M. Howel, lettre VIII, vol. I, pag. 158 et 159, édit. de Londres, 1688.

à l'idée que ce grand homme, qui avait engagé Sa Majesté à convoquer le parlement, fut la première victime de la fureur et de l'indignation de cette assemblée. Il me paraissait affreux qu'un maître incomparable, tel qu'était milord Bacon, fût publiquement déshonoré pour la mauvaise conduite et les désordres de ses domestiques, *du nombre desquels je reconnais avec douleur avoir été.*

Cette facilité de Bacon avait fait entrer chez lui un grand nombre de jeunes gens, la plupart de qualité, et le vaniteux chancelier avait été flatté d'un concours de serviteurs que la cupidité, bien plus que son mérite, lui avait procurés. Un nombreux domestique était le luxe d'alors; Bacon lui-même a remarqué que la noblesse anglaise de son temps entretenait un plus grand nombre de gens que celle de tous les autres pays, excepté peut-être celle de la Pologne [1]. Voilà pourtant la puérile gloriole pour laquelle un des plus beaux génies qui aient existé, a consenti à se déshonorer. Croirait-on que l'auteur de la *Grande instauration des sciences,* celui qui a écrit les *Essais de morale,* ait fait consister le bonheur en ce monde dans un grand nombre de laquais de bonne maison, bien vêtus et prêts à se lever à l'aspect de leur maître. Pourquoi faut-il que le chef de la magistrature d'un grand

---

[1]. *Bacon's Works,* tom. V, pag. 393.

peuple n'ait pas donné à son ambition dans l'ordre politique, un mobile plus digne de son génie et de sa toge; lui qui, dans une lettre à un de ses amis, s'intitulait le serviteur de la postérité! Malheureusement ce n'est pas le seul exemple de ce genre qu'offre la magistrature, et chez nous plus d'un Tuffières a porté la simarre des Lamoignon et des d'Aguesseau, sans que l'absence du génie ait rendu ce contraste moins ridicule quand il n'était pas odieux.

Bacon s'était élevé trop haut pour que l'envie et la méchanceté ne s'attachassent point à le flétrir encore sous d'autres rapports: on lui imputait donc beaucoup d'autres faits déshonorans, mais de la réalité desquels nous n'avons heureusement d'autres garans que des historiens décriés, sir Arthur Wilson et sir Antoine Weldon, et tout au plus un écrivain peu connu, sir Sidmonds d'Ewes. Nous aurions dédaigné ces griefs, vraisemblablement calomnieux, s'ils n'avaient été répétés par quelques auteurs graves, entre autres par Boerhaave, et si nous n'avions craint de paraître vouloir soustraire notre auteur par le silence à une honte qu'il aurait méritée, je veux parler d'imputations qui se rapportent aux mœurs de Bacon. « Son indulgence pour ses domestiques, dit Arthur Wilson[1], et la familiarité avec

---

[1]. *Complete History of England*, v. II, p. 734. Lond., 1706.

laquelle il les traitait, donnèrent lieu à des bruits infames qui le mirent en mauvaise odeur; la réputation de sa femme, qui l'imitait dans sa faiblesse pour ceux qui l'environnaient, ne fut pas non plus épargnée. Cependant, ajoute-t-il, il faut convenir que l'opinion publique accable avec une sorte de prédilection celui qui lui a une fois donné prise, et que l'innocence même devient un crime quand la calomnie y imprime sa marque. » On voit par cette dernière réflexion que Wilson lui-même doutait de l'exactitude de son récit. D'Ewes parle avec plus d'assurance, quoique d'après des bruits populaires. « Je passerais, dit-il[1], sous silence le plus honteux des vices de Bacon, si ce n'était qu'on peut y trouver un exemple de l'abrutissement où les passions conduisent quelquefois les plus grands hommes. Croirait-on qu'il s'adonnait à l'infame pratique connue sous le nom de *sodomie*, et qu'il n'y renonça pas même après sa condamnation, époque où la philosophie sembla l'occuper exclusivement. Son changement de fortune, qui l'avait obligé de congédier la plupart de ses domestiques, ne l'empêcha pas de conserver Gooderik, jeune efféminé, qu'il faisait coucher avec lui, ayant depuis long-

---

1. Ce morceau est tiré d'une Vie de sir Sidmonds d'Ewes, écrite par lui-même, manuscrit déposé dans la bibliothèque harlyenne, fol. 58. Sir Sidmonds d'Ewes était né en 1602, il mourut le 18 Avril 1650.

temps quitté le lit de sa femme. Cette conduite aquit même une publicité si scandaleuse, que quelqu'un eut la hardiesse de jeter dans l'hôtel d'York, avant qu'il l'eût quitté, après sa condamnation, un billet où étaient écrits deux vers, dont le sens était : *Ici demeure un pourceau de Sodome, digne de la potence.* »

Nous le répétons, cette inculpation nous paraît calomnieuse. D'abord elle est démentie par l'ensemble de la conduite de Bacon, et par le silence absolu de tous les auteurs contemporains dignes de quelque foi, et de ceux même qui ne l'aimaient pas; et puis l'excès de libertinage que suppose l'infamie qu'on lui impute, ne percerait-il pas dans quelques parties de ses écrits ou au moins de ses lettres, où se trouvent d'ailleurs tant de choses peu honorables? Or, dans les cinq volumes in-4.° dont se composent ses œuvres, il n'y a pas une page, une ligne, un mot même qui en donne le plus léger indice : tout est réservé dans ses expressions, tout est honnête dans ses récits et ses conseils; il saisit toutes les occasions qui se présentent d'exalter les bonnes mœurs et de s'élever contre la débauche. Qu'on voie comment il s'explique à ce sujet dans le chapitre 10 des *Essais de morale;* mais c'est surtout dans sa *Nouvelle Atlantide* qu'il rend un hommage éclatant à la chasteté; c'est par leur amour pour la chasteté qu'il trouve les peuples de cette île plus recommandables, et il met dans leur bouche la condamnation la plus sévère de tous les excès qui outragent parmi nous cette vertu. Il est d'ailleurs à remarquer que Bacon, suivant Rawley, vécut toujours dans la meilleure intelligence avec sa femme, quoiqu'il n'ait point eu d'enfans d'elle. Il serait étrange que ce fût la continence de Bacon avec les femmes qui eût donné lieu au reproche infame que lui ont fait des libellistes ; ce serait bien le cas de répéter ici cette réflexion arrachée à l'un d'eux par la force de la vérité, que l'innocence même devient un crime quand la calomnie y imprime sa marque. Au surplus, il est constant qu'il ne fut nullement question des prétendus désordres de Bacon dans le cours de son procès, et ses ennemis n'eussent pas manqué d'en parler s'ils l'eussent pu avec une apparence de fondement.

Avant Bacon il n'existait pas d'exemple d'un jugement qui eût condamné un pair à ne plus siéger au parlement. Lord Clarendon, auteur d'une très-grande autorité en cette matière, prétend, au sujet de Middlesex, lord trésorier, qui trois ans après fut condamné à cette peine, que dans la règle elle ne doit pas être infligée à un pair sans un bill de proscription (*by attainder*); mais d'autres auteurs professent une doctrine toute différente. Quant à ceux qui ont prétendu que sans les aveux de Bacon on n'aurait pas pu le condamner, ils n'ont pas fait attention qu'il avait affaire, comme il le dit lui-même dans son premier acte de soumission, à des juges parlementaires qui n'avaient que leur conviction à consulter, et qui, jugeant comme jury, n'avaient besoin d'aucune de ces preuves qu'on appelle légales ou juridiques.

LIVRE VII.

Celebres fuerunt scriptores, ita ut memoria calamitatis ipsorum apud posteritatem jam maneat, et se exhibeat tanquam pictura, quæ noctu gesta repræsentet, inter pulcherrimas et illustres operum et actorum suorum tabulas.

Il est des écrivains assez illustres pour que la mémoire de leurs disgrâces soit aujourd'hui chez la postérité comme un tableau représentant une scène nocturne, au milieu des glorieuses et brillantes peintures qui nous retracent leurs actions et leurs travaux.

(Bacon, tom. V, pag. 510.)

1621 Conduit à la Tour après sa condamnation, Bacon écrivit le 31 Mai à Buckingham, pour le prier de demander au roi son élargissement. Cette demande, appuyée par le prince de Galles, fut accueillie, et deux jours après il sortit de prison.

Exclu des affaires dans lesquelles l'avait engagé l'ambition, Bacon parut vouloir chercher dans l'étude ce repos moral que donne la vie contemplative, et que la vie active refuse presque toujours. Mais il ne sut pas se rendre inaccessible aux fâcheux souvenirs de sa grandeur passée, et son ame, trop long-temps agitée, se laissa troubler quelquefois encore aux vains retours de passions mal éteintes. Malgré la résolution qu'il avait prise de se livrer exclusivement à l'étude et à la méditation qu'il avait toujours aimées, il ne put jamais se résigner parfaitement à l'obscure indépendance de la vie privée, semblable, pour nous servir d'une comparaison empruntée d'un de ses Essais [1], à ces vieux citadins qui, n'ayant plus la force de se promener par la ville, veulent au moins être assis à leur porte, au risque d'exposer leur vieillesse à la risée. Néanmoins on peut dire que la philosophie, qui lui avait procuré de si nobles délassemens dans la prospérité, lui prêta de puissantes consolations quand il fut dans la disgrâce, et lui fit regretter [2] plus d'une fois de n'avoir pas uniquement consacré à cette étude tant d'années qu'il avait données à la politique et à la jurisprudence. Il reconnaissait alors que celles-ci n'apprennent qu'une chose, c'est qu'il faut peu compter sur la fortune la plus brillante, tandis que celle-là nous dévoile les mystères même de la nature.

C'est ainsi que le 6 Juin il écrivait [3] au comte de Gondomar, dont il paraît qu'il eut beaucoup à se louer au sortir de sa prison : « Mon âge, ma position et mon génie, auquel j'ai obéi d'assez mauvaise grâce jusqu'à ce jour, m'invitent également à cultiver les lettres, à travailler à l'instruction des acteurs que je laisse sur la grande scène, et à ne plus servir

---

1. Voy. l'Essai *sur les magistratures et les dignités* que Bacon ajouta à ses *Essais de morale*, dans l'édition qu'il en donna en 1623. Bacon semble avoir écrit ce morceau sous l'impression que lui avait laissée sa chute.

2. *Extract of Bushel*, pag. 17.

3. *Bacon's Works*, tom. III, pag. 604.

désormais que la postérité. Je ne sais si j'y trouverai la gloire, mais j'y trouverai certainement l'avant-goût d'une vie meilleure...." Il lui écrivait encore[1]: « Je reconnais la divine Providence au soin qu'elle a pris de me susciter miraculeusement dans l'abandon où je suis un ami tel que vous, qui, au milieu des affaires dans lesquelles il est impliqué, et malgré la difficulté des temps, a fait pour moi ce que mes autres amis ou n'ont pas osé ou n'ont pas pu. Votre illustrissime seigneurie en trouvera la récompense dans ce cœur généreux qu'elle ouvre à tout ce qui est humain et honorable. Qui sait même si de tous les actes de sa vie, la consolation et le secours qu'elle m'apporte dans mon infortune, ne sont pas ceux dont la postérité lui tiendra le plus de compte, cette postérité pour laquelle je ne mourrai pas tout entier, après avoir joui de quelque gloire parmi mes contemporains. Si par moi-même je ne puis rien pour vous qu'être à vous, sinon de fait, au moins de cœur et d'affection, je puis au moins vous garantir que le feu de ma reconnaissance ne cessera de brûler sous les cendres de ma fortune. »

Nous avons vu que Bacon ne s'était pas laissé le temps de terminer son *Novum organum*, et s'était hâté de commencer la troisième partie de sa *Grande instauration*, qu'il intitulait : *Histoire naturelle et*

---

[1]. *Bacon's Works*, tom. III, pag. 604.

expérimentale, *destinée à servir de base à la vraie philosophie*, débutant par des *préliminaires* où, après un court préambule, il avait exposé en dix aphorismes ce que cette histoire doit renfermer, et l'ordre dans lequel elle doit être disposée pour atteindre la fin qu'il lui assigne. Il s'était également proposé de donner l'esquisse et le plan des *histoires particulières*, dont il désirait que d'autres se chargeassent en suivant ses idées, mais il n'en avait pas eu le temps, et s'était borné à dresser le catalogue de ces histoires, afin d'en soustraire au moins la conception aux incertitudes de la vie.

Mais il paraît que ce n'est qu'après sa disgrâce qu'il arrêta définitivement le plan de sa Grande instauration, et qu'il composa le discours intitulé : *Distribution de l'ouvrage en six parties*[1]. D'après ce plan, l'*Avancement des sciences* forme la première, et le *Novum organum* la seconde partie de cette immense entreprise. L'*Histoire naturelle et expérimentale* ou *les phénomènes de l'univers* devait former la troisième ; l'*Échelle de l'entendement humain* ou *le fil du labyrinthe* la quatrième ; *les Avant-coureurs* ou *les anticipations de la philosophie seconde* la cinquième ; enfin, *la Philosophie seconde* elle-même ou *la science active* la sixième.

Dès ce moment Bacon s'occupa de faire traduire

---

[1]. *Bacon's Works*, tom. IV, pag. 7.

en latin, sous ses yeux, son *Avancement des sciences* [1], et de le refondre en neuf livres, afin d'en faire un digne vestibule de son ouvrage. Son chapelain, le docteur Rawley [2], savant judicieux, qu'il paraît avoir particulièrement affectionné, et qui, de son vivant même, fut l'éditeur de ses œuvres; et le célèbre Thomas Hobbes [3], telles furent les mains habiles auxquelles il confia le soin de traduire son

---

1. *Bacon's Works*, tom. I.er, pag. 1.
2. William Rawley, docteur en théologie, né à Norwich en 1588, et mort le 18 Juin 1667. Il fut le premier et le dernier chapelain, l'ami et le commensal de Bacon, l'éditeur de la plus grande partie de ses œuvres. Il fut aussi chapelain de Charles I.er et de Charles II.
3. Thomas Hobbes, né à Malmesbury au mois d'Avril 1588, passa de l'université d'Oxford, où il avait été élevé, dans la maison de William Cavendish, qui lui confia l'éducation de son fils aîné. Il s'aperçut, en enseignant les langues anciennes à son élève, qu'il les savait lui-même assez mal, et eut le courage d'en recommencer l'étude. Il voyagea avec le jeune Cavendish. A son retour, il fut présenté au chancelier Bacon, qui l'admit dans sa familiarité et le mit en relation avec les hommes distingués dont il était environné. Le choix que notre auteur fit de lui pour traduire son ouvrage, et la manière dont celui-ci remplit cette tâche, prouvent qu'il avait bien réparé ce qui avait manqué à sa première éducation. Hobbes devint le disciple de Bacon et adopta les doctrines politiques et philosophiques de son maître : si, comme lui, il se montra partisan du pouvoir absolu, comme lui il fut fidèle à la méthode inductive : il l'appliqua à toutes ses investigations sur la nature de l'homme.

ouvrage. Quant au *Novum organum*, il remit sa continuation à un autre temps.

Il s'occupa aussi de la troisième partie de sa Grande instauration, celle qu'il avait alors le plus à cœur. En conséquence, au *Catalogue* qu'il avait donné *des histoires particulières et relatives aux choses concrètes*, il ajouta, sous le titre d'*Abécédaire de la nature*[1], ouvrage dont il ne nous reste qu'un fragment, une *notice des histoires des natures abstraites* ou *des propriétés générales des êtres*, qu'il s'était réservé de faire lui-même, comme en étant seul capable. Dans cette espèce de table métaphysique, la nature était divisée en six grandes masses : les quatre élémens, les corps célestes et les météores, rangées sous six lettres de l'alphabet grec, qui tenaient lieu de numéros d'ordre. L'auteur traitait ensuite dans cet ouvrage des conditions générales des êtres. Les *Questions touchant la composition, l'incorporation et l'alliage des métaux et minéraux*[2] qu'on trouve dans ses œuvres, sont le seul écrit qu'il paraisse avoir composé d'après cette table des natures abstraites. Il y mit assez d'importance pour le traduire depuis en latin.

L'ordre ainsi établi au milieu d'une si grande abondance de matières, Bacon écrivit la *préface*[3]

---

1. *Bacon's Works*, tom. IV, pag. 402.
2. *Ibid.*, tom. I, pag. 411; et tom. V, pag. 59.
3. *Idem*, tom. IV, pag. 405.

de son Histoire naturelle, où il répéta, à peu de chose près, ce qu'il avait dit dans les *préliminaires;* puis, dans une espèce de *préambule* ou *d'avis au lecteur*[1], il expliqua comment il commençait la troisième partie de son Instauration avant d'avoir terminé la seconde, afin de se procurer des matériaux sur lesquels il pût faire l'application de sa méthode. Enfin, dans une note d'une page, qu'il intitula : *Règle de la présente histoire*[2], il fit connaître l'enchaînement de ses travaux et déclara que, ne pouvant pas traiter actuellement tous les sujets énumérés, soit dans le *Catalogue des histoires particulières*, soit dans l'*Abécédaire de la nature*, il allait les prendre, non par ordre, mais par choix, suivant qu'ils sont ou plus riches en faits, ou plus difficiles, ou plus instructifs, et qu'il les traiterait de la manière la plus propre à provoquer des progrès ultérieurs, en commençant par l'histoire du sujet et des observations et expériences faites, et donnant des indications, des préservatifs, des réflexions et des canons ou maximes provisoires et vraisemblables, en attendant qu'elles fussent mises hors de doute : « On voit, ajoute-t-il, que non-seulement la présente histoire peut, en attendant mieux, tenir lieu de la troisième partie de la Grande instaura-

---

1. *Bacon's Works*, tom. IV, pag. 410.
2. *Ibid.*, pag. 413.

tion, mais encore qu'elle est déjà une importante préparation pour la quatrième, et même qu'elle est une introduction à la sixième. » Or, il est évident que Bacon, par ces mots : la *présente histoire*, entendait parler de la *Sylva sylvarum* [1], qu'il se proposait sans doute de placer après ce morceau. Si l'on pouvait en douter, nous renverrions à *l'avis au lecteur* [2], placé par Rawley en tête de la *Sylva sylvarum*, qu'il publia après la mort de l'auteur. Dans cet avis, auquel Bacon lui-même avait assigné cette place, Rawley dit que, s'il n'eût consulté que la gloire de son maître et non l'utilité publique, il n'eut pas fait imprimer cet essai, qui toutefois *constitue provisoirement la troisième partie de la Grande instauration*. C'est donc à tort que les éditeurs n'ont pas compris la *Sylva sylvarum* dans cette troisième partie, tandis qu'ils y ont introduit des histoires particulières qui lui sont évidemment étrangères, et appartiennent à la quatrième. Cette *Sylva sylvarum* est une collection d'expériences faites ou à faire, divisée en dix centuries. Toutes les vues de l'auteur pour varier et pousser plus loin les expériences déjà faites, prouvent sa grande pénétration ; et s'il a été souvent induit en erreur, c'est qu'il a été obligé de s'en rapporter à la foi d'autrui sur la plupart des expé-

---

[1]. *Bacon's Works*, tom. I.ᵉʳ, pag. 137.
[2]. *Ibid.*, pag. 134.

riences qu'il décrit. En effet, il était donné à Bacon de nous conduire jusqu'à la porte de la physique expérimentale et même de l'ouvrir, mais non d'en franchir le seuil.

A la troisième partie de la Grande instauration succéda presque immédiatement la quatrième, qu'il ouvrit par un *préambule*[1], où il répète ce qu'il a dit en plusieurs autres endroits, que cette partie est destinée à montrer comment l'esprit humain peut s'élever sûrement des faits particuliers aux vérités les plus générales, et redescendre de celles-ci aux vérités particulières; motif pour lequel il l'a appelée *l'échelle de l'entendement humain.* Il annonça qu'elle se composera de recherches sur différens sujets traités suivant la méthode prescrite dans la seconde partie pour arriver aux résultats qui doivent composer la sixième; en un mot, que cette quatrième partie n'est que l'application de la seconde et l'introduction à la sixième.

Mais Bacon ne pouvait traiter à lui seul tous les sujets divers de recherches; il dut provisoirement se borner à donner quelques exemples de la manière dont on devait employer les faits recueillis dans la troisième partie, en suivant sa méthode. C'est pourquoi il se promit de traiter, dans les six premiers

---

[1]. *Bacon's Works*, tom. IV, pag. 417.

mois suivans[1], 1.° l'histoire des vents; 2.° l'histoire de la vie et de la mort; 3.° l'histoire de la densité et de la rareté, c'est-à-dire de la cohésion ou de l'expansion des corps dans l'espace; 4.° l'histoire de la pesanteur et de la légèreté; 5.° l'histoire de la sympathie et de l'antipathie des êtres; 6.° l'histoire du soufre, du mercure et du sel.

Quant à la cinquième partie de l'Instauration, intitulée : *Avant-coureurs* ou *anticipations de la philosophie seconde*[2], Bacon n'en fit que la préface. Cette partie, qui ne devait être que provisoire, eût compris toutes les notions qu'il aurait acquises sans suivre sa méthode, et qu'il aurait rencontrées, chemin faisant, dans le cours des recherches qu'il projetait; c'eût été proprement un porte-feuille où il aurait déposé les aperçus de son génie, les paradoxes et les préjugés vulgairement admis, sauf à les examiner plus tard et à les vérifier à la lumière de sa méthode, lorsque les autres parties de l'Instauration auraient été terminées; c'est, dit-il, un intérêt qu'il voulait toucher, en attendant l'échéance du capital. N'étant pas préoccupé de son but au point de négliger les rencontres utiles, il entendait donc

---

1. *Bacon's Works*, tom. IV, pag. 409. Ce projet, consistant en une simple indication, a été placé mal à propos dans la troisième partie de l'Instauration : il appartient évidemment à la quatrième.

2. *Bacon's Works*, tom. V, pag. 103.

recueillir les inventions, les épreuves et les perfectionnemens que le hasard lui ferait faire sans méthode précise. « En effet, ajoute-t-il, appliqué comme je le suis habituellement à l'étude de la nature, je suis porté à trop présumer de mes facultés méditatives; il est donc bon que mon imagination trouve sur son chemin des espèces d'hôtelleries où elle puisse parfois se reposer pendant que ma pensée marche vers des choses plus certaines, ce qui n'empêche pas que je ne sois bien déterminé à n'admettre en définitive que ce qui sera démontré suivant ma méthode; que celui qui croit qu'il n'y a qu'une manière de s'assurer de la vérité et que toute autre est vicieuse, n'imagine pas que nous dévions de nos principes en nous dispensant ainsi provisoirement d'examen; nous voulons seulement établir qu'il est divers degrés de certitude et qu'il est des choses plus ou moins probables, ce qui n'empêche pas qu'il ne soit impossible à l'esprit de se reposer avec satisfaction ailleurs que dans la connaissance pleine et entière des causes et des effets. Les académiciens, qui doutaient de tout, n'étaient pas moins sages que les philosophes, qui n'avançaient rien qu'ils ne pussent affirmer; leur seul tort a été de ne pas chercher à dissiper ces doutes, en prêtant aux sens et à l'entendement les appuis qu'ils réclament; or, c'est ce que nous avons essayé de faire, tandis qu'ils se sont bornés à renverser la croyance et l'autorité, deux choses bien différentes et presque opposées. »

Enfin, la sixième et dernière partie, pour laquelle toutes les autres étaient faites, devait couronner le grand œuvre de l'Instauration, sous le titre de *Philosophie seconde* ou de *science active*[1]. Ce devait être une chaîne philosophique d'axiomes, produit de cette méthode inductive pure et sévère, enseignée et mise en œuvre dans les parties précédentes. L'auteur se félicitait d'avoir jeté les fondemens de l'édifice, mais il ne se flattait pas d'y mettre la dernière main; il déclarait cela au-dessus de ses forces. « La fortune du genre humain, dit-il, fera le reste; mais l'état actuel des choses et de l'esprit humain nous interdit peut-être, quant à présent, jusqu'à la gloire de le comprendre et de l'apprécier; car il ne suffit pas ici d'heureuses inspirations; toutes les forces, toutes les ressources, toute l'industrie humaine sont nécessaires. Ministre et interprète de la nature, l'homme fait et conçoit à proportion de ce qu'il a observé de l'ordre de cette même nature, soit à l'aide de l'expérience, soit à l'aide de la pensée; il ne sait et ne peut rien de plus. Nulle force ne saurait dénouer ou rompre la chaîne des causes; on ne triomphe de la nature qu'en lui obéissant. C'est pourquoi les deux puissances de l'homme, la

---

[1]. *Bacon's Works*, tom IV, pag. 13.

science et la force, seront également insuffisantes tant que nous ignorerons les causes. »

Assurément il est impossible de n'être pas pénétré de respect pour le génie qui a produit une conception aussi vaste et aussi utile aux hommes, mais nous nous permettrons de douter que la dernière partie de l'Instauration, si solennellement annoncée par Bacon, soit exécutable, et nous n'en donnerons pas d'autre raison que celle qu'il vient de donner lui même. La science des causes et des principes, considérés séparément des faits, nous paraît une pure chimère, comparable aux fantômes de l'ontologie scolastique. Au surplus, Bacon n'a rien fait de cette sixième partie, dont il ne nous a légué que la présomptueuse conception.

Quelque préoccupé qu'il fût d'élever un édifice dans lequel il s'était proposé le bonheur du genre humain tout entier, il ne se crut pas délié des services qu'il pouvait rendre encore à son pays. Peu de temps après sa sortie de la Tour, le roi, dont le mécontentement secret envers le parlement s'était borné à la prorogation de cette assemblée, désira avoir son avis sur les réformes dont les cours de justice étaient susceptibles, et sur quelques abus signalés par les chambres. Pour satisfaire à ce vœu, Bacon s'empressa de composer un mémoire[1], que

---

1. *Bacon's Works*, tom. III, pag. 397.

S. M. accueillit avec bienveillance. C'est peut-être la première fois qu'on vit un souverain consulter un de ses sujets sur les mesures à prendre pour prévenir désormais des abus dont ce sujet venait d'être déclaré coupable. Celui-ci répondit à l'appel fait à sa triste expérience et à ses lumières avec une ingénuité exempte de ressentiment et de souvenirs personnels.

Ce qui coûtait le plus à Bacon dans l'exécution de la sentence prononcée contre lui, c'était de s'éloigner de Londres, où le désordre de ses affaires et les créanciers qui le pressaient de toutes parts, exigeaient sa présence. Le mauvais état de sa santé, qui lui rendait les secours de la médecine indispensables, ses études et ses travaux l'attachaient également à un séjour auquel nul autre ne pouvait suppléer. « Je mériterais bien peu ce que le roi et vous avez fait pour moi, écrivait-il à Buckingham[1], si je ne désirais par-dessus tout de voir lever la prohibition qui m'empêche de m'aller jeter aux pieds de S. M., pour qui j'ai toujours eu autant d'amour que d'admiration, et de communiquer avec vous, qui êtes, après elle, toute ma consolation. En supposant qu'il y ait de l'inconvénient à lever cette prohibition, ne pourriez-vous pas au moins appuyer la demande que j'ai faite au roi, de me laisser à

---

[1]. *Bacon's Works*, tom. III, pag. 398.

Londres jusqu'à la fin de Juillet, pour mettre ordre à mes affaires et prendre des arrangemens avec mes créanciers. J'obéirai ensuite à ma sentence. J'ai prié son altesse de vouloir bien joindre son crédit au vôtre pour m'obtenir cette faveur, qui, quoique petite en elle-même, est pour moi de la plus haute importance. »

Le surlendemain il remercia Buckingham[1] d'avoir procuré à Thomas Meautys, qui avait été son secrétaire[2], la faveur de baiser les mains du roi. Il se félicite à cette occasion d'avoir conservé dans sa disgrâce un bon maître, un bon ami et un bon serviteur. « Je vois bien, ajoute-t-il[3], d'après ce que m'a dit M. Meautys, que le roi désire que je commence par me rendre à Gorhambury. Les désirs de S. M. ont toujours été des ordres pour moi; je me propose donc d'y déférer immédiatement : je n'en suis pas moins reconnaissant de ce qu'elle m'a fait dire que si j'insistais, elle m'accorderait ma demande. Je ferai comme je pourrai, mais enfin j'obéirai, m'en référant à sa sagesse sur l'étendue qu'elle croira devoir donner à sa clémence, suivant les temps et les circonstances. Je la prie seulement de

---

1. *Bacon's Works*, tom. III, pag. 399 et 604.

2. Thomas Meautys n'en avait pas moins été envoyé à la chambre des communes par la ville de Cambridge. Il fut clerc du conseil privé sous Charles I.ᵉʳ et sous Charles II.

3. *Bacon's Works*, tom. III, pag. 399.

me pardonner si je l'ai sollicitée à contre-temps. Dans la Tour, mes lettres avaient quelque chose de funèbre, comme le tombeau où j'étais enfermé ; est-il étonnant qu'elles se sentent aujourd'hui des ennuis de la captivité, le monde entier étant une prison pour moi dès qu'il ne m'est plus permis d'approcher de mon roi. »

En effet, peu de jours après il annonça à Buckingham [1] son arrivée à Gorhambury, et presque en même temps il écrivit au roi [2] lui-même pour le remercier de ses dispositions bienveillantes. Il lui rappelle ses prospérités passées et termine par ces paroles d'Aristote : *Si les jeunes gens sont heureux par l'espérance, les vieillards et les captifs le sont par le souvenir.*

Mais, quelque consolans que fussent les souvenirs de Bacon, il s'y mêlait souvent de tristes pensées. Sa profusion aux jours de la prospérité lui avait créé des dettes nombreuses qui pesaient actuellement sur lui de tout leur poids, et, le mettant dans la gêne, le laissaient à la discrétion de ses créanciers. Dans cette situation il demanda des secours à Jacques dans un langage sans dignité. Le même jour, 5 Septembre, il s'adressa au prince de Galles et au marquis de Buckingham. « Je vous en-

---

1. *Bacon's Works*, tom. III, pag. 399.
2. *Ibid.*

voie, écrit-il au dernier [1], la lettre que j'adresse à S. M. Je compte beaucoup sur votre appui. Ce que je demande au roi n'a aucun rapport à la sentence du parlement; je me borne, suivant votre conseil, à réclamer des secours pécuniaires. Jusqu'à présent, j'ai vécu des débris de mon ancienne fortune, mais voici qu'ils ne suffisent plus. Voyez ma misère, et rappelez-vous les espérances que vos généreuses promesses m'avaient fait concevoir. » Il termine en disant qu'il prend chaque jour plus de goût pour la vie privée, sans en prendre davantage pour l'oisiveté.

« Je ne veux pas, dit-il ensuite au roi [2], mesurer mes faibles services sur leur mérite, qui peut-être est peu de chose, mais sur l'accueil bienveillant que vous leur avez toujours fait. J'ai servi dix-sept ans Votre Majesté, et depuis mon premier discours comme rapporteur de la commission d'union, je n'ai pas éprouvé de sa part le moindre reproche; je n'en ai reçu que marques de bonté et remercîmens : mais aussi je puis dire que pendant ces dix-sept ans je ne lui ai pas été un seul instant à charge. J'ai mangé mon bien dans mes honorables fonctions, sauf la pension de 120 liv. st. que V. M. m'a accordée pour quelques années. Quant aux autres

---

1. *Bacon's Works*, tom. III, pag. 605.
2. *Ibid.*, pag. 606.

menus profits dont j'ai joui, ils s'en sont allés croître vos revenus de 400 liv. st. par an. C'est ainsi que, lorsque je reçus le grand-sceau, je résignai à la fois ma charge d'attorney général, qui était fort lucrative, et celle de greffier, que je tenais de la munificence d'Élisabeth : excellent bénéfice, qui me valait 1200 liv. st. par an. Les honneurs dont votre bienveillance m'a décoré n'ont fait qu'augmenter mes besoins, tandis que ma disgrâce a diminué les moyens que j'avais d'y pourvoir. J'ose dire qu'en m'accordant des secours, V. M. me conservera deux vies : elle m'aidera à vivre le peu de jours qui me restent, et de plus, je l'espère, à me survivre. Vous voyez en moi celui qui fut naguère votre garde-des-sceaux, et n'est plus aujourd'hui que votre *beadsman*[1] : votre royal cœur et mon noble ami vous diront le reste.

« De Votre Majesté

Le fidèle serviteur et pauvre beadsman,

Fr. Saint-Alban. »

5 Septembre 1621.

« *P. S.* Le cardinal Wolsey disait : « Si j'avais su « plaire à Dieu autant qu'à mon roi, je serais en-« core debout. » Ma conscience ne me dicte rien de semblable; car je suis convaincu que vous avoir

---

1. *Prieur à gages*, nom que l'on donne en Angleterre aux gens qui, dans les églises, font métier de prier pour ceux qui les paient.

bien servi c'est avoir bien servi Dieu; mais peut-être que si j'avais su plaire à Dieu autant qu'à vous, j'aurais moins de reproches à me faire. »

Touché de ses prières, le roi lui accorda d'abord, le 13 Septembre, la permission d'aller passer six semaines, soit près de Londres à Parson-Green, maison de sir John Waugham, un des affidés du prince de Galles, où le bon air rétablit un peu sa santé, soit à Londres même, selon que l'exigeraient ses affaires; puis, le 20 du même mois, il signa un warrant adressé à sir Thomas Coventry, alors attorney général, portant remise de l'amende à laquelle Bacon était condamné, à tels de ses proches ou amis qu'il désignerait, afin de la soustraire à ses créanciers, qui sans cela n'eussent pas manqué d'en faire leur proie. Pénétré de reconnaissance, Bacon se hâta de la témoigner au roi. « Grâces à Dieu et à vous, lui dit-il [1], je puis mourir maintenant, je suis sûr de ne pas mourir intestat. » Il termine en annonçant que, pour prouver au roi sa gratitude, il écrit l'histoire de son précurseur Henri VII, dont le sang coule dans les veines de S. M. en même temps que son esprit l'anime. « Je n'oserais, ajoute-t-il, vous prier de lire cet ouvrage, encore moins de le corriger, ou seulement de noter ce qui vous paraîtra défectueux, si vous ne m'aviez manifesté le désir

---

1. *Bacon's Works*, tom. III, pag. 607.

de le voir; mais ce désir me fait espérer que vous en prendrez la peine. »

Bacon aurait bien voulu que la sentence humiliante qui l'avait flétri, fût entièrement effacée. Plusieurs fois il en avait parlé à Buckingham, mais celui-ci reculait devant les difficultés que présentait l'obtention d'une si grande faveur. Toutefois, peu de jours après celle que venait de recevoir Bacon, le marquis parvint à faire signer au roi un warrant de pardon qui, quoique incomplet, annonçait à l'ex-chancelier que plus tard il obtiendrait davantage. Buckingham se chargea lui-même de lui faire parvenir ce warrant. « J'ai remis au roi, lui écrivit-il en même temps [1], votre dernière lettre de remercîment; il l'a reçue avec bienveillance et sera charmé de voir votre livre, que vous avez promis de lui envoyer dès qu'il paraîtrait. J'adresse à votre seigneurie le warrant de pardon qu'elle a désiré, mais je regrette d'avoir à lui annoncer qu'une de ses demandes n'a pu être accueillie; je veux parler de la permission de rester à Londres jusqu'à Noël, que votre serviteur (probablement Meautys) m'a prié de demander au roi de votre part. J'ai trouvé S. M., qui vous a déjà accordé plusieurs fois cette faveur, contre l'avis de vos amis, peu disposée à vous l'accorder de nouveau. Mais vous y perdez peu, car

---

1. *Bacon's Works*, tom. III, pag. 400.

cette condescendance eût été généralement désapprouvée. Toutefois je suis d'autant plus fâché d'avoir ce refus à vous annoncer, que j'ai moi-même une grâce à vous demander, à laquelle M..., votre serviteur, voit assurément plus d'obstacles que vous n'y en verrez vous-même. Au surplus ses objections prouvent l'attachement qu'il vous porte. Il s'agit de votre hôtel d'York, que je désire acheter; mais s'il en coûtait trop à vous et à milady de vous en défaire, je me pourvoirais ailleurs, désirant par-dessus tout ne pas vous contrarier. Quelque parti que vous preniez, mon affection et mon ardeur à vous servir n'en seront point altérées; je n'attends qu'une occasion plus favorable pour vous montrer que je suis toujours de votre seigneurie

Le fidèle serviteur,
G. Buckingham. »

Octobre 1621.

Les lettres de grâce, accordées à Bacon, étaient ainsi conçues[1]:

« Grâce spéciale est accordée à François, vicomte de Saint-Alban, pour toutes félonies par lui faites et commises contre le droit coutumier et les statuts du royaume; pour toutes offenses de *præmunire*, fraudes, concussions, etc., avec restitution de toutes ses terres et biens séquestrés pour les causes susdites.

---

1. *Bacon's Works*, tom, III, pag. 607.

Sont exceptés de ce pardon toutes trahisons, tous meurtres, rapts et incestes; sont également exceptés toutes amendes, tous emprisonnemens, toutes pénalités et confiscations prononcés contre ledit vicomte de Saint-Alban par la sentence dernièrement rendue en parlement. »

Signé
Le Roi.

A Westminster, le 17 Octobre, l'an 19.e de son règne, par lettres du sceau privé.

Il est à remarquer que ce pardon, ne s'appliquant pas aux faits déclarés coupables par la sentence parlementaire, qui seule avait condamné Bacon, et ne relevant pas celui-ci des peines qu'elle avait prononcées, ne signifiait rien en apparence, et il n'est besoin de recourir, comme on l'a fait, à la malveillance réelle ou prétendue du nouveau garde-des-sceaux Williams [1], pour expliquer le refus qu'il fit

---

1. John Williams, né en 1582, célèbre par son savoir, avait été chapelain du chancelier Égerton. Bacon, lorsqu'il était devenu garde du grand-sceau, lui avait offert de le prendre sur le même pied; mais Williams s'y était refusé, et Bacon l'avait nommé à l'une des principales justices de paix du comté de Northampton. Nommé doyen de Westminster au mois de Juillet 1620, il reçut les sceaux peu de temps après la disgrâce de Bacon, et fut promu en même temps à l'évêché de Lincoln. Ce fut lui qui, depuis, assista Jacques sur son lit de mort et prononça son oraison funèbre. Disgrâcié sous Charles Ier à l'instigation de Buckingham, son ancien protecteur, à qui il avait

le lendemain 18 Octobre, d'y apposer le grand-sceau de l'État. Il lui parut qu'un acte de clémence conçu en termes obscurs, douteux ou même contradictoires, et dont la première partie semblait anéantir un exemple de sévérité que le dernier parlement avait jugé nécessaire, pourrait bien déplaire à cette assemblée, dont la session allait s'ouvrir le 24 Novembre prochain.

Le jour même de son refus, Williams écrivit à Bacon[1] pour s'en excuser sur l'intérêt du roi, l'honneur de Buckingham et son devoir, tout en protestant de son admiration pour les talens du grâcié, dont il aimait, disait-il, la personne. Il ne s'agissait d'ailleurs que d'ajourner l'expédition de ces lettres. Bacon ne se rendit pas à ces excuses et répondit incontinent[2], ce qui ne l'empêcha pas de s'adresser aussi à Buckingham pour faire lever cette difficulté. Mais le 27 du même mois Williams écrivit de son côté au favori[3], et lui fit goûter ses raisons, de sorte que l'ajournement fut maintenu.

---

déplu, quelque temps après, sur diverses accusations portées contre lui devant la chambre étoilée, il fut condamné à une amende de 10,000 liv. st. envers le roi, et à garder prison tant qu'il plairait à S. M. Depuis il rentra en grâce, et fut même promu à l'archevêché d'York le 4 Décembre 1641. Il fut fidèle à la cause du roi jusqu'à sa mort, qui eut lieu le 25 Mars 1650. Il a laissé quelques ouvrages.

1. *Bacon's Works*, tom. III, pag. 607.
2. *Ibid.*, pag. 401 et 607.
3. *Cabala*, édit. de Lond., pag. 60.

La permission que Bacon avait obtenue de séjourner à Londres étant expirée et n'ayant point été renouvelée, il fut obligé de retourner à Gorhambury; mais sa présence à Londres avait en quelque sorte ravivé l'intérêt que lui portaient ses admirateurs. Ceux-ci le conduisirent jusqu'aux portes de la ville. Le prince de Galles, qui y revenait, apercevant à quelque distance une voiture au milieu d'une grande affluence de gens à cheval, demanda ce que c'était : on lui répondit que c'était le vicomte de Saint-Alban à qui ses amis faisaient la conduite. « Bien! dit en souriant son altesse, voilà un homme qui ne peut se résoudre à finir comme un lumignon. »

Quelque affection que Bacon eût pour l'hôtel d'York, il n'avait pas osé le refuser à son protecteur; il avait seulement laissé percer ses regrets. Buckingham n'abusa pas d'un consentement ainsi arraché et se pourvut d'un autre logement[1], sans que son zèle pour Bacon en parût d'abord [2] aucunement diminué. « Je ne renonce pas, lui écrivit-il à cette

---

1. *Bacon's Works*, tom. III, pag. 607.

2. Il paraît néanmoins dans une lettre de Sackville à Bacon, du 11 Mai 1622, qu'il pardonna difficilement à celui-ci de n'avoir pas déféré sur-le-champ à ses désirs (voyez *Bacon's Works*, tom. III, pag. 625); et que le dépit qu'il en éprouva ne passa entièrement que lorsque le roi se fut fait céder cet hôtel à lui-même et l'eut abandonné au duc.

même époque[1], à l'espoir d'apitoyer le roi sur la prolongation de votre exil, auquel vous avez, ainsi que moi, quelque raison de préférer la Tour; vous, à cause des secours de la médecine dont vous avez besoin, des arrangemens que vous avez à prendre avec vos créanciers, de vos écrits, de vos études, qui vous rendent nécessaire la société de vos amis; et moi, à cause de l'avantage que j'aurais de vous visiter quelquefois, et du plaisir que j'aurais à converser avec votre seigneurie, dont la compagnie m'a toujours été si agréable. »

Il paraît qu'il réussit seulement à lui obtenir de venir de temps en temps à Londres. Mais Bacon, jugeant que le principal obstacle à la remise entière de la prohibition qu'il avait tant à cœur de faire lever, était la crainte de déplaire au parlement, crut devoir s'adresser directement à la chambre des lords, ce qu'il fit dans ces termes[2] :

« Très-honorables et très-excellens milords,

« Je me prosterne humblement devant la justice de vos seigneuries, aussi n'est-ce que leur compassion et leur clémence que j'implore aujourd'hui. Je suis vieux, infirme, ruiné, indigent, véritable objet de pitié; je ne demande pourtant qu'une chose à vos seigneuries, c'est qu'elles me montrent une fa-

---

[1]. *Bacon's Works*, tom. III, pag. 402.
[2]. *Ibid.*, pag. 608.

veur digne d'elles, en apportant quelque adoucissement à la rigueur de mon exil, rigueur pour moi telle que je lui préférerais la Tour. Là du moins j'aurais de la société, je pourrais consulter des médecins, négocier avec mes créanciers, m'entretenir avec mes amis au sujet de mes dettes et de mes besoins, me procurer enfin aisément les secours que réclament mes études et mes écrits. Ici, au contraire, je vis dans une continuelle inquiétude, ne pouvant m'écarter sans danger ni rester sans ennui, privé de toute consolation, de toute société, des commodités qu'exige ma santé, et des soins de toute espèce que ma disgrâce m'a rendu nécessaires. Ce qui accroît encore mes chagrins, c'est que ma femme, qui n'a pas participé à mes fautes, partage néanmoins mon malheur.

« Je supplie donc vos seigneuries, car s'il est un temps pour la justice, il en est un aussi pour la clémence; je supplie vos seigneuries de jeter un regard de compassion sur ce que j'ai déjà souffert, et elles verront que je ne me plains pas sans cause. Je les supplie également de daigner recommander cette humble et modeste requête à S. M., qui est une source de grâces, qui m'a déjà pardonné, en ce qui la concerne, et qui m'a accordé, pour quelques intervalles très-courts, la dispense que je demande aujourd'hui pour toujours.

« En cela, vos seigneuries feront une œuvre de

charité à la fois et de générosité ; de charité pour moi et de générosité pour mes créanciers. Peut-être aussi feront-elles quelque chose d'utile pour la postérité, s'il est vrai qu'il ne soit pas impossible de tirer, comme de la gueule du lion de Samson, du squelette d'une grandeur déchue et morte au monde, un rayon de miel propre à nourrir les âges futurs.

« Dieu bénisse vos personnes et vos résolutions.

« Fr. Saint-Alban. »

Dans une autre lettre du 31 Décembre [1], Bacon prie encore lord John Digby, depuis comte de Bristol, d'intercéder pour lui auprès du roi. Il le supplie de lui faire considérer qu'il n'est ni *un jésuite* ni un lépreux, pour qu'on le traite comme on le fait, mais un vieux serviteur.

1622 Il paraît que Buckingham fut blessé de ce que son protégé s'était adressé à d'autres qu'à lui, et surtout au parlement. En effet, Bacon lui ayant demandé une audience, il lui répondit qu'il ne pouvait le recevoir en personne, et qu'il eût à lui envoyer quelqu'un de confiance. Cela ne remplit pas le but que s'était proposé Bacon, qui avait compté sur cette audience pour se réconcilier avec le marquis. Les notes [2] qu'il avait préparées pour cette conférence nous ont été conservées. « C'est avec

---

1. *Bacon's Works*, tom. III, pag. 609.
2. *Ibid.*, pag. 610.

raison, y est-il dit, qu'on appelle les afflictions des épreuves. Ce sont, en effet, des épreuves au moyen desquelles on peut apprendre à connaître soi et ses amis..... Quant aux amis, celui-là ne peut en avoir plusieurs qui n'en aime qu'un. » Il se plaint ensuite du refroidissement de sa seigneurie et des ennemis qui lui ont nui dans son esprit. Il lui rappelle sa promesse de lui faire obtenir la remise entière de sa peine, d'engager le roi à payer ses dettes, et de lui faire donner une pension de 2000 liv. st., et plus tard de 3000 liv. st. Enfin, il se plaint de l'ajournement du pardon incomplet qui lui a été accordé.

Cependant l'histoire de Henri VII était terminée, et Bacon, en l'envoyant au roi, avait demandé une audience à S. M. par l'intermédiaire de Thomas Meautys. Le 7 Janvier celui-ci écrivit à Bacon [1] pour l'instruire du succès de cette démarche. « M. Murray, ajouta-t-il, m'a dit que le roi avait donné votre manuscrit à mylord Brooke pour le lire. Vous pouvez le faire mettre sous presse quand il vous plaira, sauf à corriger les endroits que le roi a notés de sa main : ces corrections se réduisent à quelques mots changés, tels que celui de *débonnaire* remplacé par le mot *doux*. Mylord Brooke, que j'ai vu, m'a fait l'éloge de votre livre et a fini par ces paroles : Dites à l'auteur de faire choix de beau

---

1. *Bacon's Works*, tom. III, pag. 613.

papier et de bonne encre pour l'impression, car ce livre le mérite. »

Tant que l'exil de Bacon durait encore, l'hôtel d'York était l'objet de la convoitise des plus grands seigneurs de la cour; plusieurs le sollicitaient de le leur vendre ou au moins de le leur louer. Le duc de Lenox, entre autres, venant de se marier, et désirant trouver à Londres une maison analogue à son rang, écrivit à Bacon[1], le 22 Janvier, pour lui proposer en échange de l'hôtel d'York, une belle maison qu'il possédait en Herfortshire. Le crédit dont il jouissait à la cour ne lui permettait pas de supposer que Bacon balançât un seul instant à déférer à ses désirs, mais il se trompa; Bacon lui répondit[2] :

« Milord, je suis désolé d'avoir quelque chose à refuser à votre grâce, mais elle me pardonnera. L'hôtel d'York est la maison où mon père est mort, où je suis né et où j'espère bien mourir aussi, s'il plaît à Dieu et au roi. Il n'est somme d'argent ni rien au monde qui puisse me décider à m'en défaire. Lorsque milord Buckingham me la demanda, je ne la lui refusai pas, si vous voulez, mais ma réponse équivalut à un refus que m'interdisaient seuls le respect et la reconnaissance. Je ne l'eusse

---

1. *Bacon's Works*, tom. III, pag. 614.
2. *Ibid.*, pag. 615.

cédée à aucun autre de mes amis, parmi lesquels votre grâce tient le premier rang après milord. »

Enfin, le 3 Février Bacon renouvela ses instances[1] auprès de Buckingham, pour l'engager à solliciter encore S. M. de lever l'interdiction qui lui fermait les portes de Londres.

Voyant qu'il n'obtenait rien, et rongé d'ennuis et de regrets, il eut même la pensée d'attaquer la validité de la sentence qui l'avait condamné, « 1.º comme ayant été rendue dans une session pendant laquelle la sanction royale n'avait été donnée à aucun bill, si ce n'est à celui du subside, d'où il inférait que toutes les procédures dirigées contre lui n'étaient que commencées et non complètes; 2.º en ce que ladite sentence n'avait pas été enregistrée au greffe, mais seulement relatée dans les journaux du greffier. » Il consulta à cet égard le savant Selden, auteur du célèbre traité intitulé : *Mare clausum*[2]; mais celui-ci lui répondit[3] que, d'accord avec lui sur le second point, il en différait sur le premier. Bacon renonça à son projet et se résigna à tout attendre de la protection de Buckingham, à qui il forma le projet d'offrir toutes ses propriétés, et de la bienveillance du roi, à qui il demanda des direc-

---

1. *Bacon's Works*, tom. III, pag. 618.
2. Qu'il composa à la prière de l'archevêque Laud, en réponse au *Mare liberum* de Grotius.
3. *Bacon's Works*, tom. III, pag. 618.

tions[1] sur l'emploi de sa plume. Tant de dévouement lui obtint, au mois de Mars, la permission définitive de venir à Londres. Cette permission tant désirée excita chez lui une vive gratitude. « Je reconnais, écrivit-il au roi[2], les obligations infinies que j'ai à la clémence et à la bonté de V. M. pour m'avoir, à l'intercession de mon noble et constant ami, accordé ce que les jurisconsultes qualifient de chose inestimable, la liberté. Maintenant Dieu peut m'appeler à lui quand il le voudra, je ne mourrai pas esclave. » Il lui offre ensuite son Histoire de Henri VII comme un témoignage de sa reconnaissance, et après lui avoir rappelé qu'au commencement de ses malheurs il avait pris envers lui l'engagement d'écrire l'histoire d'Angleterre et de rassembler en un seul corps les lois du royaume, il lui fait observer que cette histoire de Henri VII et l'offre qu'il renouvelle, sous forme d'épître à S. M.[3], de rédiger un Digeste anglais, est le commencement de l'exécution de ses promesses. Mais ses vues s'étendent plus loin : il lui a dédié la *Grande instauration des sciences*, qu'il nomme son grand ouvrage, et il vient de dédier au prince son fils, sa digne et vivante image, l'Histoire de Henri VII. Il le prie maintenant de lui indiquer le sujet d'un

---

1. *Bacon's Works*, tom. III, pag. 619 et 620.
2. *Ibid.*, pag. 403.
3. *Ibid.*, tom. II, pag. 548.

troisième ouvrage, qu'il puisse dédier à milord marquis.

Le même jour, 20 Mars, il écrivit à ce dernier une lettre[1] de remercîment, qu'il termine en lui offrant un exemplaire de son Histoire de Henri VII; puis il ajoute : « Il y a eu un an au mois d'Octobre que j'ai dédié un ouvrage à S. M.: je viens de dédier celui-ci au prince son fils. L'été prochain, si je vis encore, ce sera votre tour; j'attends du roi le sujet qu'il lui plaira de m'indiquer, c'est le seul moyen que j'aie de lui témoigner ma reconnaissance. »

L'offre de rédiger un Digeste anglais n'était que la reproduction de la proposition qu'il avait déjà faite en 1616. Elle n'eut pas plus de suite cette fois-ci que la première.

Quant à l'Histoire de Henri VII, elle a été diversement jugée. Selden en faisait le plus grand cas. Grotius, dans sa lettre à Du Maurier, du 26 Juillet 1629 dit, que cette histoire est belle et écrite avec beaucoup de jugement. « Ce qu'elle a de mieux, dit Hughes[2], c'est que l'auteur ne s'y borne pas à une narration lâche et superficielle, mais qu'il approfondit son sujet et recherche les vrais motifs des actions, sans donner dans de chimériques conjec-

---

1. *Bacon's Works*, tom. III, pag. 403.
2. *The life of Bishof Kennet*, pag. 33.

tures, excès qu'on reproche à Tacite. Nicholson [1] en porte à peu près le même jugement, et ajoute que tout l'ouvrage est écrit d'un style grave, égal et digne à la fois du sujet et de l'auteur. Enfin, Carteret [2] dit, que si cet ouvrage n'est pas absolument sans défauts, c'est au moins un des meilleurs que l'Angleterre ait produits dans ce genre.

Le Gardian [3] le juge au contraire avec une excessive sévérité. « Lord Verulam, dit-il, est toujours sur le ton ennuyeux de la déclamation, employant deux mots pour un, courant toujours après l'esprit, et aussi amoureux de saillies que quelques-uns de nos auteurs comiques. Il abonde en phrases basses et au-dessous de la majesté de l'histoire, recherche trop souvent les jeux de mots et les pointes, fait des réflexions souvent fausses et toujours basses et puériles. Enfin, il donne ordinairement à ses pensées un tour affecté et pédantesque, qui sent plus l'école que l'homme du monde, le régent de collége que l'homme de cour. » Le critique appuie son opinion sur quelques exemples, puis remarque que l'ouvrage entier est mal conduit et que l'histoire de Perkin Warbeck, qui n'est qu'un épisode, fait presque le tiers de l'ouvrage : que le portrait de Henri VII, qui est à la fin, est plutôt un résumé

---

1. Bibliothèque historique d'Angleterre.
2. *Biographia britannica*, verbo *F. Bacon*.
3. N.° 25, vol. I.

de sa vie qu'un portrait. Il est tellement chargé de circonstances, qu'il est impossible de s'y faire une idée claire et distincte du caractère de ce monarque. Le critique ajoute pourtant qu'on peut dire en faveur de lord Verulam, qu'il vivait dans un temps où l'on ignorait une manière d'écrire correcte et pure, et où le pédantisme était à la mode, même à la cour; en sorte qu'il ne faut pas être surpris qu'il ait été entraîné par le torrent, et qu'il ait accommodé son génie au goût de son temps, quoiqu'il surpasse peut-être tous ceux de son pays qui l'ont précédé ou suivi.

Voltaire, dans ses Lettres sur les Anglais, se moque aussi du style amphygourique de cette histoire, et s'indigne qu'on ait osé la comparer à celle du judicieux de Thou.

Il faut en convenir, si tout l'ouvrage était écrit du même style que les passages cités par ces critiques, il faudrait adopter leur jugement, quelque rigoureux qu'il soit. Mais heureusement il n'en est rien, et nous ne craignons pas de dire, après avoir fait une lecture attentive de l'Histoire de Henri VII, qu'on y trouve de quoi justifier les éloges aussi bien que les reproches. Le traducteur Lasalle, en la débarrassant de quelques-uns des défauts qu'on vient de signaler, et en conservant ses beautés, a prouvé que ces dernières sont en assez grand nombre pour en faire un livre recommandable et qui n'est nullement indigne de son auteur. Nous ne devons pas dissimuler néanmoins que Rapin de Thoyras[1] fait à Bacon un reproche qui serait beaucoup plus grave pour un historien, c'est de manquer souvent de fidélité. « Comme ses biens, dit-il, avaient été confisqués par la sentence du parlement, et qu'il ne vivait que d'une pension du roi, qui parlait toujours avec de grands éloges de Henri VII, son bisaïeul, Bacon faisait sa cour au roi en représentant son héros comme un modèle de sagesse et de vertu. »

Il est remarquable que la fille de Jacques, femme de l'électeur palatin et reine de Bohème, fut la protectrice de Bacon, lorsqu'on se rappelle que plus tard sa fille, Élisabeth de Bohème[2], fut l'élève et l'amie de Descartes, qui, en 1644, lui dédia *ses Principes*, et composa pour elle, en 1646, son traité *des passions*. Si Bacon ne composa pas son histoire pour la mère, au moins lui en envoya-t-il un exemplaire accompagné d'une lettre flatteuse.[3]

Cependant Bacon n'avait pas perdu de vue les sujets qu'il avait pris l'engagement de traiter; dans les six premiers mois qui suivirent la composition de la préface de sa quatrième partie de l'Instaura-

---

1. Tom. VII, pag. 152.

2. Née en 1618. Sa mère lui avait fait apprendre six langues dans son enfance. Elle possédait parfaitement les belles-lettres, la philosophie et les mathématiques. Elle mourut en 1680.

3. *Bacon's Works*, tom. III, pag. 625.

tion, et dès 1622, il fut à même de publier l'*Histoire des vents* et celle *de la vie et de la mort*[1], où il avait pour ainsi dire mis sa méthode en action. Quant au premier de ces ouvrages, ce n'est pas d'après les progrès que la physique et la chimie ont faits de nos jours qu'il faut le juger, mais d'après le temps où il a été écrit et la disette de lumières où l'on était alors. Pour l'Histoire de la vie et de la mort, bien qu'elle se sente de l'enfance où était la physiologie, il suffit pour tout éloge de citer le parti qu'en a tiré le célèbre docteur Hufeland dans son *Art de prolonger la vie humaine*. « Le grand Bacon, dit-il, le premier qui ait ramené l'esprit humain dans les voies de la vérité, trouva le problème de la prolongation de la vie digne de son attention et de ses recherches. Il a sur ce sujet des idées hardies et nouvelles. Il se représente la vie comme une flamme consumée sans cesse par l'air qui l'entoure. Les corps les plus forts finissent par être dissous et détruits par cette exhalaison continuelle. Il en conclut qu'en évitant cette consomption et en renouvelant de temps en temps nos sucs vitaux, on peut prolonger la vie. Pour éviter la consomption qui provient du dehors, il recommande spécialement les bains froids, et la coutume adoptée généralement par les anciens de se frotter

---

[1]. *Bacon's Works*, tom. IV, pag. 419 et 457.

d'huile et d'aromates en sortant du bain. Pour diminuer la consomption intérieure, il prescrit une grande tranquillité de caractère, un régime composé de choses froides, l'usage de l'opium et des opiats, qui tempèrent la trop grande vivacité des mouvemens de l'intérieur et retardent la destruction qui en résulte nécessairement. Pour réparer le desséchement et la corruption des sucs, suite nécessaire de la vieillesse, il conseille de les renouveler, tous les deux ou trois ans, de la manière suivante. D'abord il faut, par un régime consistant en alimens maigres et par des purgatifs, délivrer le corps de tous les sucs vicieux et corrompus. Puis, au moyen d'une nourriture bien choisie, substantielle à la fois et rafraîchissante, remplir les vaisseaux épuisés de sucs nouveaux et vivifians. C'est ce qu'il appelle se rajeunir de temps en temps. — Il y a certainement, ajoute le docteur allemand, beaucoup de vrai dans ces idées, qui, avec quelques modifications, pourraient trouver de fréquentes applications. »

Quel que soit le mérite des deux ouvrages que nous venons de citer, on ne peut toutefois disconvenir qu'ils fourmillent d'erreurs, d'abus de mots et d'idées mal déterminées.

Quoique Bacon eût déjà payé une partie de ses dettes, il était loin d'être libéré; plusieurs de ses créanciers le pressaient avec une ardeur qui ne lui laissait aucun repos. On peut en juger par la lettre qu'il écrivit le 30 Mai au garde-des-sceaux, pour le prier de le soustraire aux poursuites impitoyables d'un certain Harris, bijoutier.[1]; démarche bien humiliante pour un homme dont le nom retentissait déjà dans toute l'Europe! En effet, il correspondait alors avec plusieurs savans étrangers, qui se faisaient gloire d'être ses disciples. Un monument intéressant de ces communications philosophiques est une lettre latine, qu'il écrivit le 30 Juin au père Baranzan[2], religieux barnabite[3]. Elle prouve que sa méthode commençait à être goûtée par tous les bons esprits.

« Monsieur Baranzan, j'ai lu avec plaisir la lettre que vous m'avez écrite. L'amour de la vérité doit mettre de la candeur dans les relations qu'ont entre eux les amis de cette même vérité : je répondrai donc ingénument aux questions que vous me proposez avec ingénuité.

« Je ne proscris pas absolument le syllogisme, et ne nie pas son utilité dans beaucoup de cas; je prétends seulement que dans la plupart il est insuffisant.

---

1. *Bacon's Works*, tom. III, pag. 626.
2. *Ibid.*, pag. 404.
3. Ce moine était professeur de philosophie à Annecy, en Savoie. Ce fut lui qui sur le continent porta les premiers coups à l'autorité d'Aristote. Il mourut âgé de trente-trois ans, le 23 Décembre 1622.

« Je n'empêche qu'on s'en serve en mathématiques; mais je dis qu'en physique on ne peut se passer de l'induction, à cause de l'inconstance et de la variabilité de la nature; l'induction peut seule fixer cette inconstance et cette variabilité, et donner de la précision aux idées.

« Ne vous inquiétez pas de la métaphysique; elle ne saurait être quelque chose que la vraie physique ne soit trouvée : où celle-ci finit, commence l'ordre surnaturel.

« Vous remarquez avec raison, et je pense comme vous, qu'en physique, lorsqu'on a découvert les notions premières et les axiomes qui s'appuient sur elles et qu'on établit au moyen de l'induction, on peut sans danger faire usage du syllogisme, pourvu qu'on s'interdise de s'élever d'un saut aux choses les plus générales, et qu'on se fasse une loi de n'y aller que progressivement et par une échelle convenablement graduée.

« Quant à cette multitude de phénomènes divers, capables d'effrayer l'esprit humain, je réponds :

« 1.° Pourquoi se le dissimuler? il faut ou les observer, ou renoncer à rien savoir. Toute autre route, quelque facile qu'elle soit, est une fausse route.

2.° L'analogie, vous le remarquez vous-même, conduit à diriger ses expériences d'après celles qu'on a faites sur certains phénomènes capitaux. Je me propose de traiter un jour de cette méthode, qui diminue singulièrement le nombre des phénomènes à étudier.

3.° Je le demande, quels importans résultats n'aurait-on pas le droit d'attendre de volumes où seraient accumulés assez de faits pour sextupler l'histoire de Pline, et pourtant il faut retrancher de celle-ci une foule de choses qui appartiennent à la philologie, à la fable et à la science de l'antiquité plutôt qu'à celle de la nature. En effet, dans une histoire naturelle proprement dite il ne doit entrer que des faits, des analogies, des observations et des règles. Si d'un autre côté vous considérez l'immense quantité de volumes qu'on a écrits sur la philosophie, vous ne tarderez pas à reconnaître que les meilleurs et les plus solides sont ceux qui traitent des matières les plus spéciales.

« Enfin, avec notre manière de philosopher on fera, chemin faisant, une ample moisson d'inventions utiles, tandis qu'on n'obtiendra, par des spéculations et des discussions, que des résultats stériles ou tout-à-fait nuls.

« Comme vous, je préfère à tout l'histoire naturelle comme fondement de la philosophie; aussi n'épargnerai-je rien pour donner à celle-ci cette base solide. Puissé-je trouver des collaborateurs dignes d'une telle entreprise! Mais ce qui pourrait m'arriver de plus heureux, ce serait qu'un homme tel que vous, voulût bien poser la première pierre de l'édifice, en écrivant l'histoire des corps célestes. Vous vous borneriez dans cette histoire à exposer avec sincérité les phénomènes, à décrire exactement les instrumens, leurs diverses espèces et leur usage; à raconter les hypothèses les plus célèbres, tant chez les anciens que chez les modernes, à calculer rigoureusement les révolutions des astres et autres choses semblables, sans mélange de systèmes et de paradoxes. Pour peu que vous y joignissiez ensuite l'histoire des comètes, ce qui nécessiterait de votre part la composition de certains traités particuliers, vous auriez élevé un magnifique frontispice à l'histoire de la nature, concouru efficacement à la restauration des sciences, et fait une chose qui me serait par-dessus tout agréable.

« J'ai donné mon livre de l'Avancement des sciences à traduire, et, avec l'aide de Dieu, cette traduction sera terminée à la fin de l'été : je vous l'enverrai.

« J'ai lu avec soin vos ouvrages sur des matières d'un intérêt général. On ne pouvait écrire en ce genre avec plus d'esprit et de sagacité; je connais les novateurs que vous citez : Patrice, Télésio et plusieurs autres, que vous ne nommez pas; on pourrait en compter un grand nombre qui leur ressemblent : tels furent chez les anciens Anaximène, Anaxagore, Démocrite, Parménide, etc. Je ne parle pas de Pythagore, que je regarde comme un philosophe superstitieux. Je mets une très-grande différence entre ces philosophes, tant anciens que modernes, sous le rapport du génie; mais bien une très-petite à ne considérer leurs systèmes que sous le rapport de la vérité. J'en conclus que, quand les hommes voudront subordonner leurs théories aux faits, ils pourront parvenir à savoir quelque chose, tandis que jusque-là ils tourneront perpétuellement dans le même cercle.

« Comptez dès à présent sur ma sincère affection, et continuez de m'aimer comme vous avez commencé de le faire; mais, avant tout, aimez la vérité.

« De ma maison de Londres, 30 Juin 1622.

« Le meilleur de vos amis,
Saint-Alban. »

Cependant la position de Bacon allait toujours en empirant. Il devait environ 30,000 liv. st. et n'avait pour tout revenu qu'une pension du roi de 1200 liv. st., 600 liv. st. de la ferme du bureau des aliénations, qu'il occupait toujours, et environ 700 liv. st. qu'il tirait annuellement de ses propriétés non engagées[1]. Tous ces revenus, pris ensemble,

---

1. Le reste demeurait hypothéqué au paiement de l'amende, quoiqu'elle lui eût été remise dans la personne de ses parens et amis. Mais cette restitution ne devait se réaliser pour lui qu'après le complet désintéressement de ses créanciers, à qui on voulait la soustraire.

l'eussent certainement mis au-dessus du besoin, s'il n'eût été obligé de payer ses dettes et s'il n'eût conservé des habitudes de prodigalité contractées dans la prospérité; il dépensait aussi beaucoup en essais et en expériences, au point que sa maison, dit un auteur contemporain [1], ressemblait à une pharmacie, étant tapissée de fioles et de vases, remplies les unes d'eaux distillées, les autres d'herbes, de métaux et de mélanges divers, qu'il laissait exposés à l'air pendant toutes les saisons de l'année, afin d'observer les altérations que leur faisaient éprouver les variations de l'atmosphère et de la température. Bacon continuait d'ailleurs de tenir une maison de grande dépense : il répondit un jour à quelqu'un qui lui conseillait d'user avec plus d'économie de ce qui lui restait de fortune : que voulez-vous, je suis tout d'une pièce, où la tête a passé, il faut que le corps passe [2]. Dans le fâcheux état auquel il se trouvait réduit, il crut devoir encore recourir au roi. En conséquence, vers le mois de Juillet, il lui écrivit cette lettre remarquable, considérée par les uns comme une lâcheté indigne de lui, et par les autres comme une supplique touchante, qui accuse Jacques de dureté et d'ingratitude. Pour mettre le lecteur à même de prendre un parti entre ces deux

---

[1]. Vie de Bacon, qui se trouve à la tête de la traduction de l'Histoire naturelle par Pierre-Ambroise de la Madelaine.
[2]. *Bacon's Works*, tom. I.", pag. 565.

opinions, nous rapporterons en entier cette lettre, plus propre d'ailleurs qu'aucune autre à faire connaître le caractère de Bacon.[1]

« Sous le bon plaisir de V. M., au milieu de mes malheurs qu'adoucit plutôt le souvenir du passé que la perspective de l'avenir, ma principale consolation dans ce monde est, que depuis l'époque où j'opinai pour la première fois dans le parlement en faveur de l'union des deux royaumes, jusqu'à celle où je fus choisi par les deux chambres dans la dernière session du parlement, pour porter à V. M. leurs demandes sur l'article de la religion, premier et dernier actes de ma vie publique sous votre règne, j'ai toujours eu le bonheur de vous faire agréer mes faibles services avec bienveillance et de les voir couronnés de succès. Je reconnais que ce n'est pas à mon propre mérite que je dois ce bonheur : je dois votre bienveillance à votre bonté, et mes succès à vos sages directions, auxquelles je me suis toujours religieusement conformé; car, ainsi que je l'ai souvent dit à V. M., je n'étais auprès de vous tantôt que la citerne destinée à conserver l'eau, tantôt que le vase destiné à la puiser; vous seul étiez la source. A cette consolation que m'apporte le souvenir de dix-neuf années de prospérité, vient s'en joindre une autre de la même na-

---

[1]. *Bacon's Works*, tom. III, pag. 405.

ture, que je tire de mon adversité même, c'est que de tous les crimes dont j'ai été accusé, il n'en est aucun qui ait été dirigé spécialement contre V. M. ou contre quelqu'un de ses ordres particuliers; je crois qu'à l'égard du Tout-puissant, pécher contre la première ou contre la seconde table de la loi, c'est toujours pécher contre lui; mais entre les fautes que peuvent commettre des sujets, il en est qui offensent plus immédiatement le souverain, quoique toutes l'offensent, en ce sens que toutes offensent la loi qu'il a faite. Dans cette consolation je trouve encore cette circonstance, que si mes fautes n'ont pas offensé V. M. comme d'autres fautes l'eussent fait, ma chute n'est pas non plus un acte de votre justice comme un autre. Je n'écris pas ceci pour faire aucune insinuation à V. M., mais seulement pour rappeler humblement en sa mémoire l'honnêteté et la droiture avec lesquelles je l'ai toujours servie, souvenir qui assure dans votre ame royale un trésor inépuisable de douceur et de bonté à votre serviteur déchu et prosterné à vos genoux.

« Ce n'est pas non plus, très-gracieux souverain, pour vous redemander votre royale faveur que je vous rappelle mes services, quoique ce soit le privilége du malheur de pouvoir donner cette forme à ses demandes. Je sais que mes services, quels qu'ils aient été, n'ont été que l'accomplissement de mes devoirs; je confesse aussi que mon mérite est infiniment au-dessous des récompenses qu'il m'a values. En effet, j'ai reçu en différentes fois de V. M. neuf faveurs signalées, trois dignités et six charges. A la vérité, ces six charges sont les plus pénibles qu'il y ait, mais elles ne sont pas moins lucratives qu'honorables, et les appointemens qui y sont attachés m'auraient suffi, si j'eusse été sage. V. M. m'a en outre comblé de libéralités gratuites; je me plais d'autant plus volontiers à le reconnaître que, pour attirer sur moi la compassion de V. M., je compte beaucoup plus sur ma misère présente que sur mes services passés. Je songe seulement que la même bonté qui peut adoucir l'une, peut prêter plus de valeur aux autres.

Au fait, si V. M. me permet de le dire, ma misère toute seule est si digne de pitié, que je ne pense pas qu'il soit besoin d'y joindre autre chose. En effet, par une faveur singulière et toute gratuite de V. M., je me suis vu parfois le premier dignitaire du royaume. Souvent dans le conseil, lorsque vous le présidiez, le bras de V. M. s'est appuyé sur le mien, tant j'étais près de vous. Aussi, quoique j'aie l'image de V. M. gravée sur du métal, je la porte bien plus profondément gravée dans mon cœur. Pendant dix-neuf ans je n'ai pas reçu un seul reproche de V. M., et souvent j'en ai reçu de vifs témoignages de satisfaction, au point qu'elle a été jusqu'à me dire tantôt que j'étais pour elle un aussi bon administrateur, que j'en étais un mauvais pour moi-même, tantôt que je savais toujours la tirer des affaires les plus épineuses par les voies les plus douces, voies qui sont le mieux assorties à votre propre cœur. Tel est le langage plein d'affection et de confiance auquel vous m'avez accoutumé jusqu'à ce jour. Mais à quoi bon rappeler des choses qui ne sont plus, et ne peuvent servir qu'à me faire mieux sentir ma chute.

« Aujourd'hui, voici ma position : il y a un an et demi que je vis dans la disgrâce, quoique je sois encore obligé de reconnaître que ce n'a pas été sans me ressentir de la clémence et de la bonté de V. M.; car je ne pense pas qu'il soit possible à un homme que vous avez aimé une fois, de devenir entièrement misérable. Mon bien, quoique un peu plus considérable que mon père ne me l'a laissé, est cependant très-médiocre et réduit à peu de chose par mon imprudence. Ce que j'ai reçu de V. M., ou m'est disputé, ou est dissipé. Mes titres témoignent à la vérité de la faveur dont j'ai joui près de vous, mais me sont à charge dans ma position présente. Pour ce qui est des débris de mon ancienne fortune, soit vaisselle, soit joyaux, je les ai distribués aux pauvres gens à qui je devais, et me suis à peine réservé de quoi subsister. En un mot, je suis obligé de mettre ma misère à découvert aux yeux de V. M., et de lui dire : si vous m'abandonnez, je péris; *si deseris tu, perimus.*

« Quoique peu de chose en moi, hors l'excès de cette misère que je n'ai pas craint de dévoiler à V. M., soit digne de votre compassion, je n'en croirais pas moins commettre la faute de Caïn, si je tombais dans le désespoir, après avoir osé élever mes regards jusqu'à votre personne. Vous n'êtes pas de ces rois dont on scrute le cœur : les secrets mouvemens de votre bonté et les profondeurs de votre sagesse sont impénétrables; vous ressemblez au Créateur, qui produit et ne détruit pas. J'ai toujours remarqué chez V. M. de l'aversion pour tout ce qui suppose un cœur dur, tandis qu'elle a constamment montré du penchant à la bienfaisance. Aussi moi qui ai long-temps eu le bonheur de l'approcher, ai-je assez de foi aux miracles et surtout à votre bienveillance, pour être assuré que vous ne souffrirez pas que votre pauvre créature soit entièrement défigurée, et qu'une seule tache efface pour jamais de votre livre un nom que votre main sacrée s'est plu si souvent à décorer et agrandir.

« J'espère surtout que Dieu qui, soit dans la prospérité, soit dans l'adversité, m'a donné des preuves nombreuses de sa miséricorde, alors que mon ingratitude aurait pu l'en détourner, disposera votre cœur royal à la compassion, votre cœur déjà si bien préparé. Pourquoi aussi n'attendrais-je pas de ce trois fois noble et trois fois généreux prince, qui aurait voulu pouvoir me soustraire à l'ignominie d'une condamnation, qu'il m'arrache, dans mes derniers jours, à la honte et à l'abjection de la misère; et puis, n'avez-vous pas un favori chez qui l'élévation des sentimens est égale à l'élévation de la fortune, et qui, après être bon sujet, met sa gloire à être bon ami? Eh bien! il baisera vos mains à chaque œuvre de charité que vous ferez envers moi : il y a mieux; comme dans le malheur, surtout lorsqu'on a le cœur exempt de malice, on se sent disposé à supposer de la pitié chez les autres, je ne doute pas que les lords qui composent votre conseil ne me soient favorables et ne plaident ma cause auprès de V. M.; car la sagesse et la noblesse de leurs ames ne sauraient les laisser insensibles aux vicissitudes humaines. Il existe, ce me semble, une sorte de fraternité entre ceux qui sont encore dans la prospérité et ceux qui y ont été; ce sont en quelque façon les temps d'un même verbe. Je vais plus loin; j'ai lieu de croire que les deux chambres du parlement s'applaudiront d'autant plus de leur justice qu'elle n'aura pas opéré ma ruine; car j'ai souvent entendu dire à plusieurs lords qui voulaient excuser la sévérité de leur sentence à mon égard, qu'ils avaient bien su en quelles mains indulgentes ils me laissaient. De son côté, V. M. n'ignore pas que je sus toujours me rendre agréable à ces assemblées par ma modération et sans flatter leurs passions, me bornant à être leur organe en tout ce qui me paraissait juste et bon.

« Mais s'il plaît à V. M., car c'est d'elle seule que j'attends secours comme de la source de toutes grâces, me contentant de respecter les saints sans les adorer; s'il plaît à V. M. de m'accorder quelque chose, ce qu'elle ne sentira pas en le donnant, je le sentirai en le recevant. Mes désirs sont bornés, et je n'ambitionne que de pouvoir mener une vie réglée et retirée, dans laquelle j'espère faire toujours honneur à V. M. Je la supplie de me permettre de finir par ces paroles que la nécessité m'inspire : aidez-moi, cher souverain, mon seigneur et maître, et ayez assez pitié de moi pour ne pas permettre qu'après avoir porté les sceaux, je sois réduit sur mes vieux jours à porter la besace et à étudier pour vivre, moi qui ne souhaite de vivre que pour étudier. Je vous demande très-humblement pardon d'une si longue lettre après un long silence. Que le Dieu du ciel vous bénisse, vous conserve et vous rende heureux!

« De Votre Majesté

L'ancien serviteur et maintenant beadsman,

Fr. Saint-Alban. »

Il est certain que dans maintes circonstances Bacon avait rendu de grands services à Jacques, que son entêtement à défendre des prétentions exagérées jetait souvent dans d'inextricables embarras. Aussi paraît-il l'avoir regretté plusieurs fois. On rapporte même qu'une, entre autres, il s'écria : « Plût à Dieu que Bacon fût encore mon chancelier, il m'aurait bientôt tiré de ce mauvais pas! » Peut-être Bacon fut-il instruit de ces regrets; ce qu'il y a de certain, c'est qu'un moment il espéra toucher le cœur du roi. Il demanda et obtint, par l'intercession de Buckingham [1], une audience, dont il crut devoir graver le souvenir dans la mémoire du prince par une lettre [2] ou note qu'il écrivit immédiatement après (le 13 Novembre) en caractères grecs, sans doute afin qu'elle restât secrète. Cette curieuse pièce est un monument si original de sa faiblesse, que nous croyons devoir la transcrire ici.

« Mémorial de mon audience.

« Sous le bon plaisir de V. M., je puis en quelque façon chanter *nunc dimittis*, maintenant que je vous ai vu. Auparavant il me semblait bien que j'étais rentré en grâce, mais les nuages qui m'environnaient étaient loin d'être dissipés. La faveur que vous m'avez accordée d'approcher V. M. ne me laisse plus que le soin de vous remercier.

« Je ne puis oublier non plus les remercîmens que je vous dois pour m'avoir remis l'amende à

---

1. *Bacon's Works*, tom. III, pag. 628.
2. *Ibid.*, pag. 629.

laquelle j'ai été condamné, m'avoir accordé un pardon général et vous être chargé de mes dettes, faveur qui n'est pas petite envers un homme qui n'est plus sous vos yeux ni à votre service.....

« J'ai encore quelque chose à vous dire en forme d'offrande; car les choses qui ont été une fois consacrées ne sauraient perdre ce caractère et redevenir profanes; or, j'ai été voué pour toujours à votre service. Voici ce dont il s'agit.

« S'il arrivait que V. M. me crût encore propre à quelque chose et voulût bien me conférer de nouveau des fonctions publiques, je voudrais, moi, me conduire de façon que rien ne pourrait m'en détourner ou me décourager, et je défierais le scandale ou l'envie d'atteindre aucune de mes actions.

« Mais si V. M. ne juge pas à propos de se servir ostensiblement de moi, peut-être au moins pensera-t-elle qu'elle pourrait, sans inconvénient, me consulter sur ses affaires, par l'intermédiaire de milord marquis ou de quelque autre conseiller de mes amis; car il n'y a pas, comme dit Ovide, que le grand jour qui éclaire, *est aliquid patente luce minus*. Pour moi, je me tiendrais heureux de me retrouver à votre service, ne fût-ce qu'en qualité de garçon de charrue ou de simple pionnier.

Enfin, et c'est le point sur lequel j'insiste surtout, V. M., qui est si grande maîtresse en toute science, pourrait employer une plume qui jouit d'un certain renom dans le monde, et lui confier quelque partie de la littérature à défricher. Je la servirais *calamo* (de ma plume), sinon de mes conseils.

« Je sais qu'on m'accuse de présomption, mais il n'y a que ceux qui croient pouvoir qui peuvent en effet, *possunt quia posse videntur*. J'aurais bien peu profité à votre école si, après seize ans de service près de votre personne, je n'avais rien appris et n'étais propre à rien.

. . . .

« Au surplus, si vos affaires n'ont jamais souffert entre mes mains, ce n'est point à mon habileté que je l'attribue, mais à vos sages directions. J'ai déjà eu occasion de vous le dire, je n'étais auprès de vous tantôt que la citerne destinée à conserver l'eau, tantôt que le vase destiné à la puiser; vous seule étiez la source.

« Je puis faire allusion aux trois demandes des litanies: *Libera nos, domine; parce mihi, domine; exaudi nos, domine*. Quant à la première, je sais que V. M. me l'eût volontiers accordée, si la raison d'État le lui eût permis; elle m'a accordé la seconde et m'aura octroyé la troisième si elle me rend ce que j'ai perdu.

« Il est des charlatans en politique comme il en est en médecine. V. M. sait si jamais je fus tel.

« Sénèque a dit: le loisir du sage n'est pas moins

productif que son travail, *tam otii debet constare ratio quam negotii.*

« Pour l'envie qui m'a assailli, il n'en faut plus parler, c'est un almanach de l'an passé ; d'ailleurs un de mes amis m'a assuré que le dernier parlement a regretté d'avoir usé de rigueur à mon égard.

« Quant à mes fautes, je suis loin de leur appliquer l'adage : *dat veniam corvis, vexat censura columbas ;* mais je puis dire au moins avec l'Écriture, que ce ne fut pas sur les plus grands coupables que tombèrent les murailles de Shilo.

« Quelque chose que V. M. m'accorde, on le verra de plus loin que le clocher de S. Paul.

« Grand est mon orgueil, je l'avoue, et j'en rends grâces à V. M. ; car c'est d'elle que je tiens cette remarque sur le Tasse, qu'il a éprouvé quel poëme il pouvait faire dans la prospérité et quel dans l'adversité ; elle ne ferait pas difficulté, je pense, de faire à mon sujet une observation analogue.

« Milord marquis a montré par assez de choses la grandeur de son ame. Celles qu'il a faites pour moi montrent sa bonté.

« Je suis comme une terre en friche. Si vous m'abandonnez à moi-même, je porterai de la philosophie naturelle ; mais si votre main royale daigne me défricher encore une fois et m'ensemencer, je puis, je l'espère, donner encore quelques épis.

« Le difficile pour les rois n'est pas d'élever ou d'abattre, mais de le faire avec raison.

« Grâce à Dieu, c'est le repos que je cherche, mais un repos utile.

« On a dit que j'avais la tête légère; je désire que ceux qui raillent si bien ne l'aient pas impertinente.

« Je suis trop vieux et les mers sont trop larges pour que je songe à doubler le cap de Bonne-Espérance.

« La cendre contient deux bonnes choses, de la lie et des sels : tel suis-je; il y a mieux, je ressemble à de la cendre chaude, et je puis dire que le feu de mon cœur couve sous les cendres de ma fortune.

« V. M. a la puissance; moi j'ai la foi; voilà de quoi faire un miracle.

« Je voudrais vivre pour étudier, et non étudier pour vivre. Je n'en suis pas moins préparé au rôle de Bélizaire demandant une obole; après avoir porté le sac [1], je puis bien porter la besace.

« Si vous me rappelez à la vie active, je me charge, 1.º de travailler à concilier nos lois entre elles; 2.º d'organiser la cour des tutelles et en général tout ce qui concerne l'éducation de la jeunesse; 3.º de fixer les limites des juridictions des cours et de leur tracer des réglemens.

---

[1]. Bacon fait allusion au sac dans lequel on mettait les sceaux.

« Si, au contraire, je suis réduit à la vie contemplative, j'écrirai, 1.° la vie de Henri VIII; 2.° un traité général des lois et de la justice; 3.° un traité de la guerre sacrée. »

Il termine par des remercîmens adressés à Buckingham et au prince de Galles; il dit à ce dernier: « De même que votre père a été mon créateur, de même j'espère que vous serez mon rédempteur. Vous auriez voulu me retirer du feu; aujourd'hui il s'agit de me retirer de la fange. »

Malgré que ce fût sur la demande du prince qu'il s'était proposé d'écrire l'histoire de Henri VIII, il n'alla pas au-delà du simple projet, et le seul fragment[1] qui témoigne que ce projet avait été sérieux, fut l'ouvrage d'une matinée. Toutefois, dit Rawley, il est facile d'y reconnaître la griffe du lion.

Le traité sur la guerre sacrée, dont il est parlé dans la lettre précédente, était déjà fort avancé. C'est un dialogue où Bacon examine l'opportunité d'une croisade contre l'empire ottoman, sur qui la bataille de Lépante avait dirigé les regards menaçans de l'Europe, si bien qu'en France les héros de la fronde, les Lafeuillade et les Beaufort, allaient à l'envi signaler contre lui leur bravoure désormais réduite à l'oisiveté[2]. L'auteur ne termina point cet écrit, et

---

1. *Bacon's Works*, tom. V, pag. 115.
2. Vers le même temps, le P. Joseph, confesseur du cardinal de Richelieu, écrivait contre les Turcs un poème latin, que le

le fit imprimer à la fin de cette année avec une épître dédicatoire[1] adressée à l'évêque de Winchester, où il rend compte de tous ses ouvrages, et annonce celui-ci comme un tribut qu'il doit et paie à la religion. Cette belle épître montre qu'au milieu de son abaissement son ame conservait encore de la dignité, et n'était pas entièrement abattue et flétrie par l'infortune. L'élévation des pensées et la modération avec laquelle il parle de sa disgrâce, font de cette pièce un des documens les plus précieux et les plus intéressans de son histoire.

« A mon très-révérend père en Jésus-Christ, Lancelot Andrews, évêque de Winchester, conseiller privé de S. M.

« Vénérable prélat.

« Entre les consolations humaines ce n'est pas une petite consolation que de pouvoir se dire, que d'autres ont éprouvé des malheurs qui ont avec les nôtres quelque analogie; car les exemples pénètrent plus avant que les raisonnemens : il y a plus, ils nous inculquent cette vérité dans laquelle l'Écriture nous montre un adoucissement à nos maux, que rien de ce qui nous est arrivé n'est nouveau, *nil novi nobis accidisse.* Or, ces exemples nous touchent

---

pape Urbain VIII appelait l'*Énéide chrétienne* ; et Mazarin faisait un testament dans lequel il laissait 600,000 livres tournois pour leur faire la guerre.

1. *Bacon's Works*, tom. II, pag. 280 ; tom. V, pag. 510.

d'autant plus qu'ils ont plus de ressemblance avec nos propres malheurs, surtout lorsque les hommes que la fortune n'a pas moins maltraités que nous, étaient au-dessus de nous par leur rang et leur mérite. Si, d'une part, notre vanité trouve son compte dans ces comparaisons avec des gens qui valent mieux que nous, de l'autre nous en tirons cette juste et salutaire conséquence, que puisque des hommes qui nous étaient supérieurs ont éprouvé les mêmes revers, nous ne sommes pas fondés à nous plaindre avec tant d'amertume.

« Je ne me suis pas épargné ce genre de consolation, quoique, en me faisant chrétien, la grâce infinie de Dieu m'en ait ménagé de plus sublimes. Ma mémoire et la lecture m'ont fourni une foule d'exemples, tant anciens que modernes; mais, je dois le dire, il est trois personnages sur lesquels mes pensées se sont arrêtées ou plutôt reposées de préférence, à raison de leur éminence et parfois de l'extrême ressemblance de leur sort avec le mien. Tous trois exercèrent, chacun dans sa patrie, les magistratures les plus élevées : ce n'est ni dans les combats, ni dans aucune autre espèce de désastres qu'ils succombèrent, mais devant les tribunaux, sous l'autorité des lois, comme des accusés et des coupables dégradés judiciairement. Ces personnages éminens furent en même temps d'illustres écrivains, et la mémoire de leurs disgrâces est aujourd'hui chez la postérité comme un tableau qui représente une scène nocturne au milieu des glorieuses et brillantes peintures qui nous retracent leurs actions et leurs travaux. Tous trois offrent, au besoin, des exemples bien propres à rabattre l'ambition de quiconque tente une seconde fois la fortune : chacun d'eux, rappelé dans sa patrie, fut réhabilité dans ses honneurs; mais ce fut pour retomber de plus haut et finir par une mort violente. Ces trois personnages sont : Démosthènes, Cicéron et Sénèque. Assimilé à ces grands hommes par la fortune et mes travaux, je me suis mis à observer, à rechercher comment ils ont supporté leurs malheurs, et singulièrement comment ils ont occupé le temps qu'ils ont passé loin des affaires et dans un état d'incapacité légale, afin d'en profiter et de trouver chez eux non-seulement des consolations, mais encore des conseils. J'ai remarqué les diverses influences qu'avait eues sur eux le malheur, principalement sous le point de vue par lequel j'avais commencé à les étudier, c'est-à-dire relativement à l'emploi qu'ils ont fait de leur temps et de leur plume.

« J'ai vu Cicéron, pendant son exil, qui a duré deux ans entiers, tellement abattu et découragé, qu'il ne put écrire que quelques lettres pusillanimes, toutes remplies de ses plaintes; et pourtant des trois grands personnages que j'ai cités, aucun n'avait moins sujet de s'affliger; car bien que le jugement qui l'avait exilé, qui avait confisqué tous ses biens au profit de l'État, et ordonné que toutes ses maisons seraient rasées, fût une loi, et par cela même de tous les jugemens le plus solennel; bien qu'il eût été défendu, sous peine de la vie, de proposer la réhabilitation de cet illustre proscrit, son honneur, même de son temps, n'en fut point entaché. On vit en lui une victime d'orageuses circonstances qui l'avaient comme entraîné dans leur tourbillon.

« Démosthènes, au contraire, avait été proscrit par un jugement ignominieux, et condamné non-seulement à des restitutions, mais encore à toutes les peines attachées à la trahison et à la félonie. Toutefois son malheur prit si peu sur son humeur que, pendant son exil, il ne resta point étranger aux affaires politiques de son pays, et qu'il continua d'y prendre part. Très-souvent, dans sa correspondance, il se permit de donner des conseils au peuple athénien, comme s'il eût encore tenu la barre du gouvernail; c'est ce que l'on peut voir dans quelques-unes de ses lettres qui nous ont été conservées.

« Quant à Sénèque, qui fut condamné pour divers actes de corruption et autres délits, je conviens qu'il vécut obscurément dans l'île déserte où il fut exilé; mais sa plume ne se reposa point, quoiqu'il restât étranger aux affaires publiques. Il employa les loisirs qu'il avait acquis à composer des traités dont l'utilité est de tous les temps : quelques-uns seulement sont d'un intérêt moins général et moins élevé.

« Ces exemples ont beaucoup contribué à me confirmer dans la résolution que j'ai prise de consacrer à écrire le temps dont je puis disposer, d'autant que je me suis toujours senti une inclination naturelle pour ce genre d'occupation. En conséquence, j'ai pensé que ce n'était plus comme autrefois sur des banques particulières que je devais placer le talent que Dieu m'a confié, mais sur la banque publique, qui ne peut jamais faillir et donne un intérêt assuré.

« Après avoir publié, il y a quelques années, une partie de ma *Grande instauration*[1], qui est, si l'amour-propre ne me fait pas illusion, mon meilleur ouvrage, j'ai pensé que je devais travailler à le compléter, et c'est ce dont je m'occupe actuellement. Dès mes premiers pas dans une carrière aussi abstraite, je me suis convaincu que cette œuvre mémorable planait au-dessus de la portée des esprits ordinaires, bien qu'elle m'ait attiré d'outre-mer des suffrages nombreux et tels que je n'en pouvais espérer de plus honorables et de plus flatteurs. Cette conviction m'a fait adopter pour un instant une méthode inverse à celle que j'avais suivie : en con-

---

1. Le *Novum organum*.

séquence je me suis déterminé à descendre des hauteurs de la doctrine au jugement des sens, au moyen de quelques expériences et de recherches partielles sur l'histoire naturelle. C'est l'objet d'un travail déjà commencé.[1]

« J'ai considéré ensuite que mon traité de l'*Avancement des sciences*, comprenant un mélange de notions anciennes et de notions nouvelles, pouvait servir d'introduction, et pour ainsi dire de clef à ma *Grande instauration*, qui n'offre que des idées absolument nouvelles, à l'exception de quelques idées anciennes, disséminées çà et là pour satisfaire le goût du lecteur. Le désir d'en faire un tout avec le reste, m'a porté à faire passer ce traité de l'*Avancement des sciences* de ma langue maternelle dans une langue universelle, ce qui ne s'est pas fait sans un grand nombre d'additions considérables, particulièrement dans le second livre, qui comprend la classification des sciences. Ce livre, aujourd'hui divisé en plusieurs, est devenu tellement important, que je crois pouvoir le donner comme la *première partie de la Grande instauration*, en substituant ce titre à celui de *Classification des sciences*, que je lui avais donné d'abord. Ainsi je me crois quitte à cet égard.

« D'un autre côté, ne pouvant entièrement dé-

---

[1]. Il veut probablement parler de son *Sylva sylvarum*.

pouiller la qualité d'homme public dont j'ai été si long-temps revêtu, ce qu'un assez grand nombre de personnes se rappelleraient quand je pourrais l'oublier, j'avais entrepris un traité des lois. Mon but était d'assigner à la justice un caractère qui tînt le milieu entre les utopies législatives des philosophes et les écrits des jurisconsultes trop esclaves de la jurisprudence des arrêts et des doctrines reçues dans leurs patries; mais j'ai laissé cet ouvrage imparfait, il m'eût demandé trop de temps, et d'ailleurs il a dû céder le pas à d'autres sujets; je me suis contenté d'en insérer l'ébauche, à titre d'exemple, dans le huitième livre de mon *Traité des accroissemens des sciences.* Le fait est que, dans le principe, j'avais eu l'intention de donner à ma patrie un *Digeste* ou Recueil complet des lois; mais comme il m'aurait fallu un grand nombre de collaborateurs et qu'il m'était impossible d'y suffire tout seul, j'y ai renoncé. En entreprenant ma *Grande instauration,* j'avais eu en vue l'utilité du genre humain, la conduite de la vie, le bonheur des hommes et le perfectionnement de leurs facultés. Dans le *Traité des lois,* dont je n'ai fait que l'ébauche, comme je viens de le dire, j'avais eu pour objet le bonheur du genre humain, considéré dans la société civile, en tant qu'il dépend de la législation; il m'a semblé depuis que je devais encore faire quelque chose pour la gloire et l'utilité particulière d'une patrie que j'ai toujours et tant aimée, que mon amour et mon dévouement pour elle sont au-dessus des magistratures que j'ai occupées, quelque supérieures qu'elles puissent être à mon mérite; en conséquence, lorsque j'eus renoncé à l'ouvrage que j'avais entrepris sur les lois, je me suis mis à écrire l'histoire de Henri VII. Quant à mon livre, depuis long-temps connu sous le titre d'*Essais moraux et politiques*, il porte aujourd'hui celui de *Discours sincères* ou *le fond des choses*[1]. Je l'ai augmenté d'un grand nombre de morceaux, enrichi de développemens nouveaux, et traduit de ma langue maternelle en latin. Ce sont de ces écrits que je compose de temps en temps pour délasser et refaire mon esprit; et pourtant je n'ignore pas que, sans m'avoir donné autant de peine et de travail, ils pourront illustrer mon nom et le recommander à la postérité plus que ne le feront mes autres ouvrages faits ou à faire. Aussi, voulant assurer l'existence de mon petit livre *De la sagesse des anciens*, ai-je eu soin de le placer dans le volume qui renferme mes *œuvres politiques et morales*.

« En faisant ainsi la revue de mes écrits, il m'est venu à la pensée que tous allaient à la cité, aucun au temple, à l'exception de quelques morceaux épars qui ont rapport à la religion. Pourtant, après avoir

---

[1]. Bacon travaillait déjà ou faisait travailler à la traduction latine de ses Essais de politique et de morale.

puisé et goûté de si grandes consolations dans le temple, il est naturel que je désire y porter quelque offrande. J'ai donc choisi un sujet qui participât à la fois de la religion et de la politique, et tînt le milieu entre les matières contemplatives et les matières pratiques. Ce sujet est la *guerre sacrée*. Qui sait si notre prière : *Exoriare aliquis*...... naisse, naisse un vengeur! ne sera pas exaucée. Les grandes choses, surtout en fait de religion, ont souvent de faibles commencemens, et parfois le plan invite à construire l'édifice.

« Je n'ai jamais approuvé les dédicaces adulatrices; c'est le motif qui me fait vous dédier cet ouvrage; à vous qui n'y verrez qu'un gage de notre ancienne amitié et un témoignage du profond respect que je crois devoir à l'un des hommes les plus distingués de notre âge.

« De votre révérence
Le fidèle ami,
Fr. Saint-Alban. »

1623 Cependant Jacques avait toujours à cœur le mariage de son fils avec l'infante d'Espagne : le 3 Février, le marquis de Buckingham partit pour Madrid avec le prince de Galles, afin d'aller presser cette union. L'absence de ce seigneur fit voir à Bacon qu'il n'avait pas d'autre protecteur puissant à la cour, et fut la cause du nouveau degré d'humilité qu'il mit dans ses demandes. Jamais ses affaires, dit

Stephens, n'avaient été en si mauvais état, ce qui l'obligea d'aller à Gray'sinn attendre dans son ancienne maison le retour du marquis[1]. « Ainsi, écrivait Chamberlain[2], se vérifia la prédiction que M. Loke, de la société de Gray'sinn et ami de Bacon, qu'il connaissait *intùs et in cute*, avait faite quelques années auparavant, en le voyant sortir de cette même maison en grande pompe, et faisant porter le grand-sceau devant lui.—Nous vivrons bien peu, avait-il dit, si nous ne le voyons revenir ici dans un équipage plus modeste. » Dans ce séjour la solitude et la misère firent une telle impression sur son esprit qu'il en contracta une maladie de langueur. Aussi ne peut-on se faire une idée de l'état d'humiliation dans lequel il était tombé, jusqu'à mendier pour ainsi dire des objets de première nécessité, et à braver les refus les plus mortifians. Ainsi Arthur Wilson raconte[3] que la bière que Bacon avait chez lui était de si mauvaise qualité que sa santé ne lui permettait pas de la boire, et qu'il en envoyait chercher de meilleure chez sir Toulques Grevil, depuis lord Brooke, qui était son voisin. On lui en donna une première fois, mais de mauvaise grâce, et la seconde le sommelier eut ordre de lui en refuser. Qu'on juge des procédés que Bacon eut à

---

1. *Bacon's Work's*, tom. III, pag. 635.
2. Dans une lettre datée de Londres, 8 Mars 1623.
3. *The complete history of England*, vol. II, p. 735 et 736.

supporter par cette indignité de la part d'un homme qui osait se dire l'ami de sir Philippe Sidney. A la vérité Bacon, pendant sa prospérité, l'avait fort maltraité à l'occasion de ses fonctions de maître des rôles; mais rien ne peut excuser tant de dureté envers un grand homme malheureux, que ce seigneur outragea, dit un autre auteur [1], jusqu'à le faire mettre hors de chez lui.

Sur ces entrefaites M. Murray, principal du collége d'Eaton, étant venu à mourir, Bacon fit solliciter pour lui-même cette modeste place par le secrétaire Conwey, tant son ambition s'était réduite! Mais le 27 Mars le roi lui répondit par le même intermédiaire, qu'il faisait trop de cas de lui pour lui donner une place aussi inférieure, et qu'il ne convenait pas qu'il se bornât à si peu de chose. Le vrai motif de ce refus était que la place avait été promise à Buckingham, avant son départ pour l'Espagne [2], pour William Becker, agent de Jacques en France [3]. Il paraît aussi que le garde-des-sceaux, Williams, n'était pas d'avis que Bacon y fût nommé; on peut en juger par la lettre qu'il écrivit à Buckingham le 11 Avril. « Vous nommerez, lui dit-il, qui vous voudrez, mais je dois vous faire observer que

---

1. Weldon, pag. 123.
2. *Bacon's Works*, tom. III, pag. 413.
3. Depuis le 26 Juillet 1624, par suite d'arrangemens, elle fut donnée à sir Henri Wotton.

si cette place requiert un homme qui ait du savoir, elle requiert bien davantage encore un homme rangé, économe et modeste, qualités qui ne manquent à personne autant qu'à milord Saint-Alban, qui d'ailleurs est obéré de dettes. »

Bacon n'en conservait pas moins l'espoir de rentrer en grâce auprès du roi. « Il m'a reçu, écrivait-il le 28 Mars au comte de Gondomar [1], en lui parlant de l'audience qu'il en avait obtenue, non comme un criminel, mais comme un homme abattu par l'orage, *non me allocutus est rex ut criminosum, sed ut hominem tempestate dejectum.* » Il comptait aussi sur les bons offices que Gondomar pourrait lui rendre auprès du prince et du marquis, à raison de l'influence que lui donnait le mariage projeté. « En attendant, écrivait-il encore à cet Espagnol [2], je ne reste pas oisif; non que je me mêle sans mission des affaires publiques, mais j'étudie et traite des matières dignes des hautes fonctions que j'ai exercées, et de nature à recommander mon nom à la postérité. »

D'autres fois il méditait des projets de retraite; il voulait vendre Gorhambury et se retirer près de Londres dans un asile où il pût se livrer exclusivement à l'étude. « C'est pour cela, écrivait-il à Con-

---

[1]. *Bacon's Works*, tom. III, pag. 637.
[2]. *Ibid.*, pag. 639.

wey [1], que j'aurais désiré obtenir la place de principal d'Eaton. » D'autres fois il traitait des matières d'un intérêt public, et qu'il supposait pouvoir fixer sur lui les regards du roi. C'est ainsi qu'il composa un projet de manifeste contre l'usure [2], qu'il pria Conwey de présenter de sa part à Jacques, n'osant le présenter lui-même. « Je sais, dit-il, que dans les cours souvent ce n'est pas l'ouvrage, mais l'auteur qui déplaît. »

Le 18 Mai le marquis de Buckingham ayant été nommé duc, Bacon se hâta de lui écrire pour l'en féliciter. Il ne négligeait pas non plus son ami, Toby Matthew, à qui les circonstances donnaient depuis quelque temps un grand crédit. En effet, il était employé par Buckingham dans les négociations relatives au mariage, aussi bien que M. Gage, à qui notre auteur le pria de le recommander. « Puisque vous m'assurez, écrivait-il ensuite [3], que le prince n'a pas oublié l'ordre qu'il m'a donné d'écrire l'histoire de Henri VIII, je n'oublierai pas l'engagement que j'ai pris de lui obéir. Je crois que sir Robert Cotton, qui m'a fourni des matériaux pour mon Histoire de Henri VII, pourra m'en fournir encore pour celle-ci. Quant à présent, je m'occupe de la traduction latine de mon Traité de l'avancement des

---

1. *Bacon's Works*, tom. III, pag. 638.
2. *Ibid.*, tom. II, pag. 494.
3. *Ibid.*, tom. III, pag. 642.

sciences, de mon Histoire de Henri VII, et de mes Essais, que j'ai refondus et perfectionnés; car j'ai bien peur que nos langues modernes ne nous fassent banqueroute d'un moment à l'autre, et que nos livres n'éprouvent le même sort. Or, comme j'ai perdu, ainsi que j'en conviens, une bonne part de ma vie mortelle, je désire que Dieu me permette de la retrouver dans la postérité. »

Cependant, poursuivant la tâche qu'il s'était imposée, Bacon publiait à cette époque l'*Histoire de la densité et de la raréfaction*[1]. Mais il ne donnait que l'*introduction de l'Histoire de la pesanteur et de la légèreté*[2]; celle de l'*Histoire de la sympathie et de l'antipathie des choses*[3], et celle de l'*Histoire du soufre, du mercure et du sel*[4]. Le seul choix de ces sujets manifeste un vice déjà décelé par le *Catalogue des histoires à faire*. Ce n'est point en prenant ainsi d'abord des sujets trop compliqués et mal déterminés, ou en faisant un sujet unique de mille choses qui n'ont entre elles aucun rapport connu, ou moins encore en prétendant faire directement l'histoire complète d'une propriété commune à tous les êtres, que l'on parviendra jamais à connaître la nature et à tirer des faits des résultats vrais. Tout

---

1. *Bacon's Works*, tom. V, pag. 1.
2. *Ibid.*, pag. 41.
3. *Ibid.*, pag. 42.
4. *Ibid.*, pag. 43.

cela n'est qu'un abus des idées générales et des classifications arbitraires. Bacon a pu y être conduit par l'exemple trompeur des mathématiques. Il se sera persuadé que l'on pouvait créer une science sur chaque propriété générale, comme sur l'étendue et la quantité; mais il faut bien remarquer que dans l'algèbre et la géométrie il ne s'agit que de considérations abstraites sur l'étendue et la quantité, et sur les propriétés de ces propriétés, et point du tout de savoir si elles sont dans les êtres et jusqu'à quel degré elles y sont, pourquoi elles y sont et comment on pourrait les y mettre et les en ôter. Or, c'est là uniquement ce que nous voulons savoir relativement aux autres propriétés de la matière. Elles ne peuvent même pas donner lieu à d'autres recherches; car l'effet général dans lequel chacune d'elles consiste est connu; et dès qu'il ne s'agit que de la mesurer et de l'employer, on rentre dans les considérations tirées de la quantité et de l'étendue. C'est sans doute là ce qui a fait dire à Montesquieu, dans son Essai sur le goût, que les dialogues où Platon fait raisonner Socrate, ces dialogues si admirés des anciens, sont aujourd'hui insoutenables, parce qu'ils sont fondés sur une fausse philosophie. « Tous ces raisonnemens, dit-il, tirés sur le beau, le parfait, le sage, le fou, le dur, le mou, le sec, l'humide, traités comme des choses positives, ne signifient plus rien. » Voilà ce qui s'appelle préférer à Platon la vérité.

Cependant Gondomar s'était brouillé avec le prince et le duc; Bacon en sentit d'autant mieux la nécessité de se ménager auprès d'eux un autre intercesseur dans la personne de Toby Matthew. Il écrivit donc de nouveau à ce dernier[1] pour solliciter sa recommandation, et le prier d'user en sa faveur du crédit qu'il pourrait avoir sur l'esprit de l'infante : mais la cessation des négociations ne tarda pas à rendre toutes ces précautions inutiles, et fit revenir le prince et le duc à Londres le 6 Octobre. Bacon les félicita de leur retour comme s'ils eussent ramené l'infante.

La traduction latine et la refonte presque entière de l'*Avancement des sciences* sous un nouveau titre (*De dignitate et de augmentis scientiarum*) étaient terminées. Il se hâta d'adresser un exemplaire de cet ouvrage nouvellement imprimé à Buckingham, qui reçut cet hommage avec une bienveillance marquée, quoiqu'il entendît peu le latin et moins encore les matières philosophiques. Il semblerait que ce seigneur sentît tout le prix d'un livre qui devait recommander la mémoire de son auteur à la postérité la plus reculée[3]. Il fit plus, il se chargea de

---

1. *Bacon's Works*, tom. III, pag. 644.
2. *Ibid.*, tom. IV, pag. 19.
3. *Ibid.*, tom. III, pag. 412 et 413.

le présenter au roi, à qui il était dédié, avec une lettre[1] pour S. M. dont Bacon l'avait prié d'accompagner ce présent. « Sous le bon plaisir de V. M., y disait celui-ci, je vous adresse en toute humilité ces fruits imparfaits de mon loisir. Ce livre est la première chose que j'aie offerte à V. M., et ce sera peut-être la dernière; car peu s'en est fallu que cette édition ne parût qu'après moi. C'est une traduction, mais où le fond a tellement gagné, qu'on peut la considérer comme un ouvrage nouveau. Quoique des collaborateurs habiles m'aient aidé dans sa rédaction, je m'en suis réservé la correction définitive, et n'ai rien négligé pour qu'il puisse être lu partout. Mon but, en l'écrivant en latin, étant d'en faciliter la lecture à tout le monde, je fusse tombé dans une absurde contradiction, si, en le rendant accessible à tous sous le rapport du langage, je n'avais également cherché à le leur rendre accessible sous le rapport de la matière. Daigne V. M. recevoir avec bienveillance cette faible offrande de celui qui, tant qu'il respirera, ne cessera de l'honorer, et qui s'acquitte du reste dans ses prières.

« De Votre Majesté

Le vrai beadsman et très-humble serviteur. »

Todos duelos con pan son buenos:
Itaque det majestas vestra obolum Belizario.

---

1. *Bacon's Works*, tom. III, pag. 645.

Buckingham présenta encore cet ouvrage au prince de Galles, avec une lettre[1] dans laquelle Bacon dit, qu'il espère que son livre vivra plus qu'aucun autre livre anglais, et deviendra un citoyen du monde. Il s'excuse ensuite sur sa santé de n'avoir pu s'occuper de l'histoire de Henri VIII, que son altesse lui avait commandée, et craint bien de ne le pouvoir de long-temps. Il paraît, par le *postscriptum* de cette lettre, que Bacon avait en outre entrepris d'écrire l'histoire du voyage du prince en Espagne, mais que le mauvais succès de ce voyage le fit renoncer à ce projet. Le roi accueillit le *De augmentis* comme il avait accueilli le *Novum organum*, et promit de le lire tout entier.

Bacon l'adressa également au collége de la Trinité[2] où il avait été élevé; à l'université de Cambridge[3], dont ce collége fait partie, et que pour ce motif il appelait sa nourrice, et enfin à l'université d'Oxford.[4]

« Toutes choses, dit-il au collége de la Trinité, doivent leur existence et leurs progrès à leurs commencemens. C'est pourquoi, ayant puisé dans votre sein les élémens des sciences, j'ai pensé que je vous devais faire hommage d'un livre où il s'agit de leurs

---

1. *Bacon's Works*, tom. III, pag. 645.
2. *Ibid.*, tom. V, pag. 533.
3. *Ibid.*, pag. 532.
4. *Ibid.*, pag. 533.

progrès, d'autant qu'en vous transmettant ce que j'en possède, j'ai lieu d'espérer qu'elles prendront sur leur sol natal une force nouvelle. Je vous exhorte donc à ne pas négliger l'accroissement des sciences, tout en conservant votre modestie et votre respect pour les anciens. Feuilletez les volumes sacrés de la parole divine et des écritures, mais ensuite, avant tous autres livres, le grand volume des œuvres et des créatures de Dieu, volume dont ceux-là ne sont que les commentaires. »

Sa lettre à l'université de Cambridge respire le même esprit de sagesse. « J'acquitte envers vous, lui dit-il, autant que je le puis, ma dette de fils, en vous exhortant à faire ce que je fais moi-même. Travaillez avec ardeur aux progrès des sciences et conciliez avec la modestie du cœur la liberté de l'esprit, sans répudier le legs que vous ont fait les anciens. La grâce divine sera avec vous et vous éclairera, si, soumettant docilement et humblement votre philosophie à la religion, vous faites un usage habile et légitime des clefs de l'entendement, et si, vous abstenant de tout esprit de controverse, vous discutez entre vous, comme chacun fait avec soi-même. »

Enfin, il dit à l'université d'Oxford : « Ayant écrit à l'illustre université de Cambridge, ma nourrice, je manquerais à mon devoir si je ne donnais pas un pareil témoignage d'affection à sa sœur. Je vous exhorte donc, comme je l'ai exhortée, à travailler avec ardeur à l'accroissement des sciences et à ne pas dédaigner les travaux des anciens, sans croire toutefois qu'ils ne nous ont rien laissé à faire. Présumez modestement de vos propres forces, mais sachez vous en servir. Toutes les difficultés s'aplaniront merveilleusement, si vous ne tournez pas vos armes les uns contre les autres, et si vous les réunissez pour attaquer la nature. Il n'en faut pas davantage pour triompher d'elle et acquérir de la gloire. »

La réponse de cette dernière université est remarquable.[1]

« Très-noble, et, chose presque miraculeuse chez un noble, très-savant vicomte.

« Votre honneur ne pouvait faire à l'université, ni celle-ci recevoir un présent plus agréable que ne l'est votre ouvrage sur les sciences. Ces sciences qu'elle communiquait à ses élèves, pauvres, indigentes et grossières, vous les lui avez rendues embellies, accrues et riches de tous les trésors qu'elles ne pouvaient tirer que de votre génie. Elle regarde comme un rare bonheur, qu'un homme qui lui était étranger, si elle peut appeler étranger celui qui lui tient de si près, lui ait rendu avec usure le patrimoine qu'elle se plaît à distribuer à ses enfans.

---

1. *Bacon's Works*, tom. V, pag. 533.

Elle n'hésite pas à reconnaître que si Oxford est le berceau des muses, elles grandissent ailleurs ; elles ont surtout grandi sous votre plume : véritable Hercule, vous avez de votre main puissante transporté bien au-delà de la place qu'elles occupaient sur le globe intellectuel, des colonnes que le vulgaire croyait immuables. Courage, vaillant athlète qui, dans la protection que vous avez accordée au mérite chez autrui, avez surpassé tous les autres protecteurs, et qui, dans vos écrits, vous êtes surpassé vous-même. En effet, quand vous étiez puissant, vous ne pouviez qu'avancer les savans, tandis qu'aujourd'hui, par un admirable prodige, ce sont les lettres elles-mêmes que vous avancez. Le noble don que vous daignez faire à vos anciens protégés leur impose une reconnaissance sans bornes ; car si ce qu'il a de flatteur s'adresse à eux, ce qu'il a d'utile s'étendra jusqu'à la dernière postérité. Aussi, incapables qu'ils sont de s'acquitter envers vous, ils espèrent que leurs neveux suppléeront à leur insuffisance et paieront à votre mémoire ce qu'ils ne peuvent payer à votre personne. Heureux ceux-là, mais plus heureux nous, que vous avez honorés d'une lettre écrite de votre propre main sur le frontispice de votre livre, lettre où vous nous enseignez à étudier et à maintenir la concorde dans nos études, comme si c'était peu pour vous d'avoir enrichi les muses, si vous ne leur appreniez encore à user en sœurs de leurs richesses. Le conseil et l'université toute entière, en robes rouges, a solennisé par un baiser respectueux la réception du livre où vous avez déposé les inspirations de votre génie. Autant en ont fait ceux d'un rang inférieur, et chacun a recueilli dans sa mémoire ce que tous d'un concert unanime ont placé dans la bibliothèque commune.

« De votre seigneurie

La très-dévouée servante,
L'université d'Oxford. »

De notre maison sociale, le 20 Décembre 1623.

C'est ici le lieu de faire connaître la première partie de l'*Instauration* telle que Bacon venait de la refondre : elle se compose de neuf livres. Le premier, dans lequel il se borne à l'éloge de la science et à la réfutation de quelques objections, ne diffère pas beaucoup de ce qu'il était en 1605; mais les huit livres suivans, qui ont servi de modèle à l'Encyclopédie française, et qui contiennent une classification générale des sciences, ont remplacé le second livre de l'*Avancement des sciences*. Là sont comprises non-seulement les sciences déjà connues, mais celles qui manquaient encore. Relativement à ces dernières, l'auteur ne se borne pas à une simple indication, il donne des vues et des moyens pour remplir les lacunes, et souvent même intercale les travaux auxquels il s'est livré lui-même pour y parvenir. C'est ainsi que, dans le huitième livre, il offre, comme exemple d'un traité sur les principes généraux du droit, l'ébauche de celui qu'il s'était proposé de placer en tête du Digeste qu'il avait autrefois entrepris, et auquel il avait renoncé. Cet essai, qu'il intitule : *De la justice universelle ou des sources du droit*, est tel qu'on devait l'attendre d'un magistrat qui avait étudié les lois, non en simple jurisconsulte, mais en législateur et en philosophe. Il se compose d'aphorismes aussi remarquables par la profondeur des idées que par l'énergique précision du style, et, s'il est vrai, comme on l'assure et comme il y a tout lieu de le croire, que Montesquieu les avait lus avec attention et en a souvent profité, il est remarquable que, pendant que Bacon ouvrait à Loke et à Gassendi les vraies routes de la métaphysique, et à Newton celles de la haute physique, il frayait encore celles du droit public au plus grand écrivain politique des temps modernes. Toutefois les huit derniers livres du *De augmentis*, quoique pleins d'idées sublimes et de préceptes excellens, présentent un défaut grave. En effet, toutes les sciences y sont rangées sous ces titres : *histoire*, *poésie* et *philosophie*, que Bacon présente comme dérivant des trois facultés de notre entendement, la *mémoire*, l'*imagination* et la *raison*. Or, d'une part, l'imagination et la raison ne sont pas des facultés élémentaires de notre entendement, mais bien des facultés composées ; de l'autre, il n'y a pas une seule de nos connaissances à laquelle toutes nos facultés intellectuelles n'aient coopéré. Le seul moyen de les classer méthodiquement eût été de les ranger suivant l'ordre dans lequel elles naissent les unes des autres, se secourent et s'enchaînent. Mais alors l'analyse de l'entendement humain et de ses facultés n'était pas suffisamment connue, et il n'était donné qu'aux successeurs de Bacon d'achever ce qu'il avait si heureusement commencé. Cette première partie de l'Instauration, la seule à laquelle il ait mis la dernière main et qui forme un tout complet, n'en est pas moins la plus admirable et celle qu'on lit aujourd'hui avec le plus de plaisir. La vaste étendue des desseins, la profondeur des pensées, la sagacité de la critique, le sage emploi d'une immense érudition, la noblesse des sentimens et la magnificence du style en font un des plus beaux monumens de l'esprit humain.

Au *De augmentis* Bacon fit succéder une nouvelle édition de ses *Essais de morale et de politique*, avec des changemens importans et des additions considérables, et la dédia au duc de Buckingham.[1] Ayant ainsi favorablement disposé le roi et son ministre par ces dédicaces, il crut l'instant propice pour implorer un pardon plein et entier; mais le

---

1. *Bacon's Works*, tom. I.ᵉʳ, pag. 446.

paiement des arrérages de sa pension, qui était assez mal servie, est tout ce qu'il put obtenir.

Cependant la nation, qui redoutait un mariage que réprouvait son attachement à la cause de l'électeur palatin, voyant un présage de rupture dans ce retour précipité, avait reçu le prince et le duc avec de grands transports de joie. Bacon, tout en félicitant Buckingham de la faveur avec laquelle il était accueilli, crut devoir lui faire pressentir la fragilité de cette faveur. « Elle s'évanouira comme un songe, lui écrivait-il [1], si vous ne la fixez et ne la scellez par quelque coup d'éclat, » et il lui cita un proverbe espagnol, emprunté aux femmes, *qui en no da nudo, pierdo punto* (qui ne fait pas un nœud sur son ouvrage, voit son ouvrage se découdre). Buckingham prêta l'oreille à cet avis, et désira que Bacon s'expliquât plus clairement. Ce fut l'occasion de plusieurs conférences qu'ils eurent ensemble dans le courant de Décembre. Entre autres choses Bacon lui dit [2] : « N'assemblez pas le parlement que vous n'ayez donné quelques preuves convaincantes de votre pouvoir sur l'esprit du roi et de la fermeté avec laquelle vous marchez à votre but. Il y a en Angleterre trois sortes de gens à craindre, le parti des *papistes* qui vous hait, celui des *protestans*, y

---

1. *Bacon's Works*, tom. III, pag. 644.
2. *Ibid.*, pag. 646.

compris ceux qu'on appelle *puritains*, dont l'affection pour vous n'est encore que naissante, et quelques grands seigneurs, qui sont, pour la plupart, des ennemis réconciliés avec vous ou des amis mécontens. Or, parmi ces derniers, un grand nombre, vous n'en pouvez douter, vous vantera et se servira de vous pour faire manquer le mariage et mettre le royaume en état de guerre, sauf à revenir ensuite à ses premiers sentimens. Quant à ceux-ci, vous ferez bien de vous conduire vis-à-vis d'eux avec fierté, sans pourtant pousser la chose à l'exagération; il s'agit seulement de ne pas fléchir : tenez-vous à distance, paraissant suivre vos propres directions, et montrant que, comme l'abeille, vous portez votre aiguillon à côté de votre miel. Milord Buckingham, dit le public, est maintenant bien embarrassé : il a fort à faire; il faut que cette alliance se rompe ou que son crédit soit perdu. Il suivait assez bien le courant sur les traces du roi, mais aujourd'hui qu'il va seul par des chemins de traverse, il s'égarera aisément. Le difficile, tout à l'heure, est de vous maintenir entre le prince et le roi. Tâchez de conserver votre ascendant sur l'esprit du premier, mais gardez que celui-ci ne se croie abandonné et ne s'aperçoive que vous adorez de préférence le soleil levant. »

Dans une seconde conférence, Bacon s'offrit pour aller en France négocier un traité d'alliance avec ce royaume[1], sous couleur de renouer des négociations de mariage avec une princesse française, pour le cas où la rupture avec l'infante amènerait une guerre; mais ses offres ne furent pas agréées. Ainsi, jusqu'à la fin, Bacon ne perdit ni le désir ni l'espoir, non-seulement de rentrer en grâce, mais encore d'être employé. Combien il y a plus de véritable philosophie dans les sentimens qu'exprime Descartes en terminant son discours sur la méthode. « J'ai résolu, dit-il, de n'employer le temps qui me reste à vivre, qu'à tâcher d'acquérir quelque connaissance de la nature plus assurée que celle qu'on a eue jusqu'à présent. Mon inclination m'éloigne si fort de toute sorte d'autres desseins, principalement de ceux qui ne sauraient être utiles aux uns qu'en nuisant aux autres, que si quelques occasions me contraignaient de m'y employer, je ne crois point que je fusse capable d'y réussir. De quoi je fais ici une déclaration, que je sais bien ne pouvoir servir à me rendre considérable dans le monde; mais aussi n'ai-je aucunement envie de l'être, et je me tiendrai toujours plus obligé à ceux par la faveur desquels je jouirai sans empêchement de mon loisir, que je ne serais à ceux qui m'offriraient les plus honorables emplois de la terre. » Bacon était d'autant plus inexcusable dans ses retours d'ambition, qu'il venait

---

1. *Bacon's Works*, tom. III, pag. 646.

de reconnaître récemment encore[1] qu'*il était né pour les lettres plutôt que pour tout autre genre d'occupation, et qu'il avait été comme jeté dans les affaires par je ne sais quel destin et contre son génie.*

Cependant le 2 Janvier Bacon eut encore, avec Buckingham, deux conférences[2], dans lesquelles il reproduisit à peu près les mêmes conseils, lui rappelant qu'il eût à se faire des amis par sa condescendance, et qu'un bon joueur de boule a presque le genou en terre quand il ajuste le but. Il lui dit ensuite que le traité avec la France devrait comprendre trois articles secrets : 1.° la protection des petits États d'Allemagne, y compris les Grisons et la Valteline, telle qu'elle avait été stipulée avec Henri II, le dernier prince un peu habile qu'ait eu la France, si l'on ne compte point Henri IV, la race des Valois n'ayant donné que des rois fainéans ; 2.° la conservation des libertés des Provinces-Unies ; 3.° la liberté du commerce dans les deux Indes. Il ajouta qu'il ne devrait pas être question dans le traité de faire à l'Espagne une guerre d'invasion, mais seulement de rallier tous les États de l'Europe à l'intérêt qu'ils avaient d'arrêter l'ambition toujours croissante de l'Espagne. Enfin, il fit observer que la religion de-

1624

---

[1]. *Bacon's Works*, tom. IV, pag. 228.
[2]. *Ibid.*, pag. 647 et 648.

vrait rester étrangère aux motifs de cette alliance.

Conformément aux avis de Bacon, le prince de Galles, après sa rupture avec l'infante, ne tarda pas à tourner ses vues d'un autre côté. Une alliance avec la maison de France pouvait seule dédommager l'Angleterre et lui assurer un puissant appui. En conséquence Jacques demanda pour son fils la main de Henriette-Marie de France, et Louis XIII, frère de cette princesse, l'ayant accordée après quelques négociations, les articles du mariage furent dressés et signés à Paris le 20 Novembre.

Cependant le parlement avait été convoqué avec les précautions recommandées par Bacon, et jamais cette assemblée n'avait montré plus de zèle pour le service du roi. Elle avait approuvé la conduite du duc et avait pressé le roi de déclarer la guerre à l'Espagne, dans l'espoir secret d'amener la maison d'Autriche à restituer le Palatinat. Dans cette occurrence Bacon, oubliant la prédilection qu'il avait montrée si long-temps pour l'Espagne, prit feu tout à coup contre elle, et fournit à son ami, sir Edward Sakeville, membre de la chambre des communes, les élémens d'un discours dans ce sens [1]. Il fit plus, il composa, sous le titre de *Considérations politiques pour entreprendre la guerre avec l'Espagne* [2],

---

1. *Bacon's Works*, tom. II, pag. 295.
2. *Ibid.*, pag. 299.

un factum éloquent, qu'il dédia au prince de Galles, dont il connaissait le ressentiment, et qu'il adressa, près de deux ans après, à la reine de Bohème[1], qui y vit un plaidoyer en sa faveur.

Encouragé par l'approbation du prince, Bacon adressa au roi une *Dissertation sur la vraie grandeur de la Grande-Bretagne*[2], où il établit, 1.° qu'on a tort de juger, comme on le fait communément, de la grandeur d'un État par l'étendue de son territoire; 2.° qu'il n'est pas exact non plus d'attribuer cette grandeur à la quantité du numéraire; 3.° à la fertilité du sol et à l'abondance des biens de la vie; 4.° à la force et aux garnisons des villes; 5.° que la vraie grandeur d'un État tient à sa situation; 6.° à sa population et à ses mœurs; 7.° à son esprit militaire et à la considération dont y jouissent ceux qui embrassent la profession des armes; 8.° aux lois qui font de chaque citoyen un soldat, qui ne rangent pas les défenseurs d'un pays dans une classe particulière et n'établissent point entre eux de priviléges; 9.° au soin que le gouvernement prend d'élever les ames et d'entretenir les inspirations généreuses, au lieu d'un servile vasselage; 10.° enfin, à l'empire de la mer.

---

1. Cette princesse, mère de plusieurs enfans, eut depuis le bonheur de voir l'un d'eux rétabli dans le Palatinat, et son neveu couronné roi de Bohème.

2. *Bacon's Works*, tom. II, pag. 246.

Cet écrit, ainsi que le précédent, fut si bien reçu du roi, que Bacon crut le moment favorable pour renouveler sa demande, tendante à l'entière abolition de la sentence prononcée contre lui. En conséquence il écrivit à Jacques la lettre suivante[1] :

« Très-gracieux et très-vénéré souverain,

« Avant d'adresser cette supplique à V. M., je prends Dieu à témoin du fond de mon cœur, que je n'ai rien de plus cher que votre service, votre satisfaction et votre gloire ; si je mens, qu'il me désavoue ; mais si je dis la vérité, puisse-t-il, lui qui connaît mon cœur, toucher de compassion en ma faveur celui de V. M., et me faire obtenir ce que je désire.

« Je me prosterne à vos pieds, moi, votre vieux serviteur, âgé de soixante-quatre ans, et vieilli par trois ans et cinq mois de misère. Je ne demande à V. M. ni secours, ni place, ni emploi, mais seulement, après une si longue attente, la remise pleine et entière de la sentence de la chambre haute, afin que la tache d'ignominie qui s'étend sur moi soit effacée, que ma mémoire arrive pure à la postérité, et que je ne meure pas comme un condamné, mais que je sois pour V. M., comme je le suis pour Dieu, une créature nouvelle. V. M. a pardonné une faute semblable à la mienne à sir John Bennet :

---

1. *Bacon's Works*, tom. III, pag. 416.

or, entre le cas où il se trouvait et celui où je me trouve, sans partialité et à ne consulter que l'opinion générale, il existe plus de différence, je ne dirai pas qu'entre le noir et le blanc, mais qu'entre le noir et le gris. Veuillez donc, cher souverain, jeter aussi sur moi un regard de pitié. Je sais que le cœur de V. M. est un abyme de bonté qu'il ne m'est pas permis de sonder, mais milord Buckingham ne cesse de me dire que vous êtes le plus humain des hommes, et je n'oublie pas que l'un des attributs de Dieu est d'aimer jusqu'à la fin ce qu'il a une fois aimé : vous ouvrirez donc sur moi, selon mon désir, les sources de votre clémence : laissez à cette clémence son cours naturel, afin que, soit que je vive, soit que je meure, la bonté du roi Jacques soit empreinte dans mon cœur, et que ses louanges soient sur mes lèvres. En admettant ma très-humble requête, faites que je puisse encore vivre heureux une année ou deux. Un refus me serait mortel. Toutefois ce qui mourra le dernier en moi c'est mon cœur, et l'affection qu'a pour V. M.

« Son très-humble et très-dévoué serviteur,
30 Juillet 1624.   Saint-Alban. »

Enfin le roi se laissa toucher, et pour toute réponse à la précédente, adressa à Coventry le warrant que voici.[1]

---

[1]. *Bacon's Works*, tom. III, pag. 416.

« A notre fidèle et bien-aimé Thomas Coventry, notre attorney général.

« Considérant que notre très-fidèle et bien-aimé cousin, le vicomte de Saint-Alban, par suite de la sentence rendue en la chambre haute du parlement, a, depuis trois ans et plus, éprouvé la perte de sa place, subi la prison et supporté un long bannissement, peines suffisantes pour satisfaire la justice et servir d'exemple à d'autres, nous, toujours disposé à tempérer la justice par la clémence, rappelant à notre esprit ses premiers services et la manière utile dont il a employé son temps pendant sa disgrâce, jugeons à propos d'effacer la tache d'ignominie qui demeure encore sur lui, le relevons de toute incapacité et impuissance, et lui faisons remise pleine et entière de toutes peines quelconques contre lui prononcées, sur lesquelles nous lui avons fait grâce, d'abord de l'amende, puis du bannissement.

« En conséquence, les présentes sont pour vous inviter à soumettre à notre signature un bill de pardon, plein, entier et en due forme, pour raison de quoi elles vous vaudront autorisation suffisante. »

Jacques survécut peu à cet acte de clémence, et mourut le 27 Mars, peu estimé des étrangers et méprisé de ses sujets. Ses fausses idées des choses et sa conduite imprudente avaient ébranlé la constitution de l'État et préparé les catastrophes du règne suivant, qu'on était pourtant loin de prévoir encore. En effet, on ne songeait alors qu'à se réjouir de l'union prochaine des maisons de France et d'Angleterre, et l'on attendait avec impatience la jeune reine que Buckingham avait été chercher à Paris. Pendant ce temps Bacon ne laissait pas que d'être inquiet sur l'exécution du warrant de pardon qu'il avait obtenu; c'est ce que témoigne suffisamment la lettre qu'il écrivit, en Avril, à sir Humphrey May, chancelier du duché de Lancastre, et qu'il n'envoya que plus tard [1]. « Mon cher chancelier, lui dit-il, je conçois votre répugnance à vous mêler de mon affaire avant le retour du duc, qui est si prochain qu'elle n'aurait pu être terminée auparavant. Rien ne se fera, j'imagine, qu'il ne soit ici. Je ne doute pas que vous ne trouviez sa grâce parfaitement disposée en ma faveur; car je me rappelle que la dernière fois que vous lui parlâtes de moi, ce fut lui qui vous remercia de l'obligeance que vous me montriez. Je désire que vous saisissiez la première occasion de l'entretenir de nouveau à mon sujet. Veuillez lui en dire du bien d'une manière générale avant d'en venir à mon affaire, afin que je sache d'abord ce qu'il pense. »

Le mariage eut lieu à Paris par procuration le 11 Mai, et la jeune reine partit pour l'Angleterre au commencement de Juin, accompagnée de Bucking-

---

1. *Bacon's Works*, tom. III, pag. 654.

ham et du marquis d'Effiat[1], ambassadeur extraordinaire du roi de France, qui l'avait employé dans les négociations qui avaient précédé le mariage. Leur arrivée fut attristée par la peste qui, bientôt après, se déclara dans Londres et y exerça ses ravages pendant tout l'été. Bacon en fut atteint et eut le bonheur d'en échapper; mais son tempérament délicat en fut gravement altéré.

Il était encore sérieusement malade lorsque le

---

1. Coiffier de Rusé, marquis d'Effiat, était un simple gentilhomme, né dans les environs de Riom, en Auvergne, où est situé le château patrimonial de sa famille, dont les oratoriens firent depuis un collége. Il s'établit en Touraine, où il acheta le château de Chaumont. Il devint successivement, par la faveur du cardinal de Richelieu, ambassadeur, surintendant des finances, général d'armée et maréchal. Il mourut, en 1632, près de Trèves, en allant commander en Allemagne, laissant trois fils de son mariage avec une demoiselle de Fourcy. L'aîné, marquis d'Effiat, est le trisaïeul du marquis d'Effiat, qui était maire de Chinon et député du département d'Indre et Loire, lorsque la pairie est venue le chercher et rendre une sorte d'éclat à un nom tombé dans l'oubli. Henri Coiffier de Rusé, son fils cadet, si connu sous le nom de Cinq-Mars, après avoir été favori de Louis XIII, périt à Lyon sur l'échafaud avec le fils de l'historien de Thou, pour avoir entretenu des intelligences avec l'Espagne et avoir conspiré contre l'État, ou plutôt contre Richelieu. De Thou fut victime de l'amitié qui l'unissait à Cinq-Mars, et qui ne lui avait pas permis de le dénoncer. L'abbé d'Effiat, troisième fils du maréchal, mourut en 1698 à l'arsenal, où le maréchal de la Meilleraie, grand-maître de l'artillerie, son beau-frère, lui avait donné un logement.

marquis d'Effiat, sur le bruit de sa réputation déjà très-grande en France, désira le voir. Ce seigneur le trouva au lit, les rideaux fermés. « Vous avez toujours été pour moi, lui dit-il, comme les anges, dont j'ai beaucoup entendu parler et sur le compte desquels j'ai lu bien des choses, mais que je n'ai jamais vus. » — « Monsieur, répondit aussitôt Bacon, si la bonté des autres me fait comparer aux anges, mes infirmités me font sentir que je suis homme.[1] »

Il se forma dès ce moment entre eux une étroite amitié. Le marquis appelait Bacon son père, et celui-ci appelait le marquis son fils. Enfin Bacon donna son portrait en pied au marquis, qui lui avait assuré qu'il serait vu en France avec non moins de plaisir que ses ouvrages. L'admiration de l'ambassadeur français était sincère, car c'est à sa sollicitation que le sieur de Golefer, conseiller et historiographe de Louis XIII, avait entrepris la traduction française du *De augmentis*, qui ne parut qu'en 1632. De son côté Bacon, qui avait apprécié le mérite du marquis d'Effiat, lui adressa ses *Essais de morale et de politique* tels qu'il les avait publiés en 1623. Il y joignit la lettre suivante, écrite en français.[2]

---

1. V. Rawley, *Vita Baconi*, tom. IV, pag. 17; et Tenison, pag. 101 et 102.

2. *Bacon's Works*, tom. III, pag. 419.

« Monsieur l'ambassadeur, mon fil,

« Voyant que Vostre Excellence faict et traite mariages, non-seulement entre les princes d'Angleterre et de France, mais aussi entre les langues (puisque faites traduire mon livre de l'Avancement des sciences en français), j'ai bien voulu vous envoyer mon livre dernièrement imprimé, que j'avais pourveu pour vous, mais j'estois en doubte de le vous envoyer, pour ce qu'il estait escrit en anglois. Mais à cest heure pour la raison susdite je le vous envoye. C'est un recompilement de mes *Essayes morales et civiles*; mais tellement enlargiés et enrichiés, tant de nombre que de poids, que c'est de fait un œuvre nouveau.

« Je vous baise les mains et reste

Votre très-affectionné ami
et très-humble serviteur. »

Cette même année Bacon publia, sous le titre de *Discours sincères, ou le fond des choses*[1], ses *Essais de morale et de politique*, qu'il avait fait traduire en latin par le poète Ben-Johnson[2] et par le D.r Hacket[3], depuis évêque de Lichtfield et de Coventry. On ne sait trop ce que Bacon entendait par

---

1. *Bacon's Works*, tom. V, pag. 351.

2. Benjamin Johnson, né à Westmunster en 1575, le meilleur poète dramatique de son temps après Shakespeare.

3. Né le 1.er Septembre 1592. Auteur de la Vie du garde-des-sceaux Williams, son protecteur.

ces mots : *discours sincères (sermones fideles)*. *C'est icy un livre de bonne foi, lecteur*, avait dit Montaigne à la tête de ses Essais : à son exemple, Bacon a-t-il voulu dire que ses Essais étaient aussi discours de bonne foi ? ou bien a-t-il voulu faire allusion à ce passage de l'Ecclésiaste (chap. XII, v. 12) où le sage dit : *J'ai cherché des paroles agréables et des paroles de vérité (quæsivi verba delectabilia et verba fidelia)*. Cette dernière interprétation s'accorde peut-être mieux avec la manière de Bacon, dont le style est semé d'allusions aux paroles de l'Écriture.

Bacon mit ensuite la dernière main à la traduction latine de l'Histoire de Henri VII[1], dont il avait chargé son ami George Herbert[2], et à celle du Dialogue de la guerre sacrée[3] et de la Nouvelle Atlantide.[4]

Enfin, il publia à cette époque un recueil d'apophtegmes anciens et modernes[5] qu'il avait dictés, dit-on, de mémoire, en une seule matinée; fait difficile à croire, puisque ce Recueil contient 280 apophtegmes. Il est plus probable que ce fut le dé-

---

1. *Bacon's Works*, tom. V, pag. 225.

2. Poète et théologien, né le 3 Avril 1593. Coringius a critiqué la latinité de cette traduction.

3. *Bacon's Works*, tom. V, pag. 510.

4. *Ibid.*, pag. 473.

5. *Ibid.*, tom. I.er, pag. 529.

lassement de travaux plus sérieux, dont la continuation de sa *Sylva sylvarum* était le principal. Bacon était tellement absorbé par ce dernier objet, que le reste le touchait peu. Rawley en cite une preuve remarquable. Un jour que son illustre maître lui dictait une expérience, en attendant le retour d'un ami qu'il avait envoyé à la cour pour y réclamer l'exécution d'une promesse que le roi lui avait faite, probablement l'expédition de ses lettres de grâces, cet ami étant revenu et lui ayant dit qu'il ne devait compter sur rien, quelque sujet qu'il eût de s'en flatter, sa seigneurie se contenta de répondre : « Fort bien ! c'est une affaire manquée. » Puis, se tournant vers son secrétaire : « Mais en voici une qui dépend de nous ; avançons-là. » Et il continua de dicter tranquillement pendant plusieurs heures sans montrer la moindre distraction.

Mais pendant sa maladie il eut encore recours à d'autres consolations ; il traduisit en vers anglais plusieurs psaumes de David et les dédia à son ami George Herbert, comme un témoignage de sa reconnaissance pour la part que celui-ci avait prise à la traduction de ses ouvrages. Il fit plus ; il composa pour son usage un psaume ou prière qui excitait chez Adisson l'admiration la plus vive[1]. « C'est avec un extrême plaisir, dit celui-ci, que j'ai trouvé

---

1. Tatler, tom. IV, n.° 267.

parmi les ouvrages de ce grand homme une prière de sa propre composition, qui, par la noblesse des pensées et la force de l'expression, respire une piété plus angélique qu'humaine. » Le plus grand défaut de Bacon semble avoir été l'excès de cette vertu qui couvre une multitude de péchés, la charité. Elle le porta à avoir trop d'indulgence pour ses domestiques, qui en abusèrent au point qu'il se vit enlever les dignités et les richesses que son mérite extraordinaire avait accumulées sur sa tête. On voit dans cette prière, qu'au temps où il se prosternait devant le Dieu des miséricordes et s'humiliait sous les afflictions dont il était accablé, il se soutenait par le sentiment intérieur de son intégrité, par sa piété, par son zèle et par son amour pour le genre humain : ce qui lui donne, dans l'esprit des hommes qui pensent, une grandeur bien plus réelle que celle dont les hommes l'ont dépouillé.

Voici cette prière[1] où règne, comme dans celles que nous avons déjà citées, une onction vraiment touchante, et qui ne déparerait pas un ouvrage purement ascétique.

« O Dieu, mon très-aimable seigneur ! O vous qui, dès mon enfance, avez été pour moi le père le plus tendre; ô mon créateur, mon sauveur, mon consolateur ! vous qui sondez les profondeurs des

---

1. *Bacon's Works*, tom. III, pag. 126.

cœurs et en pénétrez tous les secrets, vous connaissez la droiture des uns et l'hypocrisie des autres; vous pesez dans la balance les pensées et les actions des hommes; vous mesurez au cordeau leurs intentions : la vanité de leurs motifs et l'obliquité de leurs voies ne peuvent échapper à vos regards!

« O Seigneur! rappelez-vous de quelle manière votre serviteur a marché devant vous; rappelez-vous quel a été le premier objet de mes recherches et le principal but de mes efforts! J'ai constamment aimé vos assemblées; j'ai gémi sur les divisions de votre Église; la beauté de votre sanctuaire a fait mes délices; je vous ai sans cesse demandé dans mes prières que cette vigne, que votre main droite a plantée au milieu de nous, reçût toujours la rosée du matin et du soir, et pût étendre ses rameaux jusqu'aux fleuves et jusqu'aux mers (Ps. 79). L'état malheureux de l'opprimé et les besoins du pauvre m'ont toujours vivement affecté; l'inhumanité, la dureté n'ont jamais habité dans mon cœur; j'ai procuré le bien de tous les hommes, sans distinction de pauvres et de riches : si quelques-uns d'eux m'ont traité en ennemi, je ne m'en suis point souvenu, et le soleil ne s'est presque jamais couché sur le déplaisir que m'a donné leur conduite; semblable à une colombe, j'ai toujours été sans malice; vos créatures et surtout vos écritures ont été mes livres ordinaires; je vous ai cherché dans les cours, dans les jardins et dans les champs, et je vous ai trouvé dans vos temples.

« J'ai péché mille fois; dix mille fois j'ai transgressé votre loi; cependant votre grâce ne m'a jamais abandonné : par le secours de cette grâce mon cœur, comme le feu sacré, n'a pas cessé de brûler sur votre autel.

« O Seigneur! vous qui êtes mon protecteur et ma force depuis ma plus tendre jeunesse, vous avez toujours été près de ma personne dans toutes mes voies, et votre compassion paternelle, vos châtimens toujours mêlés de consolation, mille et mille traits de la Providence la plus attentive ne m'ont jamais permis de douter de votre présence; vos faveurs ont été pour moi bien abondantes, mais vos rigueurs ne l'ont pas été moins. Ainsi, ô mon Dieu! vous vous êtes sans cesse occupé de moi; chaque faveur que je recevais du monde était pour moi l'annonce d'un trait dont vous deviez bientôt percer mon cœur : plus je montais aux yeux des hommes, plus je descendais, plus j'étais humilié à vos yeux. Aujourd'hui que je m'occupe plus que jamais d'assurer ma tranquillité et de recouvrer l'honneur, votre main s'est appesantie sur moi, et toujours dirigée par cette sage tendresse que vous m'avez témoignée dès les premiers instans de ma vie, elle m'a humiliée en me retenant dans votre école paternelle, et en m'y traitant comme un enfant légitime qu'on châtie parce qu'on l'aime.

« Je reconnais et j'adore la justice des rigoureux jugemens que vous ont sugérés mes péchés, plus nombreux que les sables de la mer, et pourtant incomparablement moins nombreux que vos miséricordes. Qu'est-ce en effet que les sables de la mer, qu'est-ce que la terre et les cieux, comparés à votre miséricorde infinie? Mais outre mes innombrables péchés, je confesse devant vous que je suis comptable à votre justice des talens que vous avez bien voulu me confier. Je ne les ai point, il est vrai, cachés, à l'exemple du serviteur paresseux de l'Évangile; mais je ne les ai point fait valoir aussi avantageusement que je le pouvais et devais : je les ai même dépensés en choses qui me convenaient le moins, en sorte que je peux dire avec vérité : *Mon ame a été pour moi une étrangère dans le cours de mon pélerinage* (Ps. 119, 6). O Seigneur, ayez pitié de moi pour l'amour de votre fils mon sauveur; recevez-moi dès à présent dans votre sein, ou, si vous prolongez mon pélerinage sur la terre, daignez m'accompagner et me diriger dans toutes vos voies. »

Indépendamment de cette prière, on lui en attribue une [1] qui était, dit-on, sa prière habituelle, mais

---

[1]. *Bacon's Works*, tom. III, pag. 127.

qui est bien inférieure à la précédente sous le rapport des pensées et du style.

Cependant le warrant que Bacon avait obtenu du feu roi ne recevait pas d'exécution. Le garde-des-sceaux Williams [1] qui, dit-on, nourrissait contre son prédécesseur une secrète jalousie, avait encore fait de vives remontrances à Buckingham lorsque cet acte avait été présenté au sceau. Bacon n'en avait pas moins été nommé à la chambre, lors du dernier parlement convoqué avant la mort de Jacques, et de celui convoqué immédiatement après, quoique sa santé ne lui eût pas permis d'y siéger. Depuis il y avait été appelé de nouveau, et ses infirmités l'avaient encore empêché de s'y rendre. Enfin, le 25 Octobre, le grand-sceau ayant été retiré à l'évêque Williams, et donné, le 1.er Novembre, à Coventry, Bacon crut l'instant propice pour renouveler ses instances et obtenir l'expédition de ses lettres de grâce. En conséquence il écrivit à sir Humphrey May ce qui suit. [2]

« Mon cher chancelier,

« Vous trouverez ci-incluse une autre lettre d'une date ancienne que je vous envoie pour ne pas me répéter. Je vous renouvelle la prière que je vous faisais, de sonder l'affection que me porte le duc de

---

1. *The parlam. hist.*, tom. V, pag. 423.
2. *Bacon's Works*, tom. III, pag. 661.

Buckingham, avant de l'entretenir de ma demande; les circonstances me font désirer par-dessus tout d'obtenir la remise entière de ma peine : je viens d'être élu membre du parlement; déjà je l'avais été deux fois, et pas une seule sous la réserve de ne pas user de cette faveur. Je sais que ma santé ne me permettra pas d'en profiter, mais au moins je pourrai y envoyer un fondé de pouvoir. Le temps a changé l'envie en pitié; c'était bien le moins après cinq années d'épreuve et d'attente. Sir John Bennet a obtenu son pardon, milord Sommerset aussi, et ils siégent, à ce que l'on dit, au parlement. Milord Suffolk y siégeait déjà, quoiqu'il ne fût pas admis au conseil. J'espère que je ne serai pas le seul qui soit refusé.

« Votre ami, très-affectionné
à vous servir.

« Je vous souhaite une bonne année.¹ »

On ne saurait dire si Bacon réussit à se faire expédier ses lettres de grâce; ce qu'il y a de certain, c'est qu'il fut encore obligé de s'adresser au marquis d'Effiat pour obtenir que sa pension fût payée avec plus d'exactitude, à quoi celui-ci eut le bonheur de réussir, ainsi qu'on en trouve la preuve dans l'épître dédicatoire du sieur Golefer à ce seigneur, dont Bacon ne négligeait aucune occasion

---

1. Cette lettre paraît être de la fin de Décembre 1625.

d'entretenir le zèle, comme on peut le voir dans une de ses lettres qui est écrite en français, et porte la date du 18 Janvier 1626.[1]

« Mons. l'ambassadeur, mon fils.

« Vous scavez que le commencement est la moitié du fait. Voylà pourquoy je vous ai escrit ce petit mot de lettre, vous priant de vous souvenir de vostre noble promesse de me mettre en la bonne grâce de nostre très-excellente royne et m'en faire recevoir quelque gracieuse démonstration. Vostre Excellence prendra aussi, s'il vous plaist, quelqu'occasion de prescher un peu à mon advantage en l'oreille du duc de Buckingham en général. Dieu vous ayt en sa saincte garde.

« Vostre affectionné et très-humble serviteur,

Fr. Saint-Alban. »

Quoique Bacon eût heureusement échappé à la cruelle maladie qui, pendant tout l'été, avait désolé la ville de Londres, sa santé était singulièrement affaiblie. En conséquence, le 19 Décembre, il se détermina à faire son testament[2]. Déjà, s'il faut en croire Tenison[3], il en avait fait un, dont il rapporte le fragment suivant.

---

1. *Bacon's Works*, tom. III, pag. 662.
2. *Bacon's Works*, tom III, pag. 677.
3. Voyez *Baconiana*.

« Je lègue mon nom et ma mémoire aux nations étrangères et à mes propres concitoyens, lorsque quelque temps encore se sera écoulé.

« Pour ce qui est de la partie durable de ma mémoire, je veux dire de mes écrits, je prie mon serviteur, Henri Percy, de remettre à mon frère Constable tous mes manuscrits achevés ou non, afin qu'il puisse publier ce qui lui en paraîtra digne. Seulement je désire que sur ce point il prenne l'avis de M. Selden et de M. Herbert d'Inner-Temple, qui décideront ce qui doit être publié et ce qui ne doit pas l'être. Je désire particulièrement que l'éloge funèbre (*the elegie*) que j'ai écrit en l'honneur d'Élisabeth, d'heureuse mémoire, puisse être publié. »

Quant au testament que Bacon substitua à celui-ci, il semblerait prouver que Bacon n'est pas mort dans une extrême pauvreté, comme l'ont avancé quelques écrivains. Les legs nombreux et quelques-unes des dispositions que cette pièce renferme, supposent au moins que Bacon croyait posséder encore une fortune considérable. Il est vrai que les exécuteurs testamentaires qu'il avait désignés refusèrent leur mission, par la crainte de ne pas trouver dans sa succession de quoi la remplir, et que l'administration des biens fut confiée à deux créanciers, Thomas Meautys et Robert Rich; mais Stephens nous apprend (*Account*, pag. 26) qu'au bout de trois ans ces derniers payèrent les dettes de Bacon, et il croit que les valeurs excédantes furent plus que suffisantes pour acquitter les legs.

Après avoir ainsi pourvu au sort de ses biens après lui, Bacon crut à propos de pourvoir à celui de ses oraisons judiciaires et de ses lettres, et quoiqu'il eût eu lieu de se plaindre des procédés de l'ex-garde-des-sceaux Williams, c'est à lui qu'il résolut de confier ce précieux dépôt. En conséquence il lui écrivit la lettre suivante.[1]

« Je remarque que chez les anciens, Cicéron, Démosthènes, Pline le jeune et plusieurs autres, ont conservé leurs discours et leurs lettres. J'ai suivi leur exemple; mais je ne publierai point ces opuscules de mon vivant; mon intention est de les confier à votre seigneurie et à M. le chancelier de Lancastre : peut-être jugerez-vous mes discours dignes de l'impression ? Quant à mes lettres, plusieurs d'entre elles parlent peut-être trop d'affaires d'État récentes pour pouvoir être publiées : cependant je désire qu'elles ne soient pas perdues.

« Vous saurez que je fonde deux chaires par mon testament; une dans l'université de Cambridge, et l'autre dans l'université d'Oxford, et que je les dote chacune d'un revenu annuel de 200 liv. st. Je désire qu'on y enseigne la philosophie expérimentale et les sciences qui en dépendent. J'enjoins à mes

---

[1]. *Bacon's Works*, tom. III, pag. 417.

exécuteurs testamentaires de se conformer pour ces fondations aux avis de votre seigneurie et à ceux de milord-évêque de Coventry et de Lichtfield. Telle est ma volonté actuelle.

« Sur ce, je demeure de votre seigneurie
L'affectionné serviteur. »

Williams, touché d'un témoignage de confiance auquel il ne devait pas s'attendre, se hâta de répondre à Bacon. « En effet, lui dit-il, Cicéron, Démosthènes et Pline le jeune ont conservé leurs principaux plaidoyers et leurs lettres, et je tiens que l'antiquité ne nous a pas laissé de monumens plus précieux. Dans leurs plaidoyers, nous voyons comment la justice s'administrait chez les anciens, et leurs lettres nous fournissent des documens intéressans sur les événemens contemporains. Les histoires et les biographies portent souvent l'empreinte des affections et des sentimens de leurs auteurs plus que celle de la vérité : la plupart ne font d'ailleurs que reproduire des traditions verbales plus ou moins exactes, tandis que les correspondances, écrites pour la circonstance et toujours en rapport avec les faits, n'ont d'autre défaut que celui que signale Virgile : *Nihil peccant, nisi quod nihil peccant;* présentant la vérité trop nuement, elles offusqueraient les yeux des contemporains.

---

1. *Bacon's Works*, tom. III, pag. 417.

« Votre seigneurie a donc très-bien fait de conserver ses plaidoyers et ses lettres avec autant de soin que les incomparables monumens qu'a produits son génie. Il convient que des œuvres dont les élémens sont puisés dans plusieurs âges, ne soient pas réservées à un seul, et que les siècles à venir puissent aussi en jouir. Pour ma part, j'accepte avec une religieuse reconnaissance l'honneur que vous me faites et le témoignage de reconnaissance que vous me donnez.

« Quant aux deux chaires consacrées à la philosophie et aux sciences naturelles que vous vous proposez d'établir, c'est une grande et noble fondation, tant sous le rapport de l'utilité dont elles seront, que sous celui de la dotation que vous y attachez. La postérité pourra juger par cet établissement de l'esprit herculéen à qui elle le devra. »

Buckdon, 31 Décembre 1625.

A cette époque, c'est-à-dire au temps de la convalescence de Bacon, se réfère encore une lettre [1] qu'il écrivit au père Fulgence [2], lettre d'autant plus

---

[1]. *Bacon's Works*, tom. V, pag. 531.

[2]. Le père Fulgence (*Fra-Fulgenzio Micanzio*), religieux servite, né à Venise, compatriote, confrère, disciple, ami, éditeur et historien du célèbre théologien Pierre Sarpi, plus connu sous le nom de père Paul (*Fra-Paolo*). Tous deux furent, de leur temps, des adversaires redoutables des jésuites et de la cour de Rome. On les soupçonna d'avoir du penchant

précieuse qu'elle ne laisse aucun doute sur la subordination constante de ses vues au même plan pendant tout le cours de sa vie.

« Mon révérend père, lui dit-il, je suis en arrière avec vous de plusieurs lettres, je dois en convenir, mais l'excuse que j'ai à vous présenter n'est que trop bonne : une maladie grave, dont je ne suis pas encore entièrement débarrassé, m'a empêché de m'acquitter.

« Il faut que je fasse part à votre révérence de mes intentions par rapport à mes écrits. Je vous dirai même que j'ai déjà mis la main à l'œuvre, non que j'aie l'espoir de l'achever, je désire seulement donner l'exemple, le temps où nous vivons me réduisant à n'être que le serviteur de la postérité.

« En conséquence j'ai pris le parti de traduire en latin tous mes ouvrages et de les diviser par tomes.

« Le premier tome se composera des livres que j'ai écrits *sur les accroissemens des sciences*, ouvrage qui, déjà terminé et publié, comme vous le savez,

---

pour la religion réformée. Le père Fulgence travailla à presque tous les ouvrages du père Paul, entre autres à son Histoire du concile de Trente. Il eut pu revendiquer sa part dans le titre de *concilii tridentini eviscerator*, que Henri Wotton donnait au père Paul. Il paraît que Bacon était en correspondance avec le père Fulgence, mais la lettre que nous citons ici est la seule qui nous ait été conservée.

a pour objet la classification des sciences, qui est la première partie de mon *Instauration*.

« Le *Nouvel organe* devait suivre, mais j'ai cru devoir le faire précéder de mes *Écrits moraux et politiques*, parce qu'ils étaient prêts : c'est d'abord l'Histoire du règne de Henri VII, roi d'Angleterre; viendra ensuite l'opuscule que vous appelez dans votre langue *saggi morali* (essais moraux), et auquel je donne un titre plus grave; car je l'intitule : *Discours sincères ou le fond des choses*. J'y ai ajouté quelques nouveaux discours, et j'ai beaucoup augmenté les anciens. Ce tome contiendra aussi le petit *Traité de la sagesse des anciens;* mais ce tome, je le répète, est une intercalation et ne fait pas partie de mon Instauration.

« Viendra enfin le *Nouvel organe*, auquel je me propose d'ajouter une seconde partie, dont j'ai déjà dans la tête le plan et les matériaux, et qui complétera cette seconde partie de l'Instauration.

« Quant à la troisième partie, savoir : l'Histoire naturelle, il ne faudrait rien moins pour l'achever que la munificence d'un roi ou d'un pape, ou les efforts d'un ordre ou d'une congrégation. Les travaux d'un seul homme n'y sauraient suffire.

« Pour ce qui est des traités particuliers que j'ai déjà publiés, tels que l'*Histoire des vents* et celle *de la vie et de la mort*, ce ne sont pas de simples histoires, étant entremêlées de principes et d'observations abstraites. C'est un genre d'écrit qui participe à la fois de l'histoire et de l'emploi imparfait de cette méthode intellectuelle, dont la pratique est l'objet de la quatrième partie de l'Instauration; aussi cette quatrième partie suivra-t-elle immédiatement. Elle contiendra plusieurs applications de ma méthode, plus exactes que les précédentes et mieux appropriées aux règles de l'induction.

« En cinquième lieu viendra le livre que j'ai intitulé : l'*Avant-coureur de la philosophie seconde*, et qui contiendra celles de nos inventions qui sont relatives aux nouveaux principes qui, érigés sur les expériences elles-mêmes, ressembleront à des colonnes auparavant couchées et qu'on aurait dressées sur leurs bases.

« Reste en dernier lieu *La philosophie seconde* elle-même, qui est la sixième partie de l'Instauration. Je n'ai pas l'espoir de l'achever; je n'en aurai pas moins jeté une bonne partie de ses fondemens dans mes *Avant-coureurs*, j'entends dans ceux qui touchent à la presque-universalité des phénomènes de la nature.

« J'entreprends, comme vous le voyez, de bien grandes choses avec de bien faibles moyens; mais je mets tout mon espoir en la Providence divine et en son immense bonté, qui semble me les avoir inspirées, surtout si j'en juge par l'ardeur et la constance de mon esprit, que la longueur de la route n'a point fatigué, ni le temps refroidi. En effet, je me rappelle qu'il y a quarante ans, je fis sur cette matière un petit livre, véritable *juvenile*, que, dans ma présomption, j'intitulai fastueusement : *La plus grande production du temps*. D'un autre côté je me plais à penser que l'utilité sans bornes de mon entreprise lui assurera la protection du Tout-puissant.

« Sur ce, je me recommande à votre révérence et à l'illustrissime signor Molines. Je répondrai à ses aimables et judicieuses lettres aussitôt que Dieu me le permettra.

« Adieu, mon très-révérend père.

« De votre révérence l'ami le plus dévoué,
Fr. Saint-Alban. »

Le peu de temps que Bacon survécut à sa maladie, fut consacré à diverses études coordonnées à sa grande entreprise, mais plus particulièrement relatives à sa situation de corps et d'esprit : néanmoins, comme nous ne pouvons donner à cet égard que des conjectures que rien n'appuie suffisamment, nous rangerons les divers opuscules qui échappèrent à sa plume dans ses derniers jours, au nombre de ceux dont nous ne pouvons déterminer la date.

Cependant le poids des affaires, les méditations philosophiques et surtout le chagrin avaient attaqué chez Bacon le principe de la vie. Un affaiblissement progressif succéda à sa maladie et lui fit passer avec peine le rude hiver de 1626. Enfin il trouva la mort dans un excès de travail; débauche, dit Mallet, bien digne d'un philosophe! Tandis qu'il suivait en plein air, avec une ardeur et une application au-dessus de ses forces, une expérience dont nous ignorons la nature, mais qui avait pour objet l'endurcissement et la conservation des corps, il fut surpris d'un violent mal de tête et d'un point de côté qui l'obligea de chercher un asile à Highgate près de Londres, chez le comte d'Arundel, où, après une semaine de souffrances, il mourut d'une fluxion de poitrine au soleil levant, le jour de Pâques, 9 Avril.

On ne sait rien de ses derniers momens. Le seul monument qui nous soit parvenu sur ce point, est une lettre qu'il écrivit alors au comte d'Arundel. Il y montre une tranquillité d'ame et une liberté d'esprit tout-à-fait stoïques.

« Milord, lui dit-il [1], il était dans ma destinée de finir comme Pline l'ancien, qui mourut pour s'être trop approché du Vésuve, afin d'en mieux observer l'éruption. Je m'occupais avec ardeur d'une ou deux expériences sur l'endurcissement et la conservation des corps, et tout me réussissait à souhait, quand, chemin faisant il me prit, entre Londres et Highgate, un si grand vomissement, que je ne sais si je dois l'attribuer à la pierre, à une indigestion, au froid ou à tous les trois ensemble. Ce qu'il y a de

---

[1] *Bacon's Works*, tom. III, pag. 420.

sûr, c'est qu'il augmenta tellement et en si peu de temps, que lorsque je fus près de la maison de votre seigneurie, il me fut impossible de revenir sur mes pas, et je me vis forcé de chercher chez vous un asile. Votre concierge m'a accueilli avec tous les égards et les soins possibles, et je ne doute pas qu'au lieu de lui en savoir mauvais gré, vous ne lui en teniez compte. J'avais grand besoin, je vous l'assure, du repos que je trouve chez votre seigneurie. Je vous baise les mains en reconnaissance de l'hospitalité qu'on m'a donnée chez vous et que vous approuverez sans doute, etc.

« Je ne devrais pas, je le sais, employer la main d'un tiers pour écrire à votre seigneurie, mais la maladie m'a tellement affaibli les doigts que je ne puis tenir une plume. »

Bacon fut enterré sans pompe au pied du maître autel de l'église de Saint-Michel près Saint-Alban [1], à côté de sa mère, ainsi qu'il l'avait demandé. Un ancien officier de sa maison, Thomas Meautys, lui éleva un monument en marbre blanc [2], où il est représenté assis, dans l'attitude qui lui était habituelle

---

[1]. C'est, dit-on, dans ce lieu que la foi chrétienne fut prêchée par S. Germain et confessée par S. Alban, premier martyr de la Grande-Bretagne.

[2]. La gravure mentionnée ici se trouve dans l'édition des OEuvres de Bacon de 1765, 5 vol. in-4.°

lorsqu'il méditait. On lit dessus cette épitaphe, composée par Henri Wotton :

« Ainsi s'asseyait François Bacon, baron de Verulam, vicomte de Saint-Alban ; ou, pour le désigner par des titres qui le fassent mieux connaître, le flambeau des sciences et le type de l'éloquence, qui, après avoir dévoilé tous les mystères de la nature et de la politique, a obéi à la loi qui veut que tout ce qui est composé finisse par se dissoudre : l'an du Seigneur M.DC.XXVI, de son âge le 66.°

« Thomas Meautys, son très-humble serviteur pendant sa vie et son admirateur après sa mort, a érigé ce monument en sa mémoire. »

Bacon était d'une taille médiocre, mais bien prise. Sont front large et découvert portait, avant le temps, l'empreinte de l'âge. Son œil était vif et pénétrant, et ses regards, habituellement dirigés vers le ciel, semblaient y chercher la fin des sublimes conceptions qui occupaient sans cesse sa pensée. Sa physionomie, d'ailleurs gracieuse et bienveillante, quoique grave et sérieuse, prévenait d'abord en sa faveur.[1]

Bacon ne laissa pas d'enfans pour perpétuer son nom : il y pourvut d'autre manière, dit Rawley, par les admirables productions, sorties de son cerveau

---

1. Arthur Wilson, vol. III, pag. 736. Londres, 1706. — M. Evelyn (Hist. des médailles), pag. 340.

à l'instar de Pallas sortie du cerveau de Jupiter. La stérilité de sa femme n'altéra pas son affection pour elle, et son testament contient à cet égard des témoignages irrécusables. A la vérité, peu avant sa mort il ajouta à ce testament un codicille, par lequel il la priva des libéralités qu'il lui avait faites; mais si la mésintelligence troubla les derniers jours de leur union, elle ne laissa pas des traces bien profondes dans le cœur de sa veuve, puisqu'elle ne quitta pas le deuil de son mari et ne cessa d'honorer sa mémoire pendant les vingt ans qu'elle lui survécut.

La mort de Bacon excita en Angleterre de vifs regrets, dont on trouve l'expression dans un recueil de vers latins que les élèves de l'université de Cambridge composèrent en son honneur et firent imprimer. Cette perte ne fit pas moins de sensation en France. « Quand on en reçut la nouvelle à Paris, dit Baillet[1], ceux qui soupiraient après le rétablissement de la véritable philosophie et qui savaient que Bacon travaillait à ce grand dessein, furent sensiblement touchés. »

Aussi, il faut convenir avec Rawley, que si jamais mortel reçut du Ciel le don des sciences, ce fut Bacon, dont les principales conceptions datent presque de son enfance : il n'a fait le reste de sa vie

---

1. Vie de Descartes, liv. II, chap. 11, pag. 147 et 148.

que les perfectionner, ce qui confirme une observation qui peut-être fait peu d'honneur à ce qu'on appelle l'âge de la sagesse, que chez les plus beaux génies la vie n'est souvent employée qu'à accomplir les désirs et à exécuter les plans de l'adolescence. La gloire de Bacon n'en est pas diminuée. En effet, ses ouvrages ne seraient que des compilations, qu'on pourrait s'étonner qu'un homme, livré comme lui aux affaires, ait pu les composer; mais quand on songe que la plupart sont de pure invention et que jamais auteur ne dut moins aux livres d'autrui, ayant tiré presque tous les siens de son propre fonds, bien qu'ils supposent une immense lecture et une parfaite connaissance de ce que les anciens ont laissé de meilleur et les modernes découvert de plus curieux, on ne sait ce que l'on doit le plus admirer, du génie qui les a conçus, ou de la vaste érudition qui les a embellis, ou de cette constance de vues et de cette austérité qui ne lui permirent jamais d'accorder au plaisir et à la mollesse le peu de temps qu'il put enlever aux affaires.

Nous ne reviendrons pas sur le mérite de ces ouvrages, dont nous avons déjà donné l'analyse, nous nous bornerons à quelques réflexions sur le style de Bacon, où, selon l'expression de Morhof, se trouvent abondamment répandues les semences des choses.

Bacon, dit Rawley, s'attachait bien plus à la force

et à la clarté de l'expression qu'à son élégance et à sa concision. Soit qu'il écrivît, soit qu'il dictât, il demandait souvent si le sens de sa phrase était assez intelligible et assez naturel, en homme qui savait que ce ne sont pas les idées qui doivent s'asservir aux mots, mais les mots qui doivent s'asservir aux idées. Lorsqu'il lui arrivait de tomber dans la recherche, il se hâtait d'en effacer les traces, ayant surtout à cœur d'éviter ce défaut. Aussi est-il regardé comme le père de l'éloquence anglaise. Les jeux de mots et les vaines subtilités ne le séduisaient pas : il les fuyait naturellement comme les plus grands ennemis de la dignité du style; ce qui n'empêche pas qu'outre la profondeur des observations et une parfaite connaissance de l'homme et des affaires, on ne trouve dans ses écrits les couleurs d'une imagination brillante, dont la pensée s'embellit de l'éclat d'une expression toujours énergique, précise et animée. Peut-être même, dit M. la Romiguière, plus d'un lecteur, en passant de Corneille à Bacon, a-t-il senti que la langue de la raison n'a pas moins de richesse et de puissance que les accens des passions. En effet, Bacon mêle souvent à ses écrits, si forts de raisonnement et de pensée, de ces grandes figures qui donnent à l'éloquence du mouvement et de la vie, et qui les rendent aussi brillante que solide. En un mot, on peut dire qu'en faisant de l'imagination la compagne de la philosophie, il a donné l'exemple de cette alliance de l'idéal et du réel, qui, dans le style parlé comme dans le style écrit, a formé depuis le caractère distinctif de l'école irlandaise.

Mais ce qui est particulier à Bacon, c'est l'usage aussi heureux que fréquent qu'il fait de l'Écriture sainte. Les livres sacrés lui étaient toujours présens, et l'on voit qu'il se plaît à appuyer de leur autorité tout ce qu'il avance. Il fait des allusions continuelles à leur texte et le fond dans son style, à tel point qu'il n'est aucun écrivain profane, peut-être même aucun écrivain ecclésiastique qui en ait fait des applications plus multipliées et plus justes.

Bacon écrivait avec une facilité remarquable, et Rawley lui applique le mot d'Hirtius au sujet de J. César. « D'autres diront avec quelle pureté et quel talent ses ouvrages sont écrits, mais personne ne pourra dire aussi bien que moi, avec quelle facilité et quelle promptitude il les a dictés. »

Il avait surtout une élocution abondante et heureuse, qui faisait dire à l'illustre Walter Rawleigh, que le comte de Salisbury parlait bien, mais écrivait mal, au contraire du comte de Northampton, qui parlait mal et écrivait bien; tandis que milord Bacon parlait aussi bien qu'il écrivait.

Le poète Ben-Johnson lui rendait la même justice. « C'était, dit-il, un grand orateur, dont le langage, plein de gravité, admettait parfois la raillerie, mais sans perdre de sa noblesse. Jamais homme, continue-t-il, ne parla avec plus de justesse, de facilité et de poids, sans rien dire de frivole et d'inutile. Chaque partie de son discours avait des grâces qui lui étaient propres. Quand il parlait, on n'osait ni tousser, ni cracher, ni détourner les yeux, de peur de perdre quelques-unes de ses paroles. Il commandait l'attention à ses auditeurs, irritait et apaisait ses juges à son gré, se rendant maître de leurs affections. On craignait toujours de le voir finir. » Le grand-chancelier Égerton, ajoute-t-il, était aussi un orateur distingué sous plusieurs rapports, mais son savant, illustre et infortuné successeur réunissait toutes les conditions de l'éloquence. Les discours qu'il a écrits en anglais, sont comparables à tout ce que l'insolente Grèce et la superbe Rome ont produit de mieux, s'ils ne le surpassent.

Quant aux habitudes de sa vie privée, nous laisserons parler Rawley, qui avait été son commensal. « Bacon, dit-il, lisait beaucoup, mais ne poussait jamais sa lecture jusqu'à la fatigue et à la satiété. Il savait, avec un jugement exquis et un discernement parfait, négliger le remplissage dont se compose la majeure partie des livres, pour ne s'arrêter qu'à ce qu'il y trouvait d'utile. Il avait soin d'entremêler toujours ses études de quelques instants de récréation, qu'il employait à se promener au pas, soit à pied, soit à cheval, soit en litière, ou bien à faire une partie de boule ou quelque autre exercice; mais jamais il ne restait sans rien faire. A peine rentré chez lui, il prenait un livre ou méditait. »

« Sa table semblait destinée à la nourriture de l'esprit autant qu'à celle du corps. Tout s'y passait à peu près comme dans ces nuits attiques, où des sages faisaient les honneurs du banquet. J'ai même connu des hommes supérieurs qui, au sortir de sa table, se hâtaient d'écrire ce qui s'y était dit. Pour lui, il ne cherchait pas, comme beaucoup de gens, à s'approprier l'esprit des autres pour s'en faire honneur, non plus qu'à l'éclipser par le sien [1]. Il ne

---

[1]. En cela il se montrait généreux; car on a pu voir dans le cours de cette histoire qu'il avait la répartie très-vive et que sa conversation abondait en saillies piquantes. Voici quelques particularités qui ajouteront à l'idée qu'on a pu s'en faire. Nous les tirons de ses apophtegmes.

Il disait d'un homme qui savait comprimer sa colère : il en pense plus qu'il n'en dit; et d'un homme qui ne savait pas se contenir : il en dit plus qu'il n'en pense. (Apopht. 13.)

Il disait aussi que la puissance chez les méchans comme chez les magiciens fait souvent du mal, mais jamais de bien. (Ap. 14.)

Se promenant un jour dans les jardins du comte d'Arundel, qui étaient ornés d'un grand nombre de statues, il s'arrêta tout étonné et s'écria : « C'est la résurrection! » (Apopht. 16.)

Il usait fréquemment de la comparaison suivante : les philosophes *empyriques* ressemblent aux fourmis qui passent leur vie à faire des provisions et à les consommer. Les *idéalistes*, au contraire, sont comme les araignées, qui tirent de leurs en-

négligeait rien, au contraire, pour faire ressortir le mérite d'autrui, ne s'emparant jamais de la conversation, mais laissant à chacun la faculté de se mettre en scène à son tour.

« Il aimait surtout à faire parler chacun sur l'art qu'il professait [1], soulevant dans ce but les ques-

---

trailles la substance dont elles composent leurs toiles. Moi je veux qu'un philosophe imite l'abeille qui, réunissant les qualités de l'araignée à celles de la fourmi, sait aller d'abord à la picorée et élaborer ensuite ce qu'elle a recueilli. (Apopht. 19.)

Il n'aimait pas qu'on se hâtât de créer des théories et voulait qu'on débutât par l'expérience; ce qui lui faisait dire à certains philosophes qui ne voulaient pas marcher son pas : « Messieurs, la nature est un labyrinthe dans lequel vous vous perdrez si vous marchez trop vite. (Apopht. 20.)

Il disait, en parlant des Provinces-Unies : « Nous ne pouvons les abandonner sans danger ni les garder avec utilité : c'est un lion que nous tenons par les oreilles. » (Apopht. 21.)

Un après-midi, ayant rencontré des gens qui s'en allaient pêcher sur les bords de la Chelsea, il leur marchanda d'avance leur pêche. Ils en demandèrent 30 schellings, mais il n'en voulut offrir que dix, qu'ils refusèrent. Ils jetèrent leur filet et ne prirent rien. — « Vous êtes des fous, leur dit Bacon, vous pouviez gagner un angel et vous avez préféré vous donner bien du mal pour rien. Vous voilà maintenant obligés de vous en retourner les mains vides. » — Que voulez-vous, lui répondirent les pêcheurs, nous espérions faire bonne pêche. — Oui-dà ! reprit Bacon ; eh bien, sachez de moi que l'espérance peut être un bon déjeûner, mais est un fort mauvais souper. » (Apopht. 95.)

1. Voici ce que dit Osborn à ce sujet. « Bacon possédait les termes techniques de tous les arts et les plaçait à propos dans

tions qui pouvaient l'y inviter. Il ne méprisait les observations de personne, même sur les choses qu'il possédait le mieux, ne dédaignant jamais d'allumer son flambeau à la plus petite lampe.

« Ses jugemens et ses décisions étaient rarement contredits, et il captivait tellement l'attention qu'on l'écoutait en silence, comme s'il eût proféré des oracles : il devait cette haute opinion qu'on s'était faite de ses discours, d'une part à l'excellence de son jugement, qui lui faisait peser d'avance ce qu'il avait à dire dans la balance de la raison et de la vérité, et de l'autre à l'expérience qu'on avait faite de sa sagesse. Aussi ne connaissait-on pas à sa table ces controverses où chacun se fait le champion d'un système; ou si, parfois, il s'établissait une discussion, il s'y mêlait toujours beaucoup de modération et de déférence.

« Mais une chose que j'ai observée et que d'illustres personnages ont pu observer comme moi, c'est que lorsque Bacon avait à reproduire ce qu'un autre

---

la conversation. Il ne disait rien qui n'eût mérité d'être écrit, et l'on m'a assuré que les premiers jets de sa pensée auraient pu soutenir l'examen des plus habiles. Je l'ai entendu entretenir un seigneur de la cour de chiens et de faucons, comme l'eût fait un chasseur consommé, et parler à un chirurgien en savant anatomiste. Ses connaissances universelles et ses manières pleines de dignité inspiraient le respect et disposaient les artistes à faire devant lui montre de leur savoir. (Avis à un fils, 2.e partie, pag. 150, édit. de 1689.)

avait dit, il avait le talent de le si bien embellir, que celui à qui il faisait cet honneur, avait le plaisir de retrouver sa pensée toute entière, mais parée de grâces nouvelles, tant les belles formes de style étaient naturelles à Bacon. Il aurait pu dire comme Ovide : Je ne puis rien écrire qu'il n'y entre de la poésie.

Et quod tentabam scribere versus erat.

« Avec un si haut mérite, Bacon était, sous le rapport de la religion, le fidèle le plus humble; et tandis que les politiques et les génies les plus élevés affectent l'athéisme, lui reconnaissait un Dieu et le servait. On trouve des preuves évidentes et variées de sa foi dans tous ses ouvrages, où l'on voit qu'il avait pour principe que la philosophie, tant qu'on ne l'a goûtée que du bout des lèvres, éloigne de Dieu, par l'importance exagérée qu'elle prête aux causes secondes; mais que, lorsqu'on l'a totalement épuisée, elle y ramène. Bacon n'était pas seulement un philosophe religieux, c'était encore un chrétien très-fervent, toujours prêt et préparé à satisfaire quiconque lui eût demandé raison de sa foi. Sa conduite répondait à ces principes. En effet, lorsque sa santé le lui permettait, il assistait assidument aux offices divins, observait exactement les pratiques, tant particulières que publiques, de la religion, suivait les sermons et participait souvent au sacrifice de l'eucharistie sans aucun mélange de superstition, ayant persisté jusqu'à la fin dans la vraie foi de l'église réformée d'Angleterre, dans laquelle il s'endormit paisiblement.

« Quelques personnes, dit encore Rawley, désireront savoir comment Bacon gouvernait sa santé, imaginant que l'exemple d'un homme qui avait des connaissances universelles dans les sciences naturelles, doit être d'un grand poids. Nous dirons à ces personnes, sous le rapport diététique, que Bacon mangeait beaucoup et toujours des alimens substantiels, selon que son estomac le lui permettait, ainsi qu'il le recommande dans son Histoire de la vie et de la mort. Dans sa jeunesse il s'était nourri de préférence avec des mets plus légers et plus délicats, tels que chairs de volailles et autres du même genre; mais l'expérience lui avait fait préférer depuis des viandes plus solides, telles que celles de boucherie, parce qu'elles contiennent des sucs plus nourrissans et plus substantiels; ou, pour nous servir de ses propres expressions, moins volatiles. Souvent il ne mangeait pas autre chose, quoique sa table offrît d'autres mets. On pense bien qu'il ne manquait pas de faire un fréquent usage du nitre, qu'il a tant recommandé dans ses écrits. Il en prenait tous les matins environ trois grains dissous dans un bouillon fort léger, et pratiqua cette recette les trente dernières années de sa vie.

« Quant à son régime médical, on peut dire qu'il

vécut médicinalement toute sa vie, sans qu'on puisse lui appliquer le proverbe : *Qui vit médicinalement, vit misérablement.* Tous les six ou sept jours régulièrement il prenait une demi-drachme (un demi-gros), et jamais davantage, de rhubarbe, infusée et macérée pendant une demi-heure dans un verre de vin blanc et de bière, mêlés ensemble, peu avant son repas, soit du matin soit du soir, afin de ne pas laisser à son corps le temps de se dessécher, ce qui, assurait-il, eût pu donner lieu à l'absorption des humeurs excrémentielles, et eût pu s'opposer au libre dégagement des esprits, comme il arrive dans les sueurs répercutées. Se soumettre à un régime médicinal si peu assujettissant n'était pas, comme on le voit, se condamner à une vie bien malheureuse. Quoi qu'on ait dit, il ne suivait pas d'autre traitement avec continuité, et ne fit jamais d'autres remèdes qu'accidentellement. C'est ainsi qu'il employait parfois, pour se soulager de la goutte, un procédé dont il a donné la recette qu'il recommande dans son Histoire naturelle, et qui produisait son effet au bout de vingt-quatre heures.[1]

---

[1]. *Natural history*, n.° 60, cent. 1. — *Medical remains*, n.° 1. (*Bacon's Works*, tom. I.ᵉʳ, pag. 152 et 428.) « Il y a beaucoup de médicamens, dit-il, qui seuls n'opèrent rien, et peut-être même sont nuisibles; mais qui, appliqués l'un après l'autre et dans un certain ordre, produisent de très-grands effets. L'expérience m'a appris un remède contre la goutte, qui la chasse

« Bacon était en outre sujet à une infirmité bien singulière et que nous nous contenterons de rapporter sans chercher à l'expliquer. A chaque chan-

---

en vingt-quatre heures et qui m'a rarement trompé. En voici la recette.

1.° *Cataplasme.*

Prenez trois onces de pain de seigle, la mie seulement, et, l'ayant émiettée fort menu, faites-la cuire dans du lait jusqu'à ce qu'elle y soit fondue et réduite en bouillie; sur la fin de la cuisson, ajoutez-y une drachme et demie (un gros et demi) de roses rouges réduites en poudre; dix grains de safran et une once d'huile de rose. Étendez ce cataplasme sur un linge, appliquez-le tiède sur la partie malade et laissez-le trois heures.

2.° *Bain ou fomentation.*

Prenez une demi-poignée de feuilles de sauge, six drachmes (six gros) de racine de ciguë hachée menu, une demi-once de racine de brione, deux pincées de feuilles de roses rouges; faites bouillir le tout dans un demi-gallon d'eau (deux pintes de Paris) où vous aurez fait éteindre de l'acier, jusqu'à réduction d'un quart. Passez ensuite, puis ajoutez une demi-poignée de sel commun. Vous tremperez dans cette décoction encore chaude, un morceau d'écarlate ou de laine teinte en écarlate, que vous appliquerez sur la partie malade, et vous réitérerez cette application jusqu'à sept fois dans l'espace de quinze à vingt minutes.

3.° *Emplâtre.*

Prenez d'onguent diacalcitis ce qu'il en faudra pour couvrir la partie malade; faites-le dissoudre dans de l'huile de rose jusqu'à ce qu'il n'ait plus que la consistance nécessaire pour adhérer. Étendez-le sur un linge fin et l'appliquez.

« Le *cataplasme* relâche la fibre, ouvre les pores et donne

gement ou éclipse de lune il tombait subitement en défaillance, qu'il s'y attendît ou non; mais dès que la lune reprenait sa lumière, il revenait soudain à

à l'humeur morbifique plus d'aptitude à s'exhaler. La *fomentation* tire les humeurs, en les réduisant, pour ainsi dire, en vapeurs; mais elle en tire peu, et seulement par le moyen et à raison du passage qu'a frayé le cataplasme : elle n'en tire point des autres parties à celle-là, car cette fomentation est douce; elle est *stupéfiante*, et son effet tient de l'engourdissement; elle diminue la sensibilité de la partie, mais fort peu. L'*emplâtre* est médiocrement astringent, ce qui opère une sorte de répulsion, et empêche que de nouvelle humeur n'aborde à la partie. Le *cataplasme* seul, rendant la partie plus molle, lui donne ainsi plus d'aptitude pour recevoir l'humeur qui s'y rend et pour obéir à son action. La *fomentation* seule, si elle était très-faible et n'était point aidée par ce *cataplasme*, qui ouvre d'abord le passage, ne tirerait que fort peu; si elle était très-forte, son effet ne serait pas seulement de tirer de la partie au-dehors, mais encore des autres parties à celle-là. L'*emplâtre* seul fixerait dans la partie l'humeur qui s'y trouverait déjà, et il aurait le double inconvénient d'exaspérer cette humeur et d'empêcher l'abord d'une nouvelle quantité d'humeur. Ainsi il faut appliquer ces trois remèdes successivement et dans l'ordre que nous venons de dire. Le *cataplasme* doit rester pendant deux ou trois heures; la *fomentation* doit être employée extrêmement chaude, durant un quart-d'heure ou un peu plus, et réitérée sept à huit fois. Enfin, l'emplâtre doit être tenu sur la partie affectée jusqu'à ce qu'elle se soit raffermie et qu'elle ait recouvré toute sa force. »

Je ne sais si cette recette, et surtout l'explication qu'en donne Bacon, ont obtenu l'approbation de la Faculté, mais je crois pouvoir avancer que l'épreuve en serait au moins sans danger.

lui-même, et il ne lui restait aucune incommodité. »

On peut s'étonner qu'il ne parle pas de ce phénomène dans son Histoire naturelle; mais l'on ne peut guère en révoquer l'authenticité en doute, si l'on considère qu'elle a Rawley pour garant.

Tel fut Bacon; ses défauts n'ont nui qu'à ses contemporains et à lui-même; mais son génie, ses vues aussi vastes que profondes, et son zèle ardent pour le bonheur du genre humain, ne cesseront d'être utiles jusqu'à la dernière postérité. Enfin, si, comme le dit Cicéron, il est plus glorieux de reculer les limites de la science que celles d'un empire, son nom sera toujours prononcé avec admiration, et les services immenses qu'il a rendus à la philosophie, continueront de demander grâce pour des faiblesses qui, bien plus que les infirmités qui ont précédé sa mort, prouvent qu'il était homme.

LISTE CHRONOLOGIQUE

DES OUVRAGES DE BACON.

DATES DE SES OUVRAGES.

Composé, écrit, ou prononcé.	Publié.	
C. 1576 à 1587.	1740.	Tableau de l'état de l'Europe (*en anglais*).
C. 1586.	1740.	La plus grande production du temps (*en anglais*).
C. 1586.	1740.	Éloge de la science (*en anglais*).
C. 1586.	1740.	Éloge de la reine (*en anglais*).
	1592.	Observations sur un libelle (*en anglais*).
C. 1594.	1661.	Relation de la conspiration du docteur R. Lopez (*en anglais*).
C. 1595.		Allégorie dialoguée, représentée devant Élisabeth (*en anglais*).
C. 1596.	1639.	Élémens du droit coutumier anglais (*en anglais*).
Pr. 1597.		Discours au parlement sur une demande de subsides (*en anglais*).
	1597.	Essais de morale et de politique. Les couleurs du bien et du mal. Méditations religieuses (*en anglais*).
C. 1597.	1641.	Dissertation sur les controverses qui déchirent l'Église d'Angleterre (*en anglais*).
	1598.	Histoire du bureau des aliénations (*en anglais*).
C. 1600.	1740.	Première procédure contre le comte d'Essex (*en anglais*).

Éc. 1600.	1642.	Cours sur la loi des usages (*en anglais*).
	1601.	Exposé des trahisons et manœuvres coupables conçues et pratiquées par Robert, dernier comte d'Essex (*en anglais*).
Pr. 1602.		Discours au parlement sur l'étendue de la prérogative royale (*en anglais*).
Éc. 1603.	1740.	Projet de proclamation pour l'entrée du roi à Londres (*en anglais*).
Éc. 1603.	1642.	Apologie de Fr. Bacon dans l'affaire d'Essex (*en anglais*).
	1603.	Court mémoire sur l'union des deux royaumes (*en anglais*).
Éc. 1604.	1740.	Rapport sur les moyens d'unir les deux royaumes (*en anglais*).
Éc. 1604.	1640.	Considérations sur les moyens à employer pour pacifier et organiser l'Église d'Angleterre (*en anglais*).
Pr. 1604.		Discours pour demander au nom des communes la suppression des pourvoyeurs (*en anglais*).
Éc. 1604.	1740.	Projet de proclamation touchant la formule à employer par Sa Majesté (*en anglais*).
	1605.	De l'avancement des sciences (*en angl.*).
Éc. 1606.	1661.	Commencement de l'Hist. de la Grande-Bretagne (*en anglais*).
Éc. 1606.	1629.	Éloge de la reine Élisabeth, d'heureuse mémoire (*en latin*).
Éc. 1606.	1661.	Considérations sur la colonisation de l'Irlande (*en anglais*).
Pr. 1606.		Discours sur la naturalisation des Écossais (*en anglais*).

Éc. 1606.		Considérations sur l'union des deux royaumes (*en anglais*).
Pr. 1606.	1661.	Discours sur l'union des lois des deux royaumes (*en anglais*).
Éc. 1606.		Travail préparatoire pour l'union des lois des deux royaumes (*en anglais*).
Éc. 1606.	1740.	Le fil du labyrinthe, ou méthode de rechercher, suivie de quelques recherches, entre autres d'une sur le froid et le chaud (*en anglais*).
Éc. 1606.	1653.	Grande instauration de l'empire de l'homme sur l'univers, ou l'enfant mâle du temps (*en latin*).
Éc. 1606.	1653.	Aphorismes et conseils de F. Bacon, touchant les auxiliaires de l'entendement et les moyens d'allumer cette lumière naturelle (*en latin*).
Éc. 1606.	1653.	Douze sentences sur l'interprétation de la nature (*en latin*).
Éc. 1606.	1740.	L'enfant mâle du temps, ou interprétation de la nature, en trois livres (*en latin*).
Ec. 1606.	1653.	Vraies directions pour l'interprétation de la nature (*en latin*).
	1606.	Nouvelle édition des Essais. — Méditations religieuses. — Couleurs du bien et du mal (*en anglais*).
Éc. 1606.	1740.	Plan et sujet de la seconde partie de l'Instauration (*en latin*).
Éc. 1606.	1653.	Introduction à l'interprétation de la nature (*en latin*).
Éc. 1606.	1661.	Profession de foi (*en anglais*).

NB. Rawley l'avait traduite et publiée en latin en 1658.

Éc. 1607.	1653.	Pensées et vues sur l'interprétation de la nature (*en latin*).
Éc. 1607.		Dissertations sur certains cas importans et difficiles (*en anglais*).
Éc. 1607.		Dissertation sur le cas des puinés d'Écosse (*en anglais*).
Pr. 1607.		Rapport à la chambre des communes sur les discours prononcés par les comtes de Salisbury et de Northampton, relativement aux griefs des marchands anglais contre les Espagnols (*en anglais*).
Éc. 1608.		Consultation sur l'origine et les fonctions de la charge de constable (*en anglais*).
Éc. 1608.	1740.	Rapport sur le projet de Code pénal, présenté par Steffens (*en anglais*).
Pr. 1609.		Remontrances au roi au nom de la chambre des communes (*en anglais*).
Pr. 1609.		Discours pour provoquer l'abolition des gardes-nobles (*en anglais*).
Pr. 1609.		Discours sur la forme des messages du roi (*en anglais*).
Pr. 1609.		Discours pour inviter les communes à accorder un subside au roi (*en angl.*).
	1650.	Traité de la sagesse des anciens (*en latin*).
Pr. 1610.		Discours sur le droit d'imposer les marchandises à l'importation et à l'exportation (*en anglais*).
Pr. 1610.	1740.	Discours sur les moyens de remédier à la rareté de l'or et de l'argent (*en anglais*).
Éc. 1611.	1662.	Dissertation sur la juridiction des com-

DES OUVRAGES. 211

		missions royales d'*ouïr* et de *juger* (*en anglais*).
	1612.	Nouvelle édition des Essais. — Médit. relig. — Couleurs du bien et du mal (*en anglais*).
Éc. 1612.		Éloge de Henri, prince de Galles (*en latin*).
Éc. 1612.	1661.	Mémoire au roi, sur le legs de Sutton (*en anglais*).
Pr. 1612.		Réquisitoire contre lord Sanqu'har (*en anglais*).
Pr. 1613.		Réquisitoire contre M. Whitelocke (*en anglais*).
Éc. 1613.	1661.°	Lettre à sir Henri Savile (*en anglais*).
	1614.	Discours sur les entrepreneurs d'élections (*en anglais*).
	1614.	Réquisitoire contre Priest et Wright, accusés de duel (*en anglais*).
Pr. 1614.		Réquisitoire contre William Talbot (*en anglais*).
	1614.	Nouvelle édition des Essais. — Médit. relig. — Couleurs du bien et du mal (*en anglais*).
Éc. 1615.	1661.	Avis à sir George Villier (*en anglais*).
	1615.	Nouvelle édition des Essais. — Médit. relig. — Couleurs du bien et du mal (*en anglais*).
Pr. 1615.		Réquisitoire contre Olivier Saint-John (*en anglais*).
Pr. 1615.		Réquisitoire contre Peacham (*en anglais*).
Pr. 1615.		— — Owen (*en anglais*).
Pr. 1615.		— — Lumbsden, Hollis et Wenthworth (*en anglais*).

	1615.	Nouvelle édition de la Sagesse des anciens (*en latin*).
Pr. 1616.	1679.	Réquisitoire contre la comtesse de Sommerset (*en anglais*).
Pr. 1616.	1679.	Réquisitoire contre le comte de Sommerset (*en anglais*).
Éc. 1616.		Remontrances adressées à Éd. Coke (*en anglais*).
Éc. 1616.	1661.	Proposition tendante à la révision des lois anglaises et à leur réunion en un seul corps (*en anglais*).
Pr. 1616.		Réquisitoire contre John Bertram (*en anglais*).
Pr. 1616.		Réquisitoire contre Markham (*en angl.*).
Pr. 1617.		Discours d'installation de Bacon en qualité de garde du grand-sceau (*en anglais*).
Pr. 1617.		Discours à sir Jones, nommé grand-juge d'Irlande (*en anglais*).
Pr. 1617.		Discours au juge Hutton, nommé membre de la cour des communs-plaids (*en anglais*).
	1617.	Nouvelle édition du Traité de la sagesse des anciens (*en latin*).
Éc. 1618.		Dissertation sur le flux et le reflux de la mer (*en latin*).
Éc. 1618.	1653.	Pensées sur la nature des choses (*en latin*).
Pr. 1619.		Discours au parlement en réponse à l'orateur de la chambre-basse (*en anglais*).
	1619.	Nouvelle édition des Essais. — Médit. relig. — Couleurs du bien et du mal (*en anglais*).

Éc. 1619.		Ordonnances réglementaires pour la cour de l'échiquier (*en anglais*).
Éc. 1620. Commencé en 1620.	1627.	La nouvelle Atlantide (*en anglais*).
	1627.	*Sylva sylvarum,* ou Histoire naturelle (*en anglais*).
Écrit de 1613 à 1620.	1658.	Recherches sur le son et l'ouïe (*en latin*).
Idem.	*idem.*	— sur les métaux et les minéraux (*en latin*).
Idem.	*idem.*	— sur l'aimant (*en latin*).
Idem.	*idem.*	— sur les changemens, transmutations, multiplications et formations du corps (*en anglais* et *en latin*).
Idem.	1653.	— sur la lumière et les corps lumineux (*en latin*).
Idem.	*idem.*	— sur le mouvement (*en latin*).
Idem.	*idem.*	La description du globe intellectuel (*en latin*).
Idem.	*idem.*	Le système du ciel (*en latin*).
Idem.	*idem.*	Traité de la philosophie de Parménide, de Télézio, et surtout de Démocrite, considérée dans les fables de Cupidon et du ciel (*en latin*).
	1620.	Introduction placée par les éditeurs de 1765 à la tête de la Grande Instauration (*en latin*).
	idem.	Préface placée après l'introduction qui précède (*en latin*).
	idem.	Le Nouvel organe (*en latin*).
	idem.	Préliminaires de l'histoire naturelle et expérimentale (*en latin*).
	idem.	Catalogue des histoires particulières (*en latin*).

Éc. 1620.		Projet de proclamation pour les élections de 1620 (*en anglais*).
Éc. 1621.		Projet de discours sur les moyens de réparer les mines envahies par les eaux (*en anglais*).
C. 1621.		Distribution de la Grande Instauration en six parties (*en latin*).
Idem.	1679.	Abécédaire de la nature (*en latin*).
Idem.		Questions touchant la composition, l'incorporation et l'alliage des métaux (*en anglais* et *en latin*).
Idem.	1653.	Préface de l'Histoire naturelle et expérimentale (*en latin*).
Idem.	idem.	Avis au lecteur, servant de préambule à l'Histoire naturelle (*en latin*).
Idem.	idem.	Règle ou plan de l'Histoire naturelle (*en latin*).
Idem.	idem.	Préambule de l'échelle de l'entendement humain (*en latin*).
Idem.	idem.	Préface des anticipations de la philosophie seconde (*en latin*).
Idem.		Réforme dans les cours de justice (*en anglais*).
	1622.	Histoire du règne de Henri VII, roi d'Angleterre (*en anglais*).
Éc. 1622.	1667.	Offre, par Bacon, de se charger de la révision des lois anglaises et de leur réunion en un seul corps (*en angl.*).
	1622.	Histoire des vents (*en latin*).
	idem.	Histoire de la vie et de la mort (*en latin*).
Éc. 1622.		Lettre au P. Baranzan (*en latin*).
Éc. 1622.	1629.	Fragment de l'Histoire de Henri VIII (*en anglais*).
Éc. 1622.	1623.	Dialogue de la guerre sacrée (*en angl.*).

Éc. 1623.		Projet de manifeste contre l'usure (*en anglais*).
	1623.	Nouvelle édition des préliminaires de l'Histoire naturelle et expérimentale de l'histoire des vents, de l'histoire de la vie et de la mort, suivie de l'histoire de la densité et de la raréfaction (*en latin*).
Éc. 1623.	1638.	Introductions des histoires de la pesanteur et de la légèreté, de la sympathie et de l'antipathie des choses, du soufre, du mercure et du sel (*en latin*).
	1623.	Traité de la dignité et des accroissemens des sciences, en neuf livres (*en latin*).
	idem.	Nouvelle édition du dialogue sur la guerre sacrée (*en anglais*).
	idem.	Nouv. édition, considérablement augmentée, des Essais de morale et de politique (*en anglais*).
Éc. 1624.	1740.	Ébauche d'un discours sur la guerre à entreprendre contre l'Espagne (*en anglais*).
Éc. 1624.	1629.	Considérations politiques pour entreprendre la guerre contre l'Espagne (*en anglais*).
Éc. 1624.	1740.	Dissertation sur la vraie grandeur de la Grande-Bretagne (*en anglais*).
	1624.	Nouvelle édition du Traité de la dignité et des accroissemens des sciences (*en latin*).
	1625.	Traduction en latin des Essais, sous ce titre : *Sermones fideles, sive interiora rerum*.

Éc. 1625.	1638.	Traduction en latin du dialogue de la guerre sacrée.
Idem.	*idem.*	Traduction en latin de l'Histoire de Henri VII.
Idem.	*idem.*	Traduction en latin de la nouvelle Atlantide.
	1625.	Recueil d'apophtegmes anciens et nouveaux (*en anglais*).
	idem.	Traduction en vers de plusieurs Psaumes de David (*en anglais*).
Idem.		Le Psaume de Bacon (*en anglais*).
Idem.		Testament de Bacon (*en anglais*).
Idem.	1658.	Lettre au P. Fulgence (*en latin*).

NB. Indépendamment des pièces que nous venons d'énumérer, on trouve dans les œuvres de F. Bacon plusieurs écrits dont il ne nous a pas été possible de fixer ou même de conjecturer la date; en voici les titres :

1.° Expériences sur la pesanteur de l'air et de l'eau;

2.° Expériences utiles à mettre en pratique;

3.° Expériences sur le mélange des liqueurs, sans emploi de substances solides et de chaleur, et sans agitation, mais par simples compositions et contact;

4.° Un catalogue des corps attractifs et non attractifs, avec diverses observations sur l'attraction.

On trouve également dans deux recueils intitulés, l'un, *Opuscules médicaux*, et l'autre, *Recettes médicales*, plusieurs particularités plus curieuses qu'utiles.

Enfin, on a recueilli plusieurs pièces détachées de Bacon, dont voici le catalogue :

1658. 1.° Portraits de Jules et d'Auguste César (*en latin*), trouvés par Rawley dans la Bibliothèque de Bacon après la mort de ce dernier.

1679. 2.° Les ornemens de la raison (*en latin et en anglais*), que l'on croyait perdus, et qui ont été retrouvés par Tenison.

3.° Un essai intitulé : *Du roi* (*en anglais*). [Voy. OEuv. de Bacon, t. Ier, pag. 525.]

1661. 4.° Un fragment d'essai *sur la renommée* (*en latin*).

5.° Projet de déclaration pour le président de la cour des pupilles, le jour de son installation (*en anglais*). [V. tom. II, p. 217 des OEuv. de Bacon.]

6.° Conseils ou directions adressés au président de la cour des pupilles (*en anglais*). [Voyez Œuvres de Bacon, tom. II, p. 218.]

Les cinq pièces suivantes sont réputées apocryphes.

1648. 1.° Prière habituelle de Bacon (*en anglais*).

idem. 2.° Un Essai sur la mort (*en anglais*).

1645. 3.° Caractères d'un chrétien qui a la foi, par rapport aux paradoxes et contradictions apparentes de la religion (*en anglais*).

1648. 4.° Courtes remarques sur la société civile (*en anglais*).

idem. 5.° Quel doit être le caractère des personnes qui exécutent les ordres donnés par le roi, en vertu de sa prérogative?

NOTICE BIBLIOGRAPHIQUE.

Liste chronologique des éditions et traductions de tout ou partie des œuvres de F. Bacon.

> Books must fallow sciences, and not sciences books.
> C'est aux livres à suivre les sciences et non aux sciences à suivre les livres.
> (Bacon, *A proposal for amending the laws of England.*)

1592 *Observations upon a libel. London.*

1597 *Essays. Religious meditations. Places of persuasion and dissuasion*[1]*. London*, in-8.°

    Cette édition est dédiée à Antoine Bacon, frère de l'auteur.

1601 *A declaration of the practises and treasons attempted and committed by Robert, late Earl of Essex. London.*

    Cet écrit est suivi de pièces justificatives sous ce titre : *Confessions and others evidences.*

1603 *A brief discourse of the happy union of England and Scotland. London*, in-12.

---

[1]. Cette première édition ne contient que dix essais. Bacon a reproduit les *Places of persuasion and dissuasion* dans son *De augmentis* sous ce titre : *Les couleurs du bien et du mal.*

1605 *Of the proficience and avancement of learning divine and human two books.* London, in-4.°
1606 *Essays. Religious meditations. Places of persuasion and dissuasion.* London, in-8.°
1610 *De sapientia veterum liber.* Londini, in-12.
1612 *Essays, or counsels civil and moral.* London, in-8.°

    Cette édition est dédiée à sir John Constable, beau-frère de l'auteur, qui avait d'abord eu l'intention de la dédier au prince de Galles, Henri.

1614 *Essays. Religious meditations. Places of persuasion and dissuasion.* Edimburgh-Hact, in-12.

    Cette édition contient des additions notables.

1614 *Charge aganist the duels with the star-chamber decree.* London, in-4.°
1615 *De sapientia veterum liber.* Londini.

    Cette édition, faite sous les yeux de Bacon, contient plusieurs additions.

1617 *De sapientia veterum liber.* Londini.
1618 *Saggi morali, con altro trattato della sapienza degli antici; traddoti in italiano da Tobia Matthei, in Londra.* Gio-Billio, in-8.°

    L'auteur de cette traduction, étant catholique, a eu soin de retrancher tous les passages qui auraient pu blesser des papistes rigides, et cet exemple a été suivi par quelques traducteurs français. Le traducteur a emprunté à Bacon une partie de la dédicace que celui-ci avait préparée, en 1612, pour le prince Henri, et en a composé la sienne, qui est adressée au duc de Toscane.

1619 Les Essais politiques et moraux de F. Bacon, traduits de l'anglais en français, par J. Baudouin. Paris, in-8.°

1620 *Saggi morali*, etc., Gio. Bat. Bidelli. Milano, in-12.
1620 *Instauratio magna, sive Novum organum. Parasceve ad Hist. natur. et experimentalem*. London, for John Bill, in-fol.
1621 Essais politiques et moraux, traduits de l'anglais en français, par J. Baudouin. Paris, in-12.
1622 *The history of the reign of king Henri VII.* London, in-fol.
1622 *Advertisement touching an holy war.* Lond., in-4.°
1622 *Historia nat. et experim. de ventis.* — *Historia vitæ et mortis*, for Havilland. London, in-8.°
1623 *Parasceve ad Hist. nat. et experim. Historia ventorum.* — *Hist. vitæ et mortis.* —. *Hist. densi et rari*, for Havilland, in-8.°
1623 *Essays, or counsels civil and moral; dedicated to the duke of Buckingham.* London, in-4.°
1623 *De dignitate et augmentis scientiarum.* Londini, in-fol.

Rawley fut chargé par Bacon de surveiller l'impression de cette édition, qui est la plus belle et la plus correcte de celles qui ont paru jusqu'en 1730. Le docteur Tenison fait observer que ceux qui veulent connaître le chiffre de lord Bacon, doivent la consulter; parce que, dans quelques-unes des autres, on n'a pas suivi la forme des lettres de l'alphabet, qui en fait presque tout le mystère, et qu'on a confondu le caractère romain et l'italique. L'exemplaire donné par Bacon au roi Jacques est à la bibliothèque royale de Londres.

1624 Le progrès et avancement aux sciences divines et humaines, en deux livres, traduits de l'anglais en français, par Maugars. Paris, in-12.

Tenison, dans le Baconiana, se plaint de l'infidélité de cette traduction.

1624 *De dignitate et de augmentis scientiarum, lib. IX. Londini, for Havilland*, in-fol.

1624 *De dignitate et augmentis scientiarum, libri IX. Paris, Mettayer*, in-4.°

1625 *Sermones fideles, sive interiora rerum.*

C'est une traduction des Essais, mais corrigés et considérablement augmentés. La version anglaise de Bacon ainsi refondue, ne fut imprimée que long-temps après sa mort, de sorte que le docteur William Willymot crut devoir donner une traduction anglaise des *Sermones fideles* peu de temps après leur publication, sans que nous puissions préciser la date sous laquelle elle parut à Londres en deux vol. in-8.°

1625 *The translation of certains psalms into english verses; at London*, in-8.°

1625 *A collection of apophtegms new and old; at London*, in-8.°

Cette édition est la meilleure.

1626 Œuvres morales et politiques. — Sagesse mystérieuse des anciens. — Recueil d'apophtegmes anciens et nouveaux. — Traité des couleurs ou apparences du bien et du mal. — Explication morale de quelques paraboles de Salomon. Traduits de l'anglais, par J. Baudouin. Paris, in-8.°

Le privilége pour l'impression est du 3 Janvier 1626.

1626 Il parut, cette année, par les soins de William Rawley, un Recueil de poèmes composés en l'honneur de Bacon.

1627 Histoire du règne de Henri VII, traduite de l'anglais en français, par Latour-Hotman. Paris, in-8.°, et Bruxelles, in-12, sans date.

1627 *Sylva sylvarum, or natural history in ten centuries. New Atlantis. Published by D.ʳ William Rawley, after Bacon's deathe; at Lond., in-fol.*

Ce n'est qu'en 1638 que Rawley publia la traduction latine que Bacon avait faite de la Nouvelle Atlantide, et il la publia, comme on le verra, sous ce titre ridicule : *Novus Atlas*, comme s'il s'agissait dans cette fiction du demi-dieu qui porte le monde, ou du mont Atlas, et non d'une allusion aux îles Atlantides. Il fait observer dans la préface de la présente édition, que l'intention de l'auteur avait été qu'on plaçât la *Nouvelle Atlantide* après la *Sylva sylvarum*, comme en étant une dépendance.

1629 *Bacon's miscellany Works. London, J. Havilland, in-4.°*

Cette édition est la meilleure. On y trouve le fragment de l'Histoire de Henri VIII, les *Considerations touching a war with spain*, et le discours *in felicem memoriam Elizabethæ*.

Ces trois pièces n'avaient pas encore été publiées.

1629 *The history of the reign of king Henri VII; at London, in-fol.*

Cette édition passe pour la meilleure.

1629 *De dignitate et augmentis scientiarum libri IX, anglice versi; at London, W. Whasington.*

1631 Histoire naturelle, traduite de l'anglais, suivie de la Nouvelle Atlantide, par Pierre d'Amboise, sieur de la Magdeleine. Paris, in-8.°

Cette traduction est précédée d'une vie de Bacon, pleine d'inexactitudes, et pourtant, dans son avertissement au lecteur, le traducteur dit : « Ayant été aidé de la plupart des manuscrits de l'auteur, j'ai jugé nécessaire d'y ajouter ou diminuer beaucoup de choses qui avaient été omises ou augmentées par l'aumônier de M. Bacon, qui, après la mort de son maître, fit imprimer confusément tous les papiers qu'il trouva dans son cabinet. »

1632 De la dignité et de l'accroissement des sciences, traduit du latin, par Golefer, conseiller et historiographe du roi. Paris, in-4.°

1633 *De sapientia veterum liber. Lugd. Batav.*, in-12.

1633 Œuvres morales et politiques de F. Bacon, trad. en français par J. Baudouin. Paris, in-8.°, 2.° édit.

1634 Considérations politiques pour entreprendre la guerre contre l'Espagne, traduites de l'anglais, par Maugars. Paris, in-4.°

1634 *De sapientia veterum liber. Londini*, in-12.

1635. *Sylva sylvarum, or natural history in ten centuries with the New Atlantis; at London, for Lee*, in-fol.

1636 Œuvres morales et politiques de F. Bacon; trad. en français par J. Baudouin. Paris, in-12, 3.° éd.

1636 *Historia vitæ et mortis. Lugd. Batav.*, in-12.

1637 Œuvres morales et politiques, trad. en français par J. Baudouin. Paris, in-8.°, 4.° édit.

1638 *Fr. Baconi Opera moralia et civilia, cura et fide William Rawley edita et resuscitata. Londini, Edward Griffinus*, in-fol.

Les pièces non encore imprimées qui se trouvent dans ce recueil, sont :

1.° *Historia regni Henrici septimi.*

2.° *Sermones fideles, sive interiora rerum.*

3.° *Dialogus de bello sacro.*
4.° *Novus Atlas.*
5.° *Historia gravis et levis.*
6.° *Historia antipathiæ et sympathiæ rerum.*
7.° *Hist. sulphuris, mercurii et salis.*

1639. *Sylva sylvarum. — New Atlantis;* at London, for Lee, in-fol., *fifth edition.*

1639 *The elements of the common Laws of England, in a double tract,* in-4.°
Édition incorrecte.

1639 *Opere morali di F. Baco. Veneti,* in-12.
Ce n'est autre chose que la réimpression de la traduction italienne de Tobie Matthew.

1640 L'artisan de sa fortune. — Les antithèses des choses. — Les sophismes et les caractères de l'esprit. Trad. par J. Baudouin. Paris, in-12.

1640 *Certain considerations touching the better pacification and edification of the church of England, dedicated to king James,* in-4.°
Sans nom d'auteur.

1640 *Of the advancement and proficience of learning, IX books, interpreted by Gilbert Waats,* in-fol.; *at Oxford and Lichtfield.*
Cette version est fort imparfaite, et fait regretter que le D.ʳ Rawley ne se soit pas chargé lui-même de traduire le *De augmentis* de Bacon.

1641 De la sagesse mystérieuse des anciens, trad. par J. Baudouin. Paris, Bobin.

1641 *Sermones fideles. — Faber Fortunæ. — De certitudine legum. Lugd. Bat., Hackii,* in-12.

1642 *Reading of the statutes of uses; at Lond.,* in-4.°
Cette édition est encore plus incorrecte que celle des Élémens du droit coutumier anglais de 1639.

1642 *The F. Bacon's Apology; at London*, in-4.°
1642 *Historia regni Henrici septimi. Lugd. Bat.*, in-12.
1643 *Nova Atlantis. Ultraj.*, in-12.
1644 *Sermones fideles. Lugd. Bat.*, in-12; *accedunt Faber fortunæ et Colores boni et mali.*
1645 *Historia vitæ et mortis, cum annotationibus Barth. Moseri. Dilingæ.*
1645 *De dignitate et augmentis scientiarum. Lugd. Bat., Fr. Moyardum.*
1645 *Novum organum. Lugd. Bat., Adria. Wingaërde*, in-12.
1645 *The characters of a believing christian in paradoxes and seeming contradictions; at London.*
1646 Les Aphorismes de Droit, traduits par J. Baudouin, et précédés d'un discours sur les lois en général. Paris, in-8.°
1647 *Historia Henrici septimi. Lugd. Bat.*, in-18.
1647 Histoire de la vie et de la mort, trad. par J. Baudouin. Paris, in-8.°
1648 *Historia naturalis et experiment. de ventis, de forma calidi et de motu. Lugd. Bat.*, in-12.
1648 *Of the advancement et proficience of learning, IX Books, interprêted by Dr Gilbert Watts.* Seconde édition.
1648 Il parut, cette année, un recueil in-4.° de divers écrits de Bacon, revus par Sancroft, archevêque de Cantorbéry, que nous n'avons pu nous procurer.

Parmi les ouvrages qui s'y trouvent compris, il en est plusieurs que le Dr Rawley n'a jamais reconnus pour être de Bacon. En voici les titres :

1.° *An explanation what Manner of persons those should be, that are to execute the power or ordinance of the king's prerogative.*

2.° *Short notes for civil conversation.*

3.° *An Essay on death.*

4.° *The characters of a believing christian in paradoxes and seeming contradictions.*

5.° *A prayer made and used by the lord chancellor Bacon.*

1648 *Sylva sylvarum, ex anglico sermone latine facta a Jacobo Grutero. Accedunt Novus atlas et præfatio a W. Rawley. Lugd. Bat.*, in-12, *Elzev.*

1649 Histoire des vents, trad. par J. Baudouin. Paris, in-8.°

1650 *Novum organum. Lugd. Bat.*, petit in-12, *Elzev.*

1650 Histoire des vents, où il est traité de leurs causes et de leurs effets, trad. par J. Baudouin. Paris, in-8.°, 2.ᵉ édit.

1651. *Sylva sylvarum, or a natural history in ten centuries, whereunto is newly added the history of life and death, or the prolongation of life, for W. Lee; at London*, in-fol.

1651 *The felicities of Elizabeth*, in-16.

Cette traduction anglaise du discours *In felicem memoriam Elizabethæ*, est, dit le D.ʳ Tenison, l'ouvrage d'un homme qui avait plus d'admiration pour Bacon que de talent. Il existe une autre version plus correcte, qui est du D.ʳ Rawley lui-même, qui l'a insérée dans l'édition de 1661.

1651 *F. Bacon's Apology; at London*, in-16.

1652 *De augmentis scientiarum, lib. IX. Lugd. Bat.*, petit in-12, *Elzev.*

Cette édition et celle du *Novum organum* de 1650 sont très-recherchées. Il faut les distinguer des autres éditions du même format, faites en Hollande dans le 17.ᵉ siècle.

1653 *Scripta in naturali et universali philosophia. Amstel. Elzev.*, 7 vol. petit in-12.

In his comprehenduntur :

1.° *Cogitata et visa, cum epistola Th. Bodlei ex anglico sermone ab Is. Grutero versa.*
2.° *Descriptio globi intellectualis.*
3.° *Thema cœli.*
4.° *De fluxu et refluxu maris.*
5.° *De Parmenidis, Democriti et Telezii philosophia.*
6.° *Impetus philosophici*, in quibus continentur :
   1) *Indicia vera de interpretatione naturæ.*
   2) *Phænomena universi.*
   3) *Scala intellectus.*
   4) *Prodromus sive anticipationes philosophiæ secundæ.*
   5) *Cogitationes de natura rerum.*
   6) *Filum labyrinthi, sive inquisitio de motu.*
   7) *Aphorismi et consilia de ampliis mentis.*
   8) *De interpretatione naturæ sententiæ duodecim.*
   9) *De interpretatione naturæ proœmium.*
   10) *Topica inquisitionis de luce et lumine.*

Isaac Gruter a compris, sous le titre d'*Impetus philosophici*, les pièces que nous venons d'énumérer, parce qu'il les avait souvent entendues appeler ainsi par Bacon lui-même : elles n'avaient point encore été publiées. Gruter les tenait de William Boswel, ambassadeur d'Angleterre en Hollande, à qui Bacon les avait léguées, avec quelques autres écrits sur des sujets de morale et de politique. Dans sa préface, Gruter annonce l'intention de publier bientôt d'autres ouvrages inédits de Bacon, et invite ceux qui auraient en leur possession quelque écrit de cet illustre auteur, à le lui communiquer.

1658 *Secunda Resuscitatio, seu opuscula varia posthuma, philosophica, civilia et theologica, a William Rawley edita, his præfixa est vita autoris ab editore. Londini*, in-8.° (Voyez la première *Resuscitatio* de 1638.)

On remarque dans ce recueil les pièces suivantes, qui n'avaient point encore été publiées.

1) *Historia de sono et auditu.*
2) *Articuli inquisitionis de metallis et mineralibus.*
3) *Inquisitio de magnete.*
4) *Inquisitio de versionibus*, etc.
5) *Epistola ad Fulgentium.*
6) *Julii et Augusti Cæsaris imagines.*
7) *Confessio fidei.* — C'est la traduction, par Rawley, de la confession de foi de Bacon, qui ne parut en anglais qu'en 1661.

1659 *Th. Bushell's abridgement of the lord chancellor Bacon's philosophical theory in mineral prosecutions, with a postscript after lord Bacons death.*

Bushell[1] raconte dans ce post-scriptum des particularités curieuses sur son maître.

---

1. Thomas Bushell, ancien domestique de Bacon, passait pour très-habile dans l'art de découvrir et d'exploiter les mines. Des inventions hydrauliques fort ingénieuses lui donnèrent quelque célébrité dans le comté d'Oxford. On prétend qu'il imitait, à s'y méprendre, la pluie, la grêle, l'arc-en-ciel, les éclairs et le tonnerre. Il se ruina en exploitant une mine d'après un secret qu'il disait tenir de Bacon.

1660 *Continuation of a New Atlantis, by R. H. London*, in-8.°

1661 *Tertia Resuscitatio of the Works civil, historical philosophical and theological hitherto sleeping, by W. Rawley; at London*, in-fol. (Voyez la première *Resuscitatio* de 1638, et la seconde de 1658.)

Parmi les pièces que contient ce recueil, les suivantes n'avaient pas encore été publiées.

1) *Speeches in parliament, star chamber, kingsbench, chancery ant others where.*
2) *True report of the treason intented by Dr Lopez.*
3) *Of church controversies.*
4) *Articles and considerations touching the union.*
5) *The beginning of the history of Great-Britain.*
6) *Letter to Henri Savis.*
7) *Of the plantations in Irland.*
8) *Advice to the king touching Mr. Sutton's estate.*
9) *A proposition touching the compiling and amendment of the laws of England.*
10) *Essay on the fame.*
11) *Letters to te queen Elizabeth, king James and others.*
12) *Others letters.*
13) *A confession of faith.*

1661 *Sylva sylvarum, sive historia naturalis, nuper (1648) latine transcripta a Jacobo Grutero. Huic accedit Nova Atlantis. Amst.*, Elzev., petit in-12, 2.° édit.

Cette traduction, faite sur une traduction française assez obscure, était très-défectueuse. Jacques Gruter en fut averti par le D.ʳ Rawley, et se mit en devoir de la corriger; mais la mort ne lui permit pas d'achever ce travail. Il laissa seulement un exemplaire de la première édition chargé de corrections, sur lesquelles, après les avoir complétées, son frère, Isaac Gruter, donna cette seconde édition. Toutefois cette traduction est loin d'être devenue parfaite. Ælius Deodatus avait engagé un habile homme à la refaire; mais celui-ci ne poussa pas son travail au-delà de la troisième centurie. Le D.ʳ Tenison dit avoir eu cette troisième centurie en sa possession, et croit les deux premières perdues.

1662 *Charge at the sessions, holden for the verge, in the reign of king James, declaring the latitude and juridiction thereof.* London, in-4.°

1662 *Historia naturalis et experimentalis de ventis.* Lugd. Bat., petit in-12, *Elzev.*

1662 *Sermones fideles.* Amst., petit in-12, *Elzev.*

1662 *Historia regni Henrici septimi.* Amst., petit in-12, *Elzev.*

1663 *Opuscula varia.* Amst., petit in-12, *Elzev.*

1663 *F. Bacons Essays, printed for Thomas Palmer, at the crown, in Westminster-Hall, with a preface by one Griffith,* in-12.

1664 *Sermones fideles.* Lugd. Bat., in-12, *Elzev.*

1665 *Francisci Baconi Opera omnia.* Francof. ad Mœn., in-fol.

Ce n'est qu'une réimpression des divers Elzevirs mentionnés ci-dessus.

1669 *The apophtegm of king James, king Charles,*

the marquess of *Worcester*, the lord *Bacon*, and sir *Thomas Moor*; at London, in-8.°

Cette édition est très-vicieuse.

1671 Quarta *Resuscitatio*; or bringing into publick ligth several pieces of the works civil, historical, philosophical and theological hitherto sleeping of F. Bacon; at London, in-fol. (Voy. la première *Resuscitatio* de 1638, la seconde de 1658, et la troisième de 1661.)

Cette *Resuscitatio*, qui parut quatre ans après la mort de Rawley, ne se distingue guère des précédentes que par la vie de Bacon, de l'édition de 1658, traduite du latin en anglais par Rawley lui-même, et par la traduction anglaise du Traité des vents, de l'Histoire de la vie et de la mort, et des Prolégomènes (*aditus*), par R. G.

Tenison observe que ces derniers ont été beaucoup mieux traduits sous la direction et avec l'assistance de Rawley. On ignore pourquoi les éditeurs n'ont pas fait usage de cette dernière traduction.

On trouve aussi, dans ce recueil, quelques pièces intéressantes sous ce titre : *Opera philosophica et alia nondum typis mandata*. A cette occasion Rawley, dans une note qu'on a recueillie, fait observer qu'il est plusieurs autres ouvrages qu'on a eu tort d'attribuer à Bacon, *As for other pamphlets, where of there are several put forth under his lordship'sname, they are not to be owen for his*. (Voyez ce que nous disons à l'occasion de l'édition de 1648, revue par Sancroft.)

1674 *Of the advancement and proficience of learning, IX books*, interpreted by D.ʳ Gilb. Watts; from Oxford, at London (the third edit.).

1676 *Sylva sylvarum, or natural history in ten centuries, with the author's life, by D.ʳ Rawley, tenth edition,* in-fol.

On trouve encore dans ce volume :

1.° *The history of the life and death, translated by unnown.*
2.° *Articles of enquiry touching metals and minerals.*
3.° *New Atlantis.*
4.° *Novum organum, epitomised by Mr. D. B. B.*
— Cet abrégé, dit le D.ʳ Shaw, ne donne qu'une imparfaite et désavantageuse idée du plan, du but et des découvertes de cet admirable ouvrage. Il est vrai que l'abréviateur, dans la préface, semble en général avoir bien compris les vues de l'auteur, dont il a donné un court exposé; mais quand il en vient à abréger l'ouvrage lui-même et à le traduire, il brouille si fort le sens et défigure tellement le tout, qu'on le reconnaît à peine et qu'on n'y comprend presque rien. Dans le fond la conception même était vicieuse. Un ouvrage purement aphoristique n'est pas de ceux qu'on abrège, mais plutôt de ceux qu'on commente.

1679 *Baconiana, or certain genuine remains of F. Bacon; at London,* in-8.°, *by Thomas Tenison.*

---

1. Thomas Tenison, né le 29 Septembre 1636 à Cottenham, dans le comté de Cambridge, mourut en 1715 archevêque de Cantorbury; c'était un ami intime et un condisciple de W. Rawley, fils unique du D.ʳ W. Rawley, chapelain de Bacon, qui mourut un an avant son père, le 3 Juillet 1666. John Rawley, exécuteur testamentaire de ce dernier, remit à l'ami

Ce recueil se divise en plusieurs parties, savoir :

Remains civil and moral.

1.° *The charge against Frances countess of Sommerset.*
2.° *The charge against Robert Earl of Sommerset.*

---

de son fils les papiers de Bacon, qui ont été publiés dans le *Baconiana*, et probablement tous ceux de l'illustre chancelier que le D.ʳ Rawley avait eus en sa possession, mais n'avait pas jugé à propos de publier, à cause des matières d'État qui y sont traitées, et des personnes encore vivantes qui pouvaient s'y trouver compromises. Cette réserve si louable de la part du D.ʳ Rawley n'avait plus d'objet à la fin du 17.ᵉ siècle. Mais Tenison ayant été successivement promu à l'évêché de Lincoln et à l'archevêché de Cantorbury, n'eut pas le loisir de continuer la révision des manuscrits de son auteur favori. Il les laissa, par testament du 15 Avril 1715, à son chapelain, le D.ʳ Edmond Gibson, alors conservateur de la bibliothèque du palais de Lambeth, et depuis successivement promu aux évêchés de Lincoln et de Londres, ainsi qu'à Mr. Benjamin Ibbot, depuis docteur et successeur de Gibson à la bibliothèque de Lambeth. Le D.ʳ Ibbot, étant mort plusieurs années avant Gibson, lui laissa sa part dans la collection des manuscrits légués par Tenison. Gibson, à son tour, chargea ses exécuteurs testamentaires, le D.ʳ Bettesworth, et son propre fils, George Gibson, écuyer, de les déposer, avec plusieurs manuscrits d'autres auteurs, à la bibliothèque de Lambeth ; volonté qui fut exécutée six mois après sa mort, en Septembre 1748. Comme ces papiers étaient dans un grand désordre, un savant bibliographe, Andrew Coltu Ducarel fut chargé de les ranger. Il forma du tout un recueil, qui comprend les manuscrits d'auteurs divers du D.ʳ Gibson et la collection de Tenison, qui est la plus importante. Ce recueil a quatorze gros vol. in-fol., sur lesquels huit sont exclusivement remplis de manuscrits de lord Bacon. C'est là que le D.ʳ Birch a puisé la majeure partie des écrits dont se compose la collection qu'il a publiée en 1763.

3.° *Rescriptum ad acad. cantabrigiensem.*
4.° *Letter touching the chancellor place.*
5.° *Letter about a year and half after his retirement.*
6.° *Certain apophtegms hitherto unpublished.*
7.° *Ornamenta rationalia.*
8.° *A collection of sentences out of some of the writings of the lord Bacon.*

Physiological remains.

1.° *Fragmentum libri cui titulus : Abecedarium naturæ.*
2.° *Articles of enquiry touching metals and minerals.*
3.° *Bacon's medical remains.*

Theological remains.

1.° *Various questions with arguments and authorities.*
2.° *The student's prayer.*
3.° *The writer's prayer.*

Bibliographical remains.

1.° *Letter to te queen of Bohemie,* 1625.
2.° *Two letters to the university of Cambridge.*
3.° *Letter to the college of Trinity.*
4.° *Letter to the Dr Williams, concerning his speeches.*
5.° *Epistola Fulgentio translated into english by Tenison.*
6.° *French letter to te marquis of Effiat.* (Elle commence ainsi : Voyant que votre Excell.)

7.° Suit un fragment du testament de Bacon.
8.° *Letter to the university of Oxford.*

A ces pièces, Tenison a joint une lettre du D.ʳ Royer Mayn Waring au D.ʳ Rawley, qui l'a insérée dans sa *Resuscitatio*. Elle concerne la *profession de foi de Bacon.*

Vient ensuite une correspondance entre Isaac Gruter, Ælius Deodatus et Rawley, sur les écrits de Bacon.

Enfin ce recueil, précédé d'une notice intitulée: *The account of all the lord Bacon's Works, in a discourse by way of introduction dated the 3oth November* 1678, par Tenison, se termine par une autre notice sur N. et F. Bacon père et fils, intitulée : *A brief account of the life and particularly of the writings of the lord Bacon, written by that learnd antiquarie sir W. Dugdal, norrox king of arms*. Cette dernière notice est extraite de l'ouvrage de Dugdal, intitulé : *The baronage of England.*

1684 *F. Baconi Opera omnia, Amst., Westein,* 7 vol. in-12. C'est une réimpression des Elzevirs mentionnés ci-dessus.

1684 *The passages in parliament against F. Bacon, by sir Matthew Hales, with notes of the D.ʳ Isaac Barow; at London,* in-4.°

Cet écrit se trouve à la suite d'autres écrits de Matthew Hales.

1685 *Scripta in naturali et universali philosophia,* petit in-12, Elzev. C'est une réimpression de l'édition de 1653.

1691 *The cabala, or scrinia sacra, mysteries of state and governement, in letters of illustrious persons and great ministres of state; at London*, in-fol. (*third edition*).

On trouve, dans ce recueil, un grand nombre de lettres de Bacon à divers.

1694 *F. Baconi Opera omnia, cum novo eoque insigni augmento tractatuum hactenus ineditorum et ex idiomate anglicano in latinum sermonem translatorum opera Simonis Johannis Arnoldi. Lipsiæ*, in-fol.

Ce recueil contient, outre tous les écrits compris dans l'édition de Francfort de 1665, plus de trente traités historico-politiques et moraux, traduits en latin et inédits. Ces derniers faisaient partie de ceux légués par Bacon à sir William Boswel.

1695 *F. Baconi Opera*, 7 vol. petit in-12. C'est une réimpression des Elzevirs ci-dessus.

1702 *Letters of sir F. Bacon; at London*, in-8.°

1702 *La Nouvelle Atlantide*, traduite en français et continuée avec des réflexions sur les trois académies de Paris, par l'abbé Raguet. Paris, in-12.

1721 *Réflexions désintéressées sur le cas de ceux qui corrompent les autres en se laissant corrompre par des présens, tant par rapport aux particuliers que par rapport au public, faites au sujet du chancelier Bacon et adressées à tous les directeurs de la compagnie du sud, aux membres du parlement, aux ministres d'État et aux grands bénéficiers de l'Église, par un bon Anglais*, in-8.° Cette brochure est dédiée à Philippe, duc de Wharton.

1730 *F. Baconi Opera omnia*, 7 vol. in-12. Réimpression des Elzevirs ci-dessus.

1730 *F. Baconi Opera omnia. Londini*, 4 vol. in-fol.

Cette édition est due à Blakbourne. Les œuvres de Bacon y sont précédées de sa vie, par W. Rawley, avec un recueil de pièces y relatives et des additions, par le D.' Tenison et Dugdale.

1733 *The philosophicals Works of F. Bacon, etc., methodized and made english from the originals; at London, 3 vol. in-4.°, by D.' Peter Shaw.*

Cette traduction est précédée d'une préface curieuse, et accompagnée de notes qui ont pour objet d'éclaircir les endroits obscurs et de faire voir jusqu'à quel point les plans de l'auteur, pour la réformation et le perfectionnement des sciences, sont exécutés aujourd'hui.

1734 Essais de Bacon, trad. franç., auteur anonyme, un vol. in-12. Paris, chez Émery.

Cette traduction a été publiée par l'abbé Goujet, chanoine de S. Jacques de l'Hôpital, qui l'a accompagnée d'une préface. Elle a été faite sur le texte anglais. Les passages qui ne se concilient pas avec les principes de l'Église catholique ont été supprimés. Le comte de Rottembourg, mort en 1735, l'avait apportée manuscrite d'Espagne.

1734 *Letters, memoirs, parliamentary affairs, state papers; with some curious pieces in law and philosophy, published from the originals of the lord chancellor Bacon, and an account of the life of this author, by Robert Stephens*[1]*, esquire, and*

---

[1]. Stephens, né à Eastington dans le comté de Glocester, mort au mois de Novembre 1732, est, après Rawley et Tenison, celui à qui les admirateurs de Bacon ont le plus d'obligation. Quelques originaux de la main de cet auteur et une partie des collections de Rawley étant tombés entre ses mains, il fit ses efforts pour recouvrer le reste et mettre le tout en état d'être

late historiographer of the king; at London, in-4.°

Dans ce recueil fut imprimé, pour la première fois, la traduction anglaise, par Rawley, de l'éloge *In felicem memoriam Elizabethæ.*

1736 *Letters and memoirs writen by the lord chancellor Bacon during the reign of king James I, corrected and published with remarks by Robert Stephens, esq., late historiographer royal.*

Townih is prefixed a large historical introduction. The secound edit.; at London, in-4.°

1737 *The philosophical works, with new preface to the particular pieces, by D.ʳ Peter Shaw. The secound edit.;* at London, 3 vol. in-4.°

Une nouvelle édition de cette traduction a paru depuis chez Jones à Londres, 8 vol. in-8.°

1740 Politique du chancelier F. Bacon, trad. française, auteur anonyme. Londres, chez Jacques Tonson, 1 vol. in-12, 2.ᵉ édit. Voyez celle de 1734.

1740 *F. Bacon's Works, with the author's life, by David Mallet*[1] ; at London, Miller, 4 vol. in-fol.

---

publié. Malheureusement la mort le prévint. Alors ses papiers passèrent entre les mains de M. John Locker, membre de la société des antiquaires de Londres, qui publia la partie du travail achevée par Stephens. Non moins zélé et non moins savant que ce dernier, et ayant, comme lui, fait une étude particulière des écrits de Bacon, le D.ʳ Locker continua la révision de ses manuscrits; mais il ne put faire jouir le public du fruit de ses propres travaux, déjà presque terminés : il mourut en Mai 1760.

1. David Mallet, poëte écossais, dont le véritable nom était Malloch, qu'il changea on ne sait pourquoi; il est l'auteur d'une tragédie d'Alfred, assez médiocre. Il était l'ami de Bolimbrocke et fut éditeur de ses œuvres. Il composa la vie de F. Bacon

Cette édition peut être considérée comme une réimpression de l'édition de 1730, augmentée de tout ce que le docteur Locker avait revu et corrigé d'œuvres inédites. On y trouve encore plusieurs écrits provenant de la bibliothèque du comte d'Oxford.

1742 Histoire de la vie et des ouvrages de F. Bacon, grand-chancelier d'Angleterre, ou peinture exacte, quoique anticipée, de la conduite et du renversement du dernier ministère; traduite de l'anglais de D. Mallet. Londres et La Haye, in-12.

1742 La politique du chancel. F. Bacon, trad. fr.; auteur anonyme, 3.ᵉ édit. (V. éd de 1734 et 1740.)

1752 *F. Baconi exemplum tractatus de justitia universali; ex tipis Vincent. Parisiis*, in-32. Cet opuscule, extrait du traité *De augmentis*, est précédé dans cette édition d'une préface latine estimée.

1753 *F. Bacon's Works*, 3 vol. in-fol.; *at London.*

Cette édition est une réimpression de celle de 1740, dont elle ne diffère que par une meilleure distribution des pièces et l'addition de quelques traductions latines.

1755 Analyse de la philosophie du chancelier F. Bacon, par Alexandre Deleyre, 2 vol. in-12.

Cette analyse, très-bien écrite, eut un grand

---

pour cette édition des œuvres de notre philosophe. Cette vie est fort bien écrite; mais on y remarque un grand nombre de hors-d'œuvre et plusieurs omissions importantes. Ce qui a fait dire à l'auteur de la biographie anglaise (*The general biographical dictionnary; at London*, 1812. *Enlarged by Alex. Chalmers, art. Fr. Bacon*), qu'une vie de Bacon manquait encore à la littérature anglaise, *A life of lord Franc. Bacon is still a desideratum in english litterature.*

succès, et a contribué, avec les lettres de Voltaire sur les Anglais et le discours préliminaire de l'Encyclopédie, à étendre parmi nous la réputation de Bacon. Il est fâcheux que l'élégant paraphraste mêle trop souvent ses pensées à celles de son auteur, que souvent même il dénature avec ou sans dessein. On sent qu'il est continuellement préoccupé du désir de placer la philosophie du 18.e siècle sous la protection d'un grand nom. Par exemple, en lisant cette analyse, on serait tenté de croire que Bacon était au moins déiste, tandis qu'il était fort bon chrétien et zélé protestant. On reproche aussi à Deleyre de n'avoir pas indiqué à la marge de son livre les différens ouvrages dont il traduisait ou analysait des parties. Cette inexactitude l'a fait soupçonner de mauvaise foi par l'auteur du *Christianisme de Bacon*.

1755 Vie du chancelier Bacon, traduite de l'anglais, de David Mallet, par Pouillot, pour être placée à la tête de l'analyse de la philosophie du chancelier Bacon, par Deleyre, 1 vol. in-12.

Cette traduction n'est qu'un plagiat incorrect : elle a été copiée presque mot à mot sur la traduction de 1742. On a supprimé seulement les citations, pour dérouter sans doute le lecteur.

1756 Analyse de la philosophie du chancelier Bacon, par Alexandre Deleyre. Leyde, 2 vol. in-12.

1763 *Letters, speeches, charges, advices*, etc., *of F. Bacon, first published by Thomas Birch*[1], *D. D.,*

---

[1]. Après la mort de Locker, le Dr Thomas Birch, ayant acheté ses recueils (*his Collections*), dans lesquels se trouvaient compris ceux de Stephens, acheva la révision des manuscrits

chapelain to her royal Highness the princess Amelia, and secretary of the royal society; at London, in-8.°

1765 Traduction française de quelques fragmens des œuvres philosophiques de F. Bacon, recueillies par le D.ʳ Shaw, par Mary-Dumoulin, 1 vol. in-12.

1765 *F. Bacon's Works. London, Miller*, 5 vol. in-4.°
Cette édition est incomparablement la meilleure et la plus complète : elle contient de plus que celle de 1753, les pièces publiées par le D.ʳ Birch en 1763.

1778 *Réimpression* de la précédente édition, mais beaucoup moins correcte et moins estimée.

1778 Réimpression de l'Analyse de la philosophie du chancelier Bacon, par Al. Deleyre, 2 vol. in-12.

1788 Vie du chancelier Bacon, trad. de l'anglais, de David Mallet, par Bertin, 1 vol. in-12.
Cette traduction, beaucoup meilleure que celle de Pouillot, est suivie de quelques maximes de l'illustre chancelier.

1791 *Baconisme*, article de l'Encyclopédie méthodique, par Naigeon, tom. I.ᵉʳ de la philosophie ancienne et moderne. Paris, in-4.°
Naigeon a inséré presque en entier dans cet article l'Analyse de la philosophie de Bacon, par Deleyre, à laquelle il s'est contenté de joindre quelques citations du texte de Bacon. C'est une compilation assez indigeste, accompagnée de notes qui dépassent les limites de la liberté et touchent à la licence.

---

de Bacon, commencée par ceux-ci, et publia ceux qu'ils avaient laissé inédits.

1796 *Réimpression* de la traduction des Essais de 1734.

1798 *Essays moral, economical and political; at London*, in-8.°

> M. Dibdin (*Bibliomana*, pag. 658) rapporte que l'on a tiré six exemplaires de cette édition sur papier royal in-folio, et à ce sujet il ajoute : M. Leigh, qui fait des ventes publiques de livres, disait, il y a quelque temps, que si jamais un de ces exemplaires passait dans une vente, il serait probablement porté à — oo liv. st.; je ne mettrai pas le premier chiffre, mais il serait suivi de deux zéros!

1799 Christianisme de Bacon, 2 vol. in-12. Paris, par l'abbé Émery, supérieur de Saint-Sulpice.

> Ce recueil intéressant de divers passages où éclate la foi de Bacon, a été entrepris pour servir de réfutation à l'*Analyse* de Deleyre, et à l'article *Baconisme* de Naigeon.

De 1800 à 1803 Œuvres de François Bacon, traduites par Antoine La Salle[1], avec des notes critiques,

---

[1]. Antoine de La Salle, ancien officier de marine, métaphysicien distingué, né en 1754 à Paris, fils naturel, à ce que l'on croit, du comte de Montmorency-Pologne, est en outre auteur

1.° Du désordre régulier ;
2.° De la balance naturelle, dans laquelle M. Azaï a puisé l'idée de son système ;
3.° De la mécanique morale ;
4.° D'un examen critique de la constitution de 1791 ;
5.° De J. J. Rousseau à l'assemblée nationale ;
6.° Des dialogues des vivans ;
7.° D'une défense contre les légistes, publicistes, etc.;
8.° De poésies diverses ;
9.° Des méthodes abréviatives des mathématiques ;
10.° D'observations sur une période de grands hivers.

historiques et littéraires. Dijon, 15 volumes in-8.°

1800 Bacon tel qu'il est, par J. A. Duluc, brochure in-8.°

C'est une critique assez amère de la traduction de La Salle, dont les premiers volumes avaient déjà paru.

1801 *Essays moral and civil; at London*, in-12.

1802 Précis de la philosophie de Bacon. Paris, 2 v. in-8.°, par J. A. Duluc.

C'est encore une critique de la traduction de La Salle.

1803 *F. Bacon's Works. London*, 10 vol. in-8.° ou 12 vol. in-12.

1806 Essai sur la justice universelle, trad. du latin de Bacon, par J. C. M. Gillet (de Seine et Oise), membre du tribunat et professeur à l'académie de législation. Paris, chez Didot jeune, 1 vol. in-18.

1807 Essais de Bacon, réimpression de la traduction de 1734. Paris, 2 vol. in-12.

1812 *Essays moral, economical, and political, by Francis Bacon, with the life of the author. London*, 1 vol. in-8.°

1818 *Essays moral and civil*, in-12.

1822 *Leges legum, sive exemplum tractatus de justitia universali*. Paris, 1 vol. in-18. Cette édition est enrichie de notes latines par Dupin aîné, avocat.

1824 Essai d'un traité sur la justice universelle, ou les sources du droit; traduction nouvelle avec le texte en regard, par J. B. de Vauzelles, ancien magistrat. Paris, B. Warée, fils aîné, libraire, au palais de Justice, 1 vol. in-8.°

1825 *Lord Bacon's Works, edited by Bazil Montagu, esquire; at London*, 12 vol. in-8.°

Cette édition, dédiée au roi d'Angleterre, revue

et collationnée avec soin sur les premières éditions, contient tous les ouvrages de Bacon, anglais et latins, avec une traduction de ces derniers. On y trouve aussi quelques pièces et lettres inédites. Elle est enrichie de cinq portraits de Bacon, correspondant à autant d'époques de sa vie; de gravures représentant son tombeau et sa maison, d'un *fac simile* de son écriture, et de plusieurs autres ornemens.

TÉMOIGNAGES.

Bacon at last, a mighty man, arose., whom a wise king and nature chose lord chancellor of both their laws.

Enfin, Bacon vint, puissant génie qu'un roi sage et la nature choisirent tous deux pour chancelier de leurs lois.

(Abraham Cowley, *Poëm to the royal society.*)

PIERRE GASSENDI.
De la logique de Verulam.[1]

La célébrité dont jouit le *Novum organum* ne nous permet pas de passer sous silence cette logique de F. Bacon de Verulam, grand-chancelier d'Angleterre, qui conçut au commencement de ce siècle le généreux dessein de restaurer les sciences. Considérant combien les hommes ont fait peu de progrès dans la connaissance de la vérité et du fond des choses, depuis qu'ils ont commencé à s'occuper de philosophie, il a osé, avec un courage vraiment héroïque, entreprendre de leur ouvrir une route nouvelle, et n'a pas hésité de prédire à ceux qui y entreraient avec résolution et sauraient y marcher avec persévérance, qu'ils

---

[1]. De l'origine et de la variété des systèmes de logique, chap. X, tom. I.ᵉʳ Nous n'avons pu profiter de la traduction ou plutôt de la paraphrase que Deleyre a donnée de ce *témoignage* : nous avons été obligé de le retraduire, afin de ne pas prêter à Gassendi des idées qui ne lui appartiennent pas. Toutefois nous devons dire que nous avons emprunté à M. Destutt de Tracy l'analyse du second livre du *Novum organum*, beaucoup trop longue dans Gassendi, pour l'objet que nous nous sommes proposé.

parviendraient non-seulement à jeter les fondemens du temple de la philosophie, mais encore à l'achever. Plein de ces grandes et magnifiques espérances, il a lui-même mis la main à l'œuvre et tracé le dessin d'un ouvrage intitulé *Grande instauration*, qui devait consister en six parties distinctes :

La première devait avoir pour objet, *la distribution des sciences ;* la seconde, *le nouvel organe*, ou des directions pour l'interprétation de la nature, ou bien encore le règne de l'homme ; la troisième, *les phénomènes de l'univers*, histoire naturelle et expérimentale, destinée à fournir les matériaux nécessaires pour fonder la vraie philosophie ; la quatrième, *l'échelle de l'entendement humain ;* la cinquième, *les avant-coureurs ou les anticipations de la philosophie seconde ;* la sixième, *la philosophie seconde*, ou bien encore la science active.

De toutes ces parties, la seule qu'il ait à peu près achevée, est la seconde, à moins qu'on ne considère comme pouvant tenir lieu de la première, l'admirable ouvrage, *De la dignité et des accroissemens des sciences*. Quant à la troisième partie, il n'en a donné qu'une sorte d'introduction, suivie du *Catalogue des différentes branches d'histoire naturelle et expérimentale qu'il conseille de traiter*. Lui-même en a traité quelques-unes, entre autres l'histoire des vents, et celle de la vie et de la mort.

Quant au Nouvel organe, c'est proprement la logique de Bacon. Elle se distingue des autres logiques sous trois rapports : fin, mode de démonstration, point de départ. Sa fin est de trouver non des argumens, mais des arts ; non des conséquences ou de ces raisons que la discussion rend plus ou moins probables, mais des indications fournies par la nature elle-même, et qui puissent porter la conviction dans l'esprit. L'auteur passe ensuite au mode de démonstration, et tandis que la logique ordinaire s'appuie sur le syllogisme, la sienne procède par induction, mais par l'induction la plus sévère; elle rejette le syllogisme qui ne consiste qu'en propositions, lesquelles ne consistent elles-mêmes qu'en mots. Or, il ne voit dans les mots que les étiquettes de nos connaissances, et dans nos connaissances que de vicieuses et téméraires abstractions, d'où il arrive qu'à ses yeux les propositions ne sont elles-mêmes que d'absurdes préjugés, dont il n'y a rien de bon à tirer. Enfin, il s'occupe du point de départ à prendre dans la recherche de la vérité; et tandis que la logique ordinaire reçoit ses principes sur parole et d'une autorité étrangère, la sienne étend son doute sur les principes eux-mêmes et les soumet à l'examen. Pour le dire en un mot, il dépouille tous préjugés et reprend l'édifice par ses fondemens : ainsi, à commencer par les premières notions des choses, il purge notre esprit de celles pour lesquelles nous apportons en naissant une sorte d'idolâtrie, et nous guérit de celles pour lesquelles les sectes des philosophes et un enseignement vicieux nous ont légué une idolâtrie non moins dangereuse : « Il ne nous reste plus, dit-il, qu'une seule planche de salut, c'est de refaire en entier l'entendement humain; » et à cette occasion il se plaint de ce qu'il ne s'est encore rencontré personne d'une ame assez forte et assez persévérante pour entreprendre et se faire un devoir d'abolir de fond en comble les théories et les notions reçues, afin d'appliquer ensuite un esprit vierge et devenu comme une table rase à l'étude de chaque chose prise à son commencement.

C'est ce qu'il fait ensuite lui-même en cent quatre-vingts aphorismes, distribués en deux livres. Le premier de ces livres, qui comprend cent trente-deux de ces aphorismes, n'est qu'une préparation à la lecture du second.

En fait d'induction, il défend surtout de se contenter de cette induction commune, qui effleure à la hâte quelques expériences particulières, et s'élève incontinent à des axiomes généraux et même aux plus généraux, puis dédaigne l'expérience elle-même; il veut au contraire que l'on procède graduellement d'expériences particulières, soigneusement faites, aux axiomes intermédiaires, puis qu'on passe aux axiomes généraux, et de ceux-ci aux plus généraux.

Mais, parce qu'il faut avant tout arracher de l'ame les notions erronées et les préjugés trompeurs qui tiennent la place destinée aux vérités, et ressemblent à des idoles dont l'esprit est préoccupé, Bacon, pour mettre à même de les reconnaître et de les extirper plus facilement, les distribue en quatre classes d'idoles.

Il appelle *idoles de tribu*, celles qui sont propres soit à une tribu, soit à une nation, soit au genre humain considéré comme formant un corps à part, c'est-à-dire, autant que les hommes qui le composent, mesurent les choses à leur ame, et les jugent sur des analogies tirées d'eux-mêmes et non de la nature.

Il appelle *idoles de l'antre*, celles qui sont propres à chaque individu, chaque homme étant une espèce de caverne où vont s'obscurcir les impressions qu'il reçoit, par suite des préoccupations qui lui viennent soit de son tempérament, soit de la conversation des personnes qu'il fréquente, soit des livres qu'il lit, soit de l'autorité des gens qu'il respecte, soit de toute autre part.

Il appelle *idoles du forum*, celles qu'il reçoit de son commerce avec le vulgaire, qui les lui communique sous la forme de mots et de noms imposés aux choses. De là toutes ces notions absurdes qu'on ne peut tenter de définir et d'expliquer, sans se jeter dans d'interminables controverses et dans la confusion.

Il appelle *idoles du théâtre*, celles qui tirent leur origine des dogmes des philosophes et de leurs faux préceptes; car, l'esprit de secte faisant de ces philosophes des charlatans et des espèces de comédiens, la nature est pour eux comme un tréteau ou un théâtre, où ils débitent leurs drogues et déclament leur rôle : tout chez eux sent l'histrion et l'imposteur.

Il précise ensuite les formes variées sous lesquelles se produisent ces diverses espèces d'idoles, principalement celles du théâtre; il dit ce qui les entretient et les fixe dans l'esprit; enfin, il dévoile les différentes espèces d'erreurs qui ont retardé jusqu'à présent les progrès de la saine philosophie, telles que la rareté des hommes capables d'une attention sérieuse et soutenue, et celle des philosophes qui daignent faire des expériences; un respect démesuré pour l'antiquité et les inventions d'autrui; la folle admiration pour les auteurs illustres; la pusillanimité, la superstition, l'artifice et la mauvaise foi des professeurs; le défaut de récompenses et d'encouragement; le préjugé enfin, qu'il est impossible de faire des découvertes nouvelles et que tout est dit; mais il déclare, que les anciennes erreurs étant signalées, et une route plus sûre étant indiquée à ceux qui aspirent à connaître la nature, nous avons un juste sujet d'espérer qu'avec l'aide de Dieu on parviendra dans peu aux connaissances les plus importantes; car, enfin, si le temps seul a révélé tant de choses importantes, qu'on ne soupçonnait même pas auparavant, si tant de découvertes curieuses ont été le plus souvent l'ouvrage du hasard, que ne doit-on pas attendre, lorsque plusieurs personnes, dans tous les temps et dans toutes les régions du monde, s'appliqueront de concert à pénétrer les secrets de la nature, après que lui-même aura donné au nouveau système d'assez bons fondemens.

Il parcourt ensuite les divers avantages de la méthode qu'il propose; mais tout en la déclarant applicable à toutes les branches de la philosophie, il convient qu'elle s'applique plus spécialement à la physique, qu'il appelle la science interprétative de la nature.

Dans le second livre, qui est vraiment l'essentiel, Bacon établit d'abord que le but de la science est d'augmenter la puissance de l'homme; que cette puissance consiste à pouvoir donner aux êtres de nouvelles qualités ou manières d'être; et que pour y parvenir il faut connaître *les formes*, les causes formelles ou essentielles de ces qualités ou manières d'être (*naturæ*), c'est-à-dire, les causes qui déterminent leur essence et qui font qu'elles sont ce qu'elles sont.

Pour cela, il s'agit de bien extraire de l'expérience ou des faits les axiomes: puis, des axiomes déduire de nouvelles expériences ou de nouveaux faits.

Le premier objet est le seul que traite l'auteur; voici le moyen qu'il nous donne : il nous conseille d'examiner, l'une après l'autre, toutes les propriétés générales des corps, le chaud, le froid, le sec, l'humide, le dense, le rare, etc.; de dresser pour chacune de ces qualités une première table de tous les exemples ou de tous les cas où cette même qualité se trouve; ensuite, une autre table de tous les exemples ou de tous les cas où cette qualité ne se trouve pas dans des êtres ressemblant d'ailleurs aux premiers; et, enfin, une troisième table de tous les cas où cette qualité varie en plus ou en moins dans les mêmes êtres.

L'usage de ces tables consiste à procéder par voie d'exclusion, et à rejeter comme ne pouvant être la forme de la qualité en question, 1.° toutes les qualités qui ne se trouvent pas dans tous les exemples où elle se trouve;

2.° toutes celles qui se trouvent dans quelques-uns de ceux où elle ne se trouve pas ; 3.° toutes celles qui varient en plus quand elle varie en moins, *et vice versâ*; et de ne conserver que celle ou celles qui lui sont toujours unies, et qui suivent constamment les mêmes altérations qu'elle. Suit un exemple de cette manière de procéder dans la recherche de la cause formelle de la qualité du *chaud*.

Après ce premier essai, pour ainsi dire provisoire, Bacon annonce qu'il va donner des conseils détaillés pour faire la même opération avec plus de rectitude et de précision. Ces conseils doivent porter sur neuf points principaux, dont le premier est le choix des faits les plus intéressans à faire entrer dans les tables.

L'auteur traite ensuite ce premier article. Il distingue jusqu'à vingt-sept ordres de faits d'après leurs degrés d'importance, et donne des idées sur les moyens de se les procurer quand ils ne se présentent pas d'eux-mêmes, et sur les conséquences qu'on en peut tirer ; il dit ensuite qu'il lui reste à parler des huit autres articles, mais il n'a pas été plus loin.

Gassendi dit encore[1] :

La logique de Verulam est toute entière dirigée vers l'étude des sciences physiques ; son titre[2] l'indique formellement ; mais son principal mérite est d'enseigner une bonne méthode de raisonnement. Verulam veut qu'on commence par se dépouiller de tous préjugés ; puis, qu'on demande à des expériences bien faites des notions nouvelles, et à ces notions de nouvelles idées ; pour mieux dire, il veut que

---

1. De l'objet de la logique, pag. 90, vol. 1.
2. Le *Nouvel organe*, ou *Aphorismes sur l'interprétation de la nature*.

nous déduisions nos axiomes d'observations particulières faites avec soin, à l'aide d'expériences, non en volant légèrement au faîte des choses et des généralités, mais en procédant graduellement, avec ordre et par des intermédiaires; bref, il veut qu'on fasse sortir l'universel du singulier, conformément aux lois d'une rigoureuse induction, et non le singulier de l'universel, comme fait le syllogisme: il n'approuve pas ce dernier, bien que le raisonnement lui doive tout ce qu'il a de nerf, et que l'induction elle-même soit impuissante, quand elle n'est pas virtuellement un syllogisme, c'est-à-dire, une proposition générale sous-entendue et incontestée, dans laquelle se trouve comprise la proposition particulière qu'on se propose d'établir; d'où il suit que dans le syllogisme Verulam ne désapprouve que la forme, puisqu'il convient que sans lui il n'est pas de démonstration possible. Au fond, c'est moins le syllogisme en général qu'il blâme, que le syllogisme qui ne s'appuie pas sur des bases suffisamment explorées et solides; il pensait, à ce qu'il paraît, qu'avant de donner au raisonnement la forme syllogistique et de l'employer ainsi, il fallait s'assurer d'abord d'une proposition aussi générale que possible, et qui ne fût sujette à aucune exception.

Au surplus, Verulam n'a point traité spécialement du syllogisme; il n'en a dit que ce qui a trait à la méthode en général, quoiqu'il eût annoncé, dans la classification générale des sciences, qu'il s'en occuperait.

Je ne dis rien de cette multitude de mots nouveaux qu'emploie Verulam, mots dont la composition n'est pas exempte d'affectation: on conçoit que le créateur d'un art nouveau se soit cru autorisé à créer aussi des mots nouveaux, ou à employer les anciens d'une manière nouvelle.

Enfin Gassendi, au sujet de la logique de Descartes, s'exprime ainsi[1] :

Descartes imita Verulam, en ce que, voulant fonder une philosophie nouvelle, il jugea nécessaire de commencer par se dépouiller de tous préjugés; il chercha ensuite un principe dont il pût faire la base de tout l'édifice; mais il suivit une autre route que Verulam. Celui-ci avait demandé à la nature et à l'expérience les moyens de perfectionner l'intelligence et la pensée; Descartes imagina que, sans s'arrêter à l'observation, l'entendement pouvait trouver dans la pensée elle-même des ressources suffisantes pour arriver non-seulement à la connaissance des choses les plus obscures dans le monde matériel, mais encore à celle de Dieu même et de l'ame humaine. « Il y a déjà quelques années, dit-il, que je me suis aperçu combien d'erreurs j'ai prises dans ma jeunesse pour des vérités, et combien douteuses sont les choses que j'ai établies sur ces prétendues vérités; j'ai donc jugé qu'il fallait, une fois pour toutes, balayer le terrain et reprendre l'édifice par ses fondemens, si je voulais construire quelque chose de solide et de durable dans les sciences. »[2]

---

[1]. De l'origine et de la variété des systèmes de logique, chap. XI, tom. I.ᵉʳ

[2]. Dans une lettre placée en tête du *Traité des passions*, de Descartes, qui fut écrit en 1645, un ami de ce philosophe lui dit : « Je trouve que les idées du chancelier Bacon ont beaucoup « d'analogie avec les vôtres. »

DESCARTES.[1]

Lettre (LXV) *au P. Mersenne.*[2]

Vous me mandez, que vous désirez savoir un moyen de faire des expériences utiles; à cela je n'ai rien à dire après ce que *Verulamius* en a écrit, sinon que, sans être trop curieux à rechercher toutes les petites particularités touchant une nature, il faudrait principalement faire des recueils généraux de toutes les choses les plus communes et qui sont très-certaines, et qui peuvent se faire sans dépense, comme, que toutes les coquilles sont tournées en même sens; savoir si c'est de même au-delà de l'Équinoxial, que le corps de tous les animaux est divisé en trois parties, *caput*, *pectus* et *ventrem*, et ainsi des au-

---

[1]. Quelques auteurs assurent qu'il n'avait pas lu les ouvrages de Bacon, et prétendent par là rehausser sa gloire. Les passages suivans de sa correspondance prouveront le contraire. Son discours sur la méthode ne parut que le 8 Juin 1637, et le *Novum organum* avait paru en Octobre 1620. Les principes qui servent de base à ce dernier ouvrage se trouvaient déjà exposés dans *La plus grande production du temps*, qui fut composée en 1586, et dans l'*Avancement des sciences*, qui avait été publié en 1605.

[2]. Tom. II, pag. 324, édit. de M. Cousin.

Le père Mersenne entretenait un commerce épistolaire avec les savans les plus célèbres de son temps. Il était à la fois le correspondant, le conseil et l'ami des Pereisc, des Fermat, des Robertval, des Pascal, des Descartes, des Gassendi et des Hobbes. Il était profond dans les langues savantes et dans toutes les hautes sciences. Il avait chez lui des assemblées régulières de savans, auxquelles les différentes académies de l'Europe doivent peut-être leur origine. Il est auteur de plusieurs ouvrages sur la musique, la physique et les mathématiques, que l'on consulte encore.

tres, car ce sont celles qui servent infailliblement à la recherche de la vérité; pour les plus particulières, il est impossible qu'on n'en fasse beaucoup de superflues et même de fausses, si on ne connaît la vérité des choses avant de les faire.

Au même.[1]

Avril 1632.

Vous m'avez autrefois mandé que vous connaissiez des gens qui se plaisaient à travailler pour l'avancement des sciences, jusques à vouloir même faire toutes sortes d'expériences à leurs dépens. Si quelqu'un de cette humeur voulait entreprendre d'écrire l'histoire des apparences célestes, selon la méthode de *Verulamius*, et que, sans y mettre aucunes raisons ni hypothèses, il nous décrivît exactement le ciel tel qu'il paraît, cet ouvrage serait plus utile au public qu'il ne semble d'abord, et il me soulagerait de beaucoup de peine. Mais je n'espère pas qu'on le fasse; comme je n'espère pas de trouver aussi ce que je cherche à présent, touchant les astres, je crois que c'est une science qui passe la portée de l'esprit humain, et toutefois je suis si peu sage que d'y rêver, quoique cela ne servira qu'à me faire perdre du temps.

Au même (CV).[2]

Je vous remercie des qualités que vous avez tirées d'Aristote; j'en avais déjà fait une autre plus grande liste, partie tirée de *Verulamius*, partie de ma tête, et c'est une des premières choses que je tâcherai d'expliquer, et cela ne sera pas aussi difficile qu'on pourrait le croire;

---

1. Tom. II, pag. 330.
2. *Ibid.*, pag. 494.

car les fondemens étant posés, elles suivent d'elles-mêmes.

A M.*** (LXXXIII). [1]

18 Décembre 1648.

Il me semble, dit-il à l'occasion d'un problème d'algèbre proposé par Fermat; il me semble que les illustres de cette science ne sauraient prendre un plus digne et plus nécessaire emploi, que celui d'aplanir ces difficultés; pour les y exciter, vous leur pourriez dire par avance que j'ai fait quelques progrès dans cette matière, et qu'il y a beaucoup à découvrir et à inventer. Vous pourrez même en écrire en Italie et en Hollande, afin que la prophétie du chancelier d'Angleterre s'accomplisse : *Multi pertransibunt, et augebitur scientia.*

Journal des savans. [2]

8 Mars 1666.

Le grand-chancelier Bacon est un de ceux qui ont le plus contribué à l'avancement des sciences. Son second livre, ou *Novum organum*, est un ouvrage excellent, que cet auteur a considéré comme son chef-d'œuvre; la philosophie naturelle, qu'il appelait le fondement de toutes les autres sciences, fut le principal objet de ses travaux : il fit comme les grands architectes, qui commencent par tout abattre pour élever leur édifice sur un plan tout nouveau; pour ce dessein, il avait résolu de faire tous les mois un traité de physique : il commença par celui des vents; ensuite celui de la chaleur; celui du mouvement; enfin, celui de la vie et de la mort.

---

1. Tom. III, pag. 473.
2. Il était alors rédigé par Sallo.

BOYLE.

Le savant Boyle parle souvent de Bacon dans ses ouvrages et toujours avec honneur; il ne l'appelle que l'illustre, l'admirable, l'excellent philosophe (voyez *Boyle's Works*, vol. I.er, p. 196, 458; III, p. 154; V. p. 24, 41, 51).

BOERHAAVE.

Boerhaave fut l'un des plus grands admirateurs de Bacon : si Descartes, disait-il [1], a quelque chose de bon, c'est à Bacon qu'il le doit.

PUFFENDORF.[2]

Au commencement de ce siècle (le dix-septième), le plus sage chancelier qu'ait eu l'Angleterre, Bacon, a le premier embouché la trompette, et donné le signal de recherches philosophiques plus exactes et plus profondes que celles dont avaient retenti jusqu'alors les murs de l'école; à tel point que, si de nos jours la philosophie a fait quelques progrès, c'est principalement à lui qu'on le doit.

BARBEYRAC.[3]

La postérité aura éternellement obligation à Bacon des grandes ouvertures qu'il fournit pour le rétablissement des sciences. On a lieu de croire que ce fut la lecture des ouvrages de ce grand homme qui inspira à Hugues Grotius

---

1. *Methodus discendi medicinam*; Amsterd., 1726, in-12.
2. *Specim. controv.*, chap. 1, sect. 6.
3. Préface du Droit de la nature et des gens de Puffendorf, tom. I.er, pag. cxv.

la pensée d'oser le premier faire un système du Droit naturel, qu'il entreprit ensuite à la sollicitation du célèbre Nicolas Pereisc, conseiller au parlement de Provence.

LEIBNITZ.[1]

Leibnitz appelait Bacon un homme divin, *divini ingenii vir Franciscus Baconus.*

LE D.r SPRAT.[2]

On trouve rassemblés dans les ouvrages de mylord Bacon les plus solides argumens qu'on puisse alléguer en faveur de la philosophie expérimentale, et les meilleures directions pour la cultiver avec succès. Si je m'étais écouté, l'histoire de la Société royale de Londres n'aurait eu d'autre préface qu'un des traités de ce philosophe. Il me semble que je trouve dans ce seul homme de quoi admirer la grandeur de l'esprit humain, et de quoi déplorer la faiblesse de la condition mortelle. N'est-il pas bien surprenant qu'un jurisconsulte qui a passé par tous les degrés d'une profession qui prend ordinairement tout le temps de ceux qui s'y attachent; qu'un courtisan, qui a vécu dans le tumulte du monde; qu'un homme d'État, qui a soutenu long-temps le poids des affaires publiques, ait pu trouver du temps et du loisir pour des études philosophiques, et qu'il y ait surpassé ceux qui se résignent à la retraite pour s'en occuper exclusivement.

C'était un esprit élevé, lucide, curieux et sans pair. Il

---

1. Tom. I.er, pag. 5. *Confessio fidei contra atheistas.*
2. Histoire de la Société royale de Londres, part. I.re, §. 16, pag. 35 et 36.

suffit d'examiner son style pour s'en convaincre; l'ame de l'écrivain s'y peint aussi parfaitement qu'une figure en quelque portrait que ce soit : or, ce style est mâle et majestueux, hardi ou familier, suivant que le sujet le requiert; les comparaisons y sont naturelles et bien amenées; enfin, l'on y voit briller partout une égale connaissance de l'homme et de la nature.

ADISSON.[1]

Bacon, par la grandeur de son génie et la supériorité de ses connaissances, a fait honneur à son siècle et à sa patrie, je pourrais presque dire au genre humain. Il réunissait tous les rares talens qui ont été partagés entre les plus grands hommes de l'antiquité : il avait les connaissances solides, claires et étendues d'Aristote; les beautés, les grâces et les ornemens de Cicéron. On ne sait ce que l'on doit le plus admirer dans ses écrits, ou la force de la raison, ou la vigueur du style, ou le feu de l'imagination.

Bacon[2] a été un des plus grands esprits et des mieux cultivés qu'il y ait jamais eu parmi nous, ou chez les étrangers. Ce grand homme, par la force extraordinaire et d'étendue de son génie, et par une étude infatigable, avait fait un si prodigieux amas de connaissances qu'il nous est impossible d'y songer sans admiration. Il semble qu'il eut embrassé tout ce qui se trouve dans les livres qui avaient paru avant lui; non content de cela, il a ouvert un si

---

1. *Tatler*, n.° 267, pag. 287.
Voltaire disait d'Adisson, que c'était le meilleur critique et le meilleur écrivain de son siècle.
2. Le Spectat., tom. V, disc. 65.

grand nombre de nouvelles routes pour approfondir les sciences, qu'un seul homme, jouît-il de la vie la plus longue, ne saurait jamais les parcourir toutes. De là vient qu'il n'a fait, pour ainsi dire, qu'en tracer la superficie, à l'exemple des navigateurs qui ne donnent souvent qu'un profil imparfait des côtes et des pointes de terre qu'ils découvrent, et laissent aux siècles à venir le soin de faire une recherche plus exacte, s'ils veulent marcher sur leurs traces ou bâtir sur leurs conjectures.

L'illustre Boyle semble avoir été destiné par la nature à succéder aux travaux et aux recherches de Bacon. Par le nombre infini de ses expériences il a rempli, en grande partie, les plans et les profils de sciences que son prédécesseur avait crayonnés.

HORACE WALPOLE.

Il disait : « Bacon a été le prophète des vérités que Newton est venu depuis révéler aux hommes.... »

HUME, FELLER, TENISON.

L'honneur de la littérature anglaise sous Jacques I.ᵉʳ, dit Hume[1], fut lord Bacon. La plupart de ses ouvrages furent composés en latin, quoiqu'il ne possédât pas plus l'élégance de cette langue que celle de sa langue naturelle. Si l'on considère la variété des talens qui se trouvèrent réunis en lui, orateur, homme d'État, bel esprit, courtisan, homme de société, auteur, philosophe, il mérite à juste titre la plus haute admiration. S'il est considéré simplement comme auteur et philosophe, quoique très-estimable dans le jour

---

[1]. Hist. d'Anglet., tom. VII, pag. 256.

sous lequel on l'envisage aujourd'hui, il est fort inférieur à Galilée, son contemporain, et peut-être même à Kepler. Bacon a montré de loin la route de la vraie philosophie ; Galilée l'a non-seulement montrée, mais y a marché lui-même à grands pas. L'Anglais n'avait aucune connaissance de la géométrie ; le Florentin a ressuscité cette science, y a excellé, et passe pour le premier qui l'ait appliquée avec les expériences à la physique. Le premier a rejeté fort dédaigneusement le système de Copernic, l'autre l'a fortifié de nouvelles preuves, empruntées de la raison et des sens. Le style de Bacon est dur, empesé ; son esprit, quoique brillant par intervalles, est souvent peu naturel, amené de loin, et semble avoir ouvert le chemin à ces comparaisons subtiles et à ces longues allégories qui distinguent les auteurs anglais. Galilée est un écrivain vif et agréable, quoiqu'un peu prolixe ; mais l'Italie, n'étant point unie sous un seul gouvernement, et rassasiée peut-être de cette gloire littéraire qu'elle a possédée dans les temps anciens et modernes, a trop négligé l'honneur d'avoir donné naissance à un si grand homme ; au lieu que l'heureux esprit national qui domine parmi les Anglais, leur fait prodiguer à leurs éminens écrivains, entre lesquels ils comptent Bacon, des acclamations qui peuvent souvent paraître ou partiales ou excessives.

Feller, dans son Dictionnaire, blâme hautement ce parallèle :

« Il faut, dit-il, avoir étrangement le goût des comparaisons, pour comparer Bacon avec un astronome et chercher des rapports entre deux hommes, afin d'avoir ensuite le plaisir de dire qu'il n'y en a pas. »

Tenison, mort archevêque de Contorbery et auteur du Baconiana, avait déjà fait, près de cent ans avant Hume, une sorte de parallèle entre Bacon et Galilée, mais plus judicieux et suivi d'une conclusion bien différente. On peut y trouver la réfutation anticipée de celui qu'on vient de lire.

« Galilée, dit Tenison[1], a perfectionné le système de Copernic ; à la faveur du télescope, il a découvert de nouveaux astres dans les cieux ; il a écrit des dialogues sur le système du monde et sur le mouvement local ; et on peut dire de ce dernier ouvrage que c'est une clef de la nature : mais Galilée n'est point entré dans le détail des différentes classes de corps ; il ne s'est point occupé des particularités qu'ils contiennent, non plus que de leurs moùvemens et de leurs usages respectifs. Plusieurs années avant que Galilée eût publié aucun de ses ouvrages, Bacon avait déjà conçu et formé dans sa tête le vaste plan de la *Science expérimentale;* car le *Sydereus nuntius,* de Galilée, n'a paru que vers le milieu du règne de Jacques I.er, et le roi Charles I.er était déjà depuis quelques années sur le trône, lorsque Galilée publia ses *Dialogues sur le système du monde:* or, non-seulement Bacon avait publié ses deux livres de l'accroissement des sciences, en anglais, dans les premières années du règne de Jacques, mais il avait déjà écrit sous le règne d'Élisabeth, ainsi que cela résulte évidemment de sa lettre au P. Fulgence, le *Temporis partus masculus,* et l'on sait que ce dernier ouvrage, fastueux, il est vrai, dans son titre, mais solide dans sa substance, contient, au moins imparfaitement, autant que l'âge de l'auteur pouvait le permettre, tous les principes de sa *Grande instauration.* Ainsi Bacon avait dèslors dans la tête cet ouvrage si vaste et si parfait dans son ensemble, auquel dans ces derniers temps on a bien pu ajouter, et duquel on a bien pu retrancher quelque chose,

---

[1]. *Baconiana,* pag. 8.

mais sans qu'il soit moins vrai de dire que Bacon a formé à lui seul le plan de cette *maison de sagesse*.[1] ».

« Il est une circonstance, *avait dit plus haut Tenison*[2], qui semble mettre Bacon au-dessus de Descartes, de Gassendi, de Copernic, de Galilée; en un mot, de tous les grands philosophes de son temps : c'est que ces philosophes ont joui d'un grand loisir et se sont occupés principalement et sans distraction de la partie qui était l'objet de leurs études, au lieu que Bacon a toujours été plongé dans les affaires les plus importantes : d'abord jurisconsulte de profession, et successivement avocat extraordinaire d'Élisabeth, pair de Jacques, solliciteur général, juge du banc du roi, attorney général, membre du conseil privé, garde du grand-sceau, lord protecteur pendant le voyage du roi en Écosse, enfin, grand-chancelier d'Angleterre; n'est-ce pas un miracle qu'avec un genre de vie semblable toutes les semences de la philosophie dans ce grand personnage n'aient pas été chaque jour foulées aux pieds et en peu de temps entièrement étouffées, et que quelques-unes d'entre elles aient pu parvenir à maturité? Cependant elles ont prospéré dans Bacon, bien plus qu'elles ne l'ont fait dans les philosophes que nous venons de nommer, quoiqu'ils ne fussent pas accablés, comme lui, sous une si grande multitude d'affaires temporelles.

VOLTAIRE.[3]

Le plus grand service, peut-être, que F. Bacon ait rendu à la philosophie, a été de deviner l'attraction. Il

---

1. Allusion au collége que Bacon a imaginé dans la Nouvelle Atlantide pour l'avancement des sciences, et qu'il appelle *maison de sagesse*.
2. Pag. 6.
3. 13.° Lettre sur les Anglais.

disait, sur la fin du seizième siècle, dans son livre *De la nouvelle méthode de savoir*[1] :

« Il faut chercher s'il n'y aurait point une espèce de force magnétique qui opère entre la terre et les choses pesantes, entre la lune et l'océan, entre les planètes...... Il faut ou que les corps graves soient poussés vers le centre de la terre, ou qu'ils en soient *mutuellement* attirés; et en ce dernier cas il est évident que, plus les corps en tombant s'approchent de la terre, plus fortement ils s'attirent.... Il faut expérimenter si la même horloge à poids ira plus vite sur le haut d'une montagne, ou au fond d'une mine. Si la force des poids diminue sur la montagne et augmente dans la mine, il y a apparence que la terre a une vraie attraction.[2] »

---

1. Le *Novum organum scientiarum* ne parut qu'en 1620.

2. Voyez partie II, sect. 1, ch. 1, aph. XXXVI, *Nov. org.* Le premier passage cité par Voltaire ne se trouve pas textuellement dans Bacon, mais l'aphorisme que nous venons de citer en contient l'équivalent. Le second passage se rapproche davantage du texte, que voici : *Necesse est ut gravia et ponderosa vel tendant ex natura sua ad centrum terræ per proprium schematismum* (par leur propre vertu); *vel ut a massa corporea ipsius terræ, tanquam a congregatione corporum naturalium, attrahantur et rapiantur, et ad eam per consensum ferantur.*

Voici le troisième passage que Voltaire a traduit fidèlement : *Sumatur horologium ex iis quæ moventur per pondera plumbea; et aliud ex iis quæ moventur per compressionem laminæ ferreæ; atque vere probetur, ne alterum altero velocius sit aut tardius; deinde ponatur horologium illud movens per pondera, super fastigium alicujus templi altissimi, altero illo infra detento; et notetur diligenter si horologium in alto situm tardius moveatur, quam solebat, propter diminutam virtutem ponderum. Idem fiat experimentum in profundis minarum, alte sub terra depressarum; utrum horologium hujus modi non moveatur velocius quam solebat, propter auctam virtutem ponderum. Quod si in-*

Environ cent ans après, cette attraction, cette gravitation, cette propriété universelle de la matière, cette cause qui retient les planètes dans leurs orbites, qui agit dans le soleil, et qui dirige un fetu vers le centre de la terre, a été trouvée, calculée et démontrée par le grand Newton. Mais quelle sagacité dans Bacon de Verulam, de l'avoir soupçonnée lorsque personne n'y pensait!...... Si vous en exceptez Bacon, Galilée, Toricelli et un très-petit nombre de sages, il n'y avait alors que des aveugles en physique.

Bacon soupçonna, Newton démontra l'existence d'un principe jusqu'alors inconnu. Il faut que les hommes s'en tiennent là jusqu'à ce qu'ils deviennent des dieux....

Bacon[1], au milieu des intrigues de la cour et des occupations de sa charge qui demandait un homme tout entier, trouva le temps d'être grand philosophe, bon historien, écrivain élégant; et ce qui est encore plus étonnant, c'est qu'il vivait dans un siècle où l'on ne connaissait guère l'art de bien écrire, encore moins la bonne philosophie. Il a été, comme c'est l'usage parmi les hommes, plus estimé après sa mort que de son vivant; ses ennemis étaient à la cour de Londres, ses admirateurs dans toute l'Europe......

Le plus singulier et le meilleur de ses ouvrages est celui qui est aujourd'hui le moins lu et le plus inutile; je veux parler de son *Novum organum scientiarum;* c'est l'échafaud avec lequel on a bâti la nouvelle philosophie, et quand cet édifice a été élevé, au moins en partie, l'écha-

---

veniatur virtus ponderum minui sublimi, aggravari in subterraneis, recipiatur pro causa ponderis attractio a massa corporea terræ.

1. 14.ᵉ Lettre.

faud n'a plus été d'aucun usage. Le chancelier Bacon ne connaissait pas encore la nature, mais il savait et indiquait tous les chemins qui mènent à elle. Il avait méprisé de bonne heure ce que les universités appellent la philosophie, et il faisait tout ce qui dépendait de lui, afin que ces compagnies, instituées pour la perfection de la raison humaine, ne continuassent pas de la gâter par leurs *quiddités*, leur horreur du vide, leurs formes substantielles, et tous ces mots impertinens que non-seulement l'ignorance rendait respectables, mais qu'un mélange ridicule avec la religion avait rendus presque sacrés.

Il est le père de la philosophie expérimentale ; il est bien vrai qu'avant lui on avait découvert des secrets étonnans....; mais le hasard seul avait produit presque toutes ces inventions....; tandis que de toutes les épreuves physiques qu'on a faites depuis lui, il n'y en a presque pas une qui ne soit indiquée dans son livre : il en avait fait lui-même plusieurs ; il fit des espèces de machines pneumatiques, par lesquelles il devina l'élasticité de l'air ; il a tourné tout autour de la découverte de sa pesanteur, il y touchait ; cette vérité fut saisie par Toricelli. Peu de temps après, la physique expérimentale commença tout d'un coup à être cultivée à la fois dans presque toutes les parties de l'Europe; c'était un trésor caché dont Bacon s'était douté, et que tous les philosophes s'efforcèrent de déterrer. Mais ce qui m'a le plus surpris, ç'a été de trouver dans son livre, en termes exprès, cette attraction nouvelle dont Newton passe pour l'inventeur.[1]

---

[1] L'intérêt de la gloire de Newton et la justice nous font un devoir d'observer que ce qui constitue le système de Newton, n'est pas l'attraction que la terre exerce à l'égard des corps graves. Cette attraction, considérée comme fait et prise en général, sans examiner si elle a ou si elle est elle-même

Ce précurseur de la philosophie a été aussi un écrivain élégant, un bel esprit. Ses *Essais de morale* sont très-estimés ; mais ils sont faits pour instruire, plutôt que pour plaire, et, n'étant ni la satire de la nature humaine, comme les *Maximes* de Larochefoucauld, ni l'école du scepticisme, comme les *Essais* de Montaigne, ils sont moins lus que ces deux livres ingénieux. Sa Vie de Henri VII a passé pour un chef-d'œuvre ; mais comment se peut-il faire que quelques personnes osent comparer un si petit ouvrage avec l'histoire de notre illustre de Thou ? En parlant de ce fameux imposteur Perkins, fils d'un juif converti, qui prit si hardiment le nom de Richard IV, roi d'Angleterre, encouragé par la duchesse de Bourgogne, et qui disputa la couronne à Henri VII, voici comme le chancelier Bacon s'exprime : « Environ ce temps, le roi Henri fut obsédé d'esprits malins par la magie de la duchesse de Bourgogne, qui évoqua des enfers l'ombre d'Édouard IV, pour venir tourmenter le roi Henri. Quand la duchesse de Bourgogne eut instruit Perkins, elle commença à délibérer par quelle région du ciel elle ferait paraître cette comète, et elle résolut bientôt qu'elle éclaterait à l'horizon de l'Irlande. » Il me semble que notre sage de Thou ne donne guère

---

une cause mécanique, a été reconnue dans tous les temps, et c'est une vérité populaire ; ce n'est pas non plus la tendance des graves vers la terre, croissant à mesure qu'ils s'en approchent, et diminuant à proportion qu'ils s'en éloignent ; ce point est commun à tous les systèmes sur la gravité, à celui de Descartes comme à celui de Newton ; mais ce qui caractérise ce dernier, c'est 1.° l'attraction *universelle et mutuelle* de toutes les particules de la matière, en sorte qu'il n'en est aucune qui n'attire chacune des autres dans toute l'étendue de l'univers, et qui n'en soit attirée ; 2.° la loi de cette attraction qui agit en raison inverse du carré des distances.

dans ce phébus, qu'on prenait autrefois pour du sublime, mais qu'à présent on nomme, avec raison, galimathias.

D'ALEMBERT.[1]

A la tête des philosophes modernes doit être placé l'immortel chancelier Bacon, dont les ouvrages si justement estimés, et plus estimés pourtant qu'ils ne sont connus, méritent encore plus notre lecture que nos éloges. A considérer les vues saines et étendues de ce grand homme, la multitude d'objets sur lesquels son esprit s'est porté, la hardiesse de son style, qui réunit partout les plus sublimes images avec la précision la plus rigoureuse, on serait tenté de le regarder comme le plus grand, le plus universel et le plus éloquent des philosophes.

Bacon, né dans le sein de la nuit la plus profonde, sentit que la philosophie n'était pas encore, quoique bien des personnes, sans doute, se flattassent d'y exceller; car, plus un siècle est grossier, plus il se croit instruit de tout ce qu'il ne peut savoir. Il commença donc par envisager d'une vue générale les divers objets de toutes les sciences naturelles; il partagea ces sciences en différentes branches, dont il fit l'énumération la plus exacte qu'il lui fût possible : il examina ce que l'on savait déjà sur chacun de ces objets, et fit le catalogue immense de ce qui restait à découvrir : c'est le but de son admirable ouvrage *De la dignité et de l'accroissement des connaissances humaines*. Dans son *Nouvel organe des sciences*, il perfectionne les vues qu'il avait données dans le premier ouvrage; il les porte plus loin, et fait connaître la nécessité de la physique expérimentale, à laquelle on ne pensait point en-

---

[1]. Discours préliminaire de l'Encyclopédie.

core. Ennemi des systèmes, il n'envisage la philosophie que comme cette partie de nos connaissances qui doit contribuer à nous rendre meilleurs ou plus heureux: il semble la borner à la science des choses utiles, et recommande partout l'étude de la nature. Ses autres écrits sont formés sur le même plan; tout, jusqu'à leurs titres, y annonce l'homme de génie, l'esprit qui voit en grand. Il y recueille des faits, il y compare des expériences, il en indique un grand nombre à faire, il invite les savans à étudier et à perfectionner les arts, qu'il regarde comme la partie la plus relevée et la plus essentielle de la science humaine; il expose, avec une simplicité noble, *ses conjectures et ses pensées* sur les différens objets dignes d'intéresser les hommes; et il eût pu dire, comme ce vieillard de Térence, que rien de ce qui touche l'humanité ne lui était étranger. Science de la nature; morale politique, économique, tout semble avoir été du ressort de cet esprit lumineux et profond; et on ne sait ce qu'on doit le plus admirer, ou des richesses qu'il répand sur tous les sujets qu'il traite, ou de la dignité avec laquelle il en parle. Ses écrits ne peuvent être mieux comparés qu'à ceux d'Hippocrate sur la médecine, et ils ne seraient ni moins admirés ni moins lus, si la culture de l'esprit était aussi chère aux hommes que la conservation de la santé. Mais, il n'y a que les chefs de secte en tout genre dont les ouvrages puissent avoir un certain éclat; Bacon n'a pas été du nombre, et la forme de sa philosophie s'y opposait: elle était trop sage pour étonner personne. La scholastique qui dominait de son temps, ne pouvait être renversée que par des opinions hardies et nouvelles; et il n'y a pas d'apparence qu'un philosophe, qui se contente de dire aux hommes: *voilà le peu que vous avez appris, voici ce qui vous reste à chercher*, soit destiné à faire beaucoup de bruit parmi ses contemporains. Nous oserions même faire quelque reproche au chancelier Bacon d'avoir été peut-être trop timide, si nous ne savions avec quelle retenue, et, pour ainsi dire, avec quelle superstition on doit juger un génie si sublime. Quoiqu'il avoue que les scholastiques ont énervé les sciences par leurs questions minutieuses, et que l'esprit doit sacrifier l'étude des êtres généraux à celle des objets particuliers, il paraît pourtant par l'emploi fréquent qu'il fait des termes de l'école, quelquefois par celui des principes scholastiques, et par des divisions et des subdivisions dont l'usage était alors fort à la mode, avoir marqué un peu trop de ménagement ou de déférence pour le goût dominant de son siècle. Ce grand homme, après avoir brisé tant de fers, était encore retenu par quelques chaînes qu'il ne pouvait ou n'osait rompre.

Journal de Trevoux.

(Janvier et Mars 1751.)

(Ce journal avait alors le père Berthier pour directeur.)

Si Bacon, dans son admirable traité *De l'accroissement des sciences*, jette un coup d'œil sur toutes les sciences humaines, c'est comme le regard de ce spectateur dont parle Homère, qui, placé sur la cime d'une montagne, contemple les espaces immenses de la terre, de la mer et des cieux....

Tous les objets de la littérature réunis en foule ne mettent point de confusion dans l'esprit de l'illustre Anglais. Il les distingue, il les considère suivant leurs rapports; il entreprend de donner à chacun le développement qu'il mérite..... Cette opération, il l'appelle *le dénombrement* et *le cens* de toutes les connaissances humaines; expres-

sions très-nobles et très-dignes d'un grand magistrat, qui se propose de connaître et de montrer *le patrimoine* et *le fonds des sciences;* c'est-à-dire, les richesses de certaines portions de la littérature et l'indigence des autres.....
Combien est beau le point de vue qu'il présente, lorsqu'il distingue dans la logique l'art d'inventer, l'art de juger, l'art de retenir, l'art d'instruire ou de communiquer; ces quatre articles, avec leurs dépendances, forment en effet le plus grand et le plus riche système qu'on puisse imaginer pour les études.

Quand il traite de la morale, c'est-à-dire de la science de nos affections, de nos passions et de leurs remèdes, quelle méthode! que de sagesse et de profondeur! que de subtilité et de magnificence!

Dans le projet et l'ordonnance de son livre, ses vues furent infiniment vastes; il eut l'intention, non point, comme les auteurs de l'Encyclopédie, de former un abrégé de toutes les sciences, mais d'examiner et d'enrichir toutes les sciences; non pas de réduire à un seul livre toutes les bibliothèques, mais d'indiquer des sujets de composition, et de donner le plan d'une immense bibliothèque.

Son ouvrage ne porte pas le titre d'Encyclopédie, mais il le mérite, en ce sens, qu'il représente, qu'il est même le fil et l'enchaînement de toutes nos connaissances.

Dans toutes les matières qu'il traite, Bacon assigne presque toujours les principes et donne encore les naissances des plus grands détails. Son génie immense en quelque sorte, comme la durée des siècles, perce les obscurités, prévient les événemens et se fait le contemporain de tous les âges....

Telle était la sagacité de ce puissant génie, qu'il mériterait peut-être, si l'expression n'était pas trop emphatique, d'être appelé le terme de l'entendement humain.

CONDILLAC.[1]

La nouveauté d'un système a presque toujours été suffisante pour en assurer le succès ; il se peut que ce soit là le motif qui a engagé les péripatéticiens à prendre pour principe que toutes nos connaissances viennent des sens. Ils étaient si éloignés de connaître cette vérité qu'aucun d'eux n'a su le développer, et qu'après plusieurs siècles c'était encore une découverte à faire. Elle est le fondement d'un ouvrage[2] dans lequel Bacon donne d'excellens conseils pour l'avancement des sciences. Les cartésiens ont rejeté ce principe avec mépris, parce qu'ils n'en ont jugé que d'après les écrits des péripatéticiens. Enfin, Loke l'a saisi, et il a l'avantage d'être le premier qui l'ait développé....

Quand je lus pour la première fois le chancelier Bacon[3], je fus aussi flatté de m'être rencontré en quelque chose avec ce grand homme, que je fus surpris que les cartésiens n'en eussent rien emprunté. Personne n'a mieux connu que lui la cause de nos erreurs ; car il a vu que les idées, qui sont l'ouvrage de l'esprit, avaient été mal faites, et que par conséquent, pour avancer dans la recherche de la vérité, il fallait les refaire. C'est un conseil qu'il répète souvent ; mais pouvait-on l'écouter, prévenu comme on l'était pour le jargon des écoles et pour les idées innées ? Ne devait-on pas traiter de chimérique le projet de renouveler l'entendement humain ? Bacon proposait une méthode trop parfaite, pour être l'auteur d'une révolution ; celle de Descartes, au contraire, devait réussir, parce

---

1. Introduction à l'Essai sur les connaissances humaines.
2. Le *Novum organum*.
3. Essai sur les connaissances humaines, pag. 508.

qu'elle laissait subsister une partie des erreurs. Ajoutez à cela, que le philosophe anglais avait des occupations qui ne lui permettaient pas d'exécuter lui-même ce qu'il conseillait aux autres; il était donc obligé de se borner à donner des avis qui ne pouvaient faire qu'une légère impression sur des esprits incapables d'en sentir la solidité; tandis que Descartes, livré entièrement à la philosophie, et ayant une imagination plus vive et plus féconde, n'a quelquefois substitué aux erreurs des autres que des erreurs plus séduisantes : elles n'ont pas peu contribué à sa réputation.

....[1] Si des Tartares voulaient faire une poétique, elle serait mauvaise, parce qu'ils n'ont pas de bons poètes. Il en est de même des logiques qui ont été faites avant le dix-septième siècle.

Il n'y avait alors qu'un moyen pour apprendre à raisonner; c'était de considérer les sciences dans leur origine et dans leurs progrès. Il fallait, d'après les découvertes déjà faites, trouver les moyens d'en faire de nouvelles, et apprendre, en observant les égaremens de l'esprit humain, à ne pas s'engager dans les routes qui conduisent à l'erreur. Une pareille entreprise demandait un génie sage, juste, étendu : tel fut Bacon.

Son grand ouvrage a pour titre : *Du rétablissement des sciences*. Fait pour les embrasser d'un coup d'œil et pour y répandre la lumière, il guide l'esprit humain, que les Grecs avaient égaré, et à qui la barbarie et la superstition paraissaient avoir fermé pour toujours le chemin de la vérité. Dans le plan qu'il trace des sciences, il montre les progrès qu'elles ont faits et les causes qui les ont retardées; il enseigne les moyens de contribuer à leur avancement et d'en écarter l'erreur; il indique les recherches

---

1. OEuvres complètes, tom. XX, pag. 510, hist. mod.

qui ont été négligées jusqu'à lui ; il crée de nouveaux objets d'études; en un mot, il semble mettre sous les yeux, comme dans un tableau, toutes les découvertes qui ont été faites, et toutes celles qui restent à faire. Tel est l'objet de la première partie de son ouvrage, qu'il intitule: *De l'accroissement des sciences;* c'est en observant les sciences sous ce point de vue, qu'il découvre l'unique méthode à suivre ; il l'expose dans son *Novum organum,* la seconde et la principale partie de son ouvrage.

On lui reproche de changer les significations des mots, d'en créer de nouveaux, et d'affecter un langage qui n'est qu'à lui ; il pouvait user de cette liberté, puisqu'il avait des vues toutes neuves, mais il est vrai qu'il en abuse quelquefois. C'est encore avec fondement qu'on se plaint des subdivisions, qu'il multiplie trop ; je ne sais même si, en divisant les sciences et les arts, par rapport aux trois facultés de l'entendement : la mémoire, l'imagination et la raison, il a suivi l'ordre le plus simple et le plus naturel. Cette division est au moins tout-à-fait arbitraire, et il me semble qu'il eût été mieux de considérer les sciences en elles-mêmes ; car on les confond, quand on les distingue par rapport à trois facultés, qui ne s'occupent pas d'objets tout-à-fait différens et dont au contraire le concours est nécessaire dans toutes nos études. Je pourrais ajouter, que le nombre de trois, auquel on réduit les facultés de l'entendement, n'est pas lui-même une division exacte : ce n'est que le résultat d'une analyse grossièrement faite, résultat qu'on reçoit par convention, et qu'on réjetterait si on analysait mieux.

Plaçons dans la bouche de Bacon lui-même une analyse sommaire du *Novum organum,* qui nous mette à même de saisir la méthode de ce philosophe.

« Les hommes ne connaissent bien ni leurs richesses,

ni leurs forces, jugeant celles-là plus grandes qu'elles ne sont, et celles-ci plus petites ; tantôt, persuadés que tout a été dit, et que nous sommes venus trop tard pour prétendre à des découvertes, ils croient savoir tout ce qu'il est possible de connaître, et ils estiment sottement jusqu'à des sciences qu'ils n'entendent pas ; d'autres fois, se méfiant trop d'eux-mêmes, ils désespèrent de pénétrer dans la nature, qui leur paraît incompréhensible, et ils se consument dans des occupations frivoles. On dirait que les Grecs, et, après eux, les Barbares, ont élevé des colonnes au dernier terme où ils sont arrivés ; et nous avons la simplicité de croire que nous ne pouvons pas aller plus loin.

« Les arts se perfectionnent, les progrès en sont même rapides ; tandis que les sciences n'avancent pas, ou que même elles dégénèrent. Elles ont été long-temps comme des eaux jaillissantes, qui ne peuvent s'élever au-dessus du niveau d'où elles sont tombées : c'est ainsi qu'elles ont jailli chez les Romains ; mais chez les Barbares elles ont peu jailli, encore ont-elles été fort bourbeuses. Il n'en a pas été tout-à-fait de même des arts, parce que les artistes, forcés à prendre l'expérience pour guide, peuvent toujours trouver de nouvelles ressources dont les philosophes sont privés, parce qu'ils ne consultent que leurs préjugés et leur imagination.

« Il faut donc se soumettre à la nature pour s'en rendre maître. On ne la connaît qu'autant qu'on l'observe, et puisque nous ne pouvons pas la forcer à être telle que nous l'imaginons, c'est à nous à la voir telle qu'elle est ; peut-être ne se cache-t-elle pas autant qu'on le pense, ou du moins elle ne se cache souvent que pour se faire découvrir. Elle joue en quelque sorte avec nous, et, se moquant de ceux qui la cherchent où elle n'est pas, elle se laisse volontiers saisir par ceux qui l'épient. Après avoir jeté un coup d'œil sur quelques effets, les philosophes se sont hâtés de faire des principes généraux; et comme si la vérité devait leur être révélée par une inspiration intérieure, ils ont interrogé leur imagination, et accommodant la nature à leurs principes, ils ont rendu des oracles. Mais il ne faut pas croire que par cette voie l'esprit humain puisse s'élever à de vraies connaissances. Si dans les mécaniques les hommes n'avaient employé que leurs mains, comme dans les sciences ils n'ont employé que leur esprit, les arts seraient encore à créer. En effet, pourrait-on, par exemple, sans le secours des machines, dresser un obélisque, quand même on multiplierait les bras, quand on choisirait les plus forts? Comment donc les génies, quoique choisis, quoiqu'en grand nombre, avanceront-ils dans les sciences, si, dénués de tout secours, ils sont abandonnés à eux-mêmes.

« Il semble qu'on ait senti la nécessité d'une bonne méthode, mais on y a pensé trop tard, et lorsque l'esprit imbu des préjugés avait déjà contracté toutes sortes de mauvaises habitudes. La dialectique n'a jamais été propre à le corriger; elle l'entretient plutôt et le confirme dans ses erreurs, parce que ce n'est qu'un jargon qui apprend à disputer sur tout, et qui n'apprend point à se faire des idées. Il faut d'autres machines que les règles des syllogismes pour aider l'esprit.

« Il serait ridicule de prétendre faire mieux qu'on a fait, si nous n'avions pas d'autres moyens que ceux qui ont été employés jusqu'à présent; mais si, connaissant la faiblesse de notre esprit, nous l'aidons des secours dont il a besoin, il sera raisonnable de se promettre plus de succès. Celui qui élève de grands poids avec un levier, ne se pique pas d'être plus fort que celui qui se sert seulement de ses bras. Nous n'avons donc pas la vanité de nous croire supérieur en génie; mais le hasard nous a fait trouver un levier, et nous nous proposons de nous en servir.

« Il s'agit d'abord d'écarter les préjugés, espèces d'idoles, dont l'ignorance et la superstition font l'objet de notre culte; non-seulement les préjugés nous ferment le chemin de la vérité, mais encore, lorsque nous y sommes engagés, ils s'offrent continuellement à nous, semblables à ces fausses lueurs qui se montrent dans les ténèbres et qui nous égarent.

« Les premiers préjugés sont ceux que je nomme *Idola tribús*. Il y a des défauts de famille dans les maisons des princes, et il est difficile de s'en défaire; on ne le veut pas même, parce qu'on croirait dégénérer. La famille d'Adam est dans le même cas; elle a des préjugés qui nous sont communs à tous : il faudrait être quelque chose de plus qu'homme, pour n'y point participer; comme il faudrait être quelque chose de plus que prince, pour n'avoir pas quelques défauts.

« Les préjugés de famille sont en grand nombre, parce qu'ils sont fondés sur la nature de l'entendement, qui d'ordinaire accommode tout à lui, au lieu de s'accommoder aux choses; trop paresseux pour analyser la nature, nous nous hâtons d'abstraire, et de nous faire des principes généraux : nous supposons des ressemblances parfaites, lorsqu'au premier coup d'œil nous ne voyons pas des différences; nous imaginons un certain ordre que nous nommons régulier, parce que nous le concevons plus facilement; nous aimons à juger d'après les premières impressions que nous avons reçues dans l'enfance, trouvant plus commode de les prendre pour règles que de les rappeler à l'examen; nous nous arrêtons sur les choses qui nous frappent immédiatement les sens, pour n'avoir pas la peine de porter la vue au-delà ; enfin, toujours jouets de nos passions, si elles changent, nous ne tenons plus à nos opinions ; si elles ne changent pas, nous y tenons avec opiniâtreté. C'est que notre esprit, qui se repose dans ces principes généraux, dans ces ressemblances, dans cet ordre prétendu régulier, dans les impressions de l'enfance, et, en général, dans tout ce qui lui plaît, croit n'avoir plus rien à chercher. Telles sont les principales causes *des préjugés de famille.*

« Une autre espèce de préjugés, que je nommerai *Idola specûs*, ont leur source dans le tempérament de chaque individu, dans son éducation, dans ses habitudes, et dans les circonstances particulières ou même fortuites où il s'est trouvé. Par ce concours de causes, qui produit une infinité de préjugés différens, notre entendement devient comme un antre obscur, où la lumière ne pénètre jamais, et où nous prenons des ombres pour des choses réelles.

« Dans le commerce que les hommes ont entre eux, ils se communiquent mutuellement les préjugés que chacun se fait à soi-même et que je nomme *Idola fori*. Ces préjugés viennent du vice des langues, qui est tel, que nous faisons prendre à des hommes qui croient juger comme nous, des opinions que nous n'avons pas ; car les mots que l'usage fait, sont si mal déterminés, qu'on a souvent bien de la peine à saisir notre pensée, et que nous en avons tout autant à l'expliquer. On croit corriger ce défaut avec des définitions, mais les définitions sont composées de mots ; en sorte qu'il arrive que, les mots ne produisant que des mots, nous nous embarrassons de plus en plus. Combien de questions, d'opinions et de disputes sont nées du seul abus du langage !

« Enfin, il y a des préjugés qui nous viennent des chefs

de secte, et que j'appelle *Idola theatri*, parce que les systèmes philosophiques ne sont que des fables, ainsi que les pièces qu'un poète met sur le théâtre; seulement les philosophes observent un peu moins les règles de la vraisemblance.

« Il serait impossible de faire l'énumération de tous nos préjugés, et même inutile de le tenter; car il suffit de les considérer dans leurs causes, pour apprendre à s'en garantir. On voit alors qu'il faut commencer par douter, et que notre doute doit se répandre sur toutes nos idées sans exception : elles doivent toutes nous paraître suspectes, parce que si nous en conservions quelques-unes sans les avoir examinées, elles pourraient nous jeter dans de nouvelles erreurs et donner naissance à de nouveaux préjugés. Il faut donc considérer l'entendement humain comme une *table rase*, où nous avons tout effacé, et où il s'agit de graver d'après de bons dessins.

« Nous déterminerons nos idées dans de justes proportions, si, commençant aux perceptions qui viennent immédiatement des sens, nous nous élevons par degrés d'abstractions en abstractions, sans jamais perdre de vue les choses que nous entreprenons d'analyser. Il faut que l'esprit s'appuie toujours sur les faits : l'expérience et l'observation sont comme des poids, qui doivent sans cesse le ramener à la nature et l'empêcher de prendre trop d'essor.

« Je dis l'expérience et l'observation; car il ne suffit pas d'observer la nature dans le cours qu'elle suit d'elle-même et librement; il faut encore la violenter par des expériences, la tourmenter, la vexer.

« Les faits que nous aurons recueillis nous conduiront d'abord à des axiomes peu généraux; ces axiomes nous indiqueront des expériences et des observations qui, ayant été faites, nous découvriront de nouveaux faits; et ces faits, suivant l'analogie qu'ils auront avec les premiers, étendront ou limiteront les axiomes, et les détermineront avec précision.

« Si nous allons, de la sorte, des faits aux axiomes, et des axiomes aux faits, pour remonter encore aux axiomes, et ainsi continuellement, nous généraliserons avec ordre, et nos principes, puisés dans la nature, offriront des idées exactes que l'expérience ou l'observation aura déterminées. Il faut surtout monter et descendre par degrés, sans jamais se lasser dans cette route pénible, sans jamais franchir d'intervalle; car le chemin de la vérité étant rempli de haut en bas, il est plus sage de descendre pour remonter, et de ramper en quelque sorte sur les faits, que de s'élancer de hauteur en hauteur. Ceux qui veulent s'élever tout à coup au plus haut, n'y arrivent jamais. »

Voilà la manière dont Bacon étudiait la nature; il s'est surtout appliqué à la philosophie expérimentale; il en a été le restaurateur ou plutôt le créateur; car si, avant lui, on avait des morceaux d'histoire naturelle, ce n'étaient que des matériaux pour la philosophie naturelle qu'on ne connaissait pas encore. Depuis ce philosophe, cette science n'a fait des progrès qu'autant qu'on s'est tenu dans la route qu'il avait ouverte.

CONDORCET.[1]

Trois grands hommes ont marqué le passage du seizième au dix-septième siècle; Bacon, Galilée, Descartes. Bacon a révélé la véritable méthode d'étudier la nature, d'employer les trois instrumens qu'elle nous a donnés pour pénétrer ses secrets, l'observation, l'expérience et le cal-

---

1. Tableau des progrès de l'esprit humain.

cul; il veut que le philosophe, jeté au milieu de l'univers, commence par renoncer à toutes les croyances qu'il a reçues, et même à toutes les notions qu'il s'est formées, pour se recréer, en quelque sorte, un entendement nouveau, dans lequel il ne doit plus admettre que des idées précises, des notions justes, des vérités dont le degré de certitude ou de probabilité ait été rigoureusement pesé; mais Bacon, qui possédait le génie de la philosophie au point le plus élevé, n'y joignit point celui des sciences; et ses méthodes de découvrir la vérité, dont il ne donne point l'exemple, furent admirées des philosophes, mais ne changèrent point la marche des sciences.

Galilée les avait enrichies de découvertes utiles et brillantes; il avait enseigné par son exemple les moyens de s'élever à la connaissance des lois de la nature par une méthode sûre et féconde, qui n'oblige pas de sacrifier l'espérance du succès à la crainte de s'égarer. Il fonda pour les sciences la première école où elles aient été cultivées sans aucun mélange de superstition, soit pour les préjugés, soit pour l'autorité, où l'on ait rejeté avec une sévérité philosophique tout autre moyen que l'expérience et le calcul; mais se bornant exclusivement aux sciences mathématiques et physiques, il ne put imprimer aux esprits ce mouvement qu'ils semblaient attendre.

Cet honneur était reservé à Descartes, philosophe ingénieux et hardi : doué d'un grand génie pour les sciences, il joignit l'exemple au précepte; en donnant la méthode de trouver, de reconnaître la vérité, il en montrait l'application dans la découverte des lois de la dioptrique, de celles du choc des corps, enfin d'une nouvelle branche de mathématiques, qui devait en reculer toutes les bornes.

Il voulait étendre sa méthode à tous les objets de l'intelligence humaine : Dieu, l'homme, l'univers étaient tour à tour le sujet de ses méditations. Si dans les sciences physiques sa marche est moins sûre que celle de Galilée, si sa philosophie est moins sage que celle de Bacon, si on peut lui reprocher de n'avoir pas assez appris par les leçons de l'un et par l'exemple de l'autre à se défier de son imagination, à n'interroger la nature que par l'expérience, à ne croire qu'au calcul, à observer l'univers au lieu de le construire, à étudier l'homme au lieu de le deviner, l'audace même de ses erreurs servit aux progrès de l'espèce humaine. Il agita les esprits que la sagesse de ses rivaux n'avait pu réveiller; il dit aux hommes de secouer le joug de l'autorité, de ne plus reconnaître que celle qui serait avouée par leur raison, et il fut obéi, parce qu'il subjuguait par sa hardiesse, qu'il entraînait par son enthousiasme.

GARAT.[1]

Le premier des créateurs de l'analyse de l'entendement humain, et le premier, sans aucun doute, en génie, comme en date, c'est Bacon. A peine Bacon a conçu ses premières vues sur les facultés de l'entendement humain, et sur les moyens d'en diriger l'exercice, tout à coup, et comme si, en pénétrant la nature de son esprit, il avait été admis aux révélations d'un génie supérieur aux hommes, il paraît et se place au milieu des sciences et des savans comme leur législateur universel : toutes ses pensées et toutes ses paroles respirent je ne sais quelle grandeur, qui annonce l'homme qui est venu pour changer toutes les opinions et pour régénérer toutes les intelligences. Dans son premier ouvrage *De dignitate et de augmentis scientiarum*, il embrasse toutes les sciences,

---

1. Leçons de l'école normale, tom. I.er, pag. 155.

comme si elles étaient toutes également son domaine ; il leur fait subir de nouvelles divisions qui les éclairent, et leur indique de nouvelles cultures qui les enrichiront : là il érige, au milieu des siècles de littérature, de science et de philosophie, un tribunal de censure, où il cite et fait comparaître tout ce qui a été pensé et écrit dans tous les âges; il sépare les vérités des erreurs et, en appréciant ce qui a été fait, trace le tableau bien plus vaste de ce qui reste à faire; il signale les routes où l'on s'est égaré, et il les ferme; il en indique et il en ouvre de toutes parts de nouvelles; et, comme il le dit lui-même dans ce style étincelant d'images qui rend la raison plus éclatante, sans la rendre moins exacte, il ne ressemble pas à ces statues qui, sur le bord des chemins, indiquent du bout du doigt aux voyageurs celui qu'ils doivent suivre, mais qui restent muettes et immobiles. En ouvrant une route, il y entre : il y fait les premiers pas, et les plus difficiles; il parle aux voyageurs, qu'il guide; et, en se séparant d'eux, il leur enseigne encore comment ils doivent marcher, lorsqu'il ne sera plus à côté d'eux ou à leur tête.

Dans son second ouvrage, qui devait être le plus beau, parce que c'est le caractère du vrai génie de croître toujours; dans son *Novum organum*, ses vues se sont tellement étendues qu'elles sont devenues universelles; il ne suit plus les sciences une à une pour tracer à chacune des règles particulières; il cherche des principes qui seront des lois et des lumières pour toutes les sciences à la fois. « Je ne ferai point, dit Bacon lui-même[1], comme ceux

---

[1]. L'idée de Bacon est ici très-embellie. Bacon suppose seulement une salle spacieuse, *aula spatiosa*, et il ne parle ni de temple, ni de chapelles, ni d'autels, ni d'images de tous les

qui, voulant visiter et connaître un temple qu'on a rendu obscur pour le rendre plus religieux, se promènent, une lampe à la main, de chapelle en chapelle, d'autel en autel, et en éclairant une petite partie du temple, laissent son immensité dans les ténèbres : je suspendrai, au milieu de la voûte, un lustre qui, en éclairant toutes les parties à la fois, montrera, sous un seul coup d'œil, tous les autels et les images de tous les dieux. »

Avec un tel essor, qui peut paraître téméraire, même pour son génie, une extrême circonspection, je dirai même une extrême timidité, préside au choix de tous ses procédés et de tous ses moyens d'exécution.

Dans tous les siècles qui avaient précédé Bacon et qui s'étaient arrogé le titre de savans, dans les écoles des philosophes de la Grèce et dans celles des docteurs de l'Europe, après l'observation la plus superficielle des phénomènes que présente l'univers, et même souvent sans aucune observation, on s'élevait ou plutôt on s'envolait, en quelque sorte, aux principes les plus généraux, à la théorie universelle du monde et des êtres. On paraissait croire que pour expliquer l'univers, il n'était pas nécessaire de le connaître; qu'il fallait chercher la nature des êtres dans les rêves de son imagination, et non dans les qualités que nous apercevons par nos sens, ou que nous découvrons par nos expériences. Combien est différente la méthode que propose ou plutôt que révèle Bacon, et combien il paraît autorisé à donner à sa méthode le titre si original de *Nouvel organe*, NOVUM ORGANUM! Rechercher et recueillir de toutes parts les faits et les phéno-

---

dieux (*De augmentis*, *lib. I*) : j'en suis fâché; car l'image que lui prête M. Garat me paraît sublime et digne de figurer à côté de celles dont le philosophe anglais fait un fréquent usage.

mènes, et ceux qui échappent à notre attention parce qu'ils sont toujours sous nos yeux, et ceux qui se dérobent à nos sens par la distance où ils sont de nous, ou par les voiles dont ils se couvrent; soumettre continuellement à de nouvelles épreuves la nature qui, comme Protée, se cache sous mille formes, et ne se laisse voir qu'à ceux qui la tourmentent et l'enchaînent par mille expériences; tracer, pour le soulagement de la mémoire et pour la certitude de l'intelligence, de grands tableaux de faits, de phénomènes et d'expériences, où les expériences, les phénomènes et les faits analogues sont liés par les analogies qui présentent les mêmes résultats; et à côté de ces tableaux, en tracer de parallèles, où les faits qui paraissent appartenir aux mêmes classes et aux mêmes analogies, aboutissent à des résultats contraires; observer et contempler long-temps tous ces longs amas de faits, ainsi rapprochés et ordonnés, avant d'en induire le moindre résultat, le moindre *principe;* veiller avec scrupule à ce que *le principe* qu'on adopte ne dépasse jamais le résultat que les faits présentent; à la clarté naissante d'un premier *principe* bien circonscrit, passer à de nouvelles expériences que ce principe même doit indiquer, à l'observation de nouveaux faits et de nouveaux phénomènes; les classer et les ordonner de la même manière dans de doubles tableaux, tantôt par la similitude de leurs apparences et par le contraste de leurs résultats, tantôt par les résultats qui sont identiques, lorsque les apparences sont contraires; en déduire *des principes* plus étendus que les premiers, mais toujours limités par la circonférence des faits et des phénomènes qu'on a embrassés; de ces nouveaux *principes* descendre à de nouveaux faits, à de nouvelles expériences, à de nouvelles observations pour s'élever à des principes plus vastes, et redescendre encore à l'étude des faits pour s'élever, d'étage en étage, à des axiomes de plus en plus généraux; tourner sans jamais se lasser dans ce cercle, qui n'est pas un cercle vicieux, comme presque toutes les propositions logiques, mais le cercle dans lequel la nature tourne elle-même ses transformations et ses opérations; chercher toujours comment les choses sont faites, ce qui peut tant nous servir et ce qui est si difficile à découvrir, et jamais pourquoi elles sont faites, ce qu'on peut imaginer de cent manières et toujours inutilement pour ajouter quelque chose à la puissance et au bonheur de l'homme; abandonner à la contemplation, aux cloîtres et aux autels cette philosophie des causes finales qui, comme la vierge consacrée au ciel, n'enfante point; et cultiver sans relâche cette philosophie expérimentale qui, poursuivant la nature dans ses mines et ses fourneaux, devient ouvrière et féconde comme la nature elle-même, et enfante tous les jours de nouveaux biens avec de nouveaux ouvrages; telle est la méthode de Bacon : elle a changé la face des sciences, et les sciences, depuis Bacon, ont changé la face du monde.

L'inépuisable fécondité du génie de Bacon imagine et propose des expériences que tous les savans et tous les siècles pourront à peine tenter et faire; le temps, les moyens, les instrumens, et sans doute aussi les talens lui manquaient pour les essayer lui-même; sans doute encore on en a conçu et exécuté depuis de plus heureuses, et beaucoup de celles qu'il proposait ont dû paraître impraticables et inutiles. Au siècle où l'avait placé la nature, et à la hauteur où il s'était placé par son génie, au milieu des sciences, ses pensées devaient être souvent des soupçons plutôt que des vues. Mais il est un fait que je dois rapporter, non-seulement parce qu'il est le plus beau titre de gloire de Bacon, mais aussi parce qu'il doit vous donner une idée plus juste et plus grande de l'utilité, un peu contestée, de l'analyse de l'entendement humain.

Les trois plus belles découvertes de Newton, les plus belles peut-être de tous les siècles, sont *le système de l'attraction*, l'explication *du flux et du reflux*, et la découverte du principe des couleurs dans l'analyse de la lumière. Eh bien! Newton, en découvrant ces trois grandes lois de la nature, n'a fait que soumettre aux expériences et au calcul trois vues de Bacon; je les appelle des vues et non pas des soupçons, car il y revient plusieurs fois dans ses divers ouvrages : elles tiennent à un grand ensemble de sa manière de voir la nature, et lui-même indique des expériences qui ressemblent beaucoup à celles qui ont été faites. La gloire de ces découvertes doit donc être partagée entre Newton et Bacon; elle doit être partagée encore entre l'*analyse de l'entendement humain* et la géométrie; car l'analyse de l'entendement humain était l'instrument de Bacon, comme la géométrie était l'instrument de Newton.

Les sciences physiques et la science de l'entendement humain dont l'étendue est immense, ne pouvaient pas contenir encore tout le génie de Bacon. En général, en Europe, l'érudition a empêché la philosophie de naître ou de se répandre, et la philosophie, qui n'a pas toujours été la raison, a affecté un grand dédain pour l'érudition. Bacon, également placé entre les érudits et les philosophes, a cela de particulier entre tous les écrivains, qu'il est en même temps celui qui a ouvert le plus de routes et de vues nouvelles aux siècles à venir, et celui qui a le mieux possédé tout ce que les siècles passés avaient produit de grand et de beau. Les faits les plus éclatans de l'antiquité, ses pensées les plus brillantes, ses expressions les plus riches, ses mots les plus piquans, étaient sans cesse présens à la mémoire de Bacon, et son génie les agrandissait et les embellissait encore, en les semant dans ses ouvrages. L'ancienne mythologie, parmi ses divinités, en avait une qu'elle représentait avec deux têtes; l'une tournée vers les siècles écoulés, qu'elle embrassait d'un seul regard; l'autre, vers les siècles à venir, qu'elle embrassait aussi, quoiqu'ils n'existassent pas encore; on dirait que c'est l'image et l'emblème du génie de Bacon.

MARIE-JOSEPH CHENIER.[1]

Bacon, génie vaste, élevé, profond comme la nature, osa la parcourir toute entière; non lentement et en détail, mais comme l'aigle planant sur les hauteurs et franchissant d'un vol rapide l'espace immense, qu'il embrassait d'un coup d'œil. Ce génie vraiment philosophique accéléra les progrès des sciences naissantes, dirigea les anciennes dans leurs véritables sentiers, devina celles qui n'existaient pas encore, proclama la vanité des fausses sciences, analysa nos facultés, refit l'entendement humain; divisa cet arbre antique en trois branches principales, et chaque branche en rameaux particuliers; détermina la filiation naturelle, les liaisons plus ou moins sensibles, et, pour ainsi dire, les frontières des diverses connaissances; montra que tous les moyens de savoir existaient dans l'observation, tous les moyens d'observer dans les sens et l'intelligence; et posa les limites de l'homme, en lui révélant à la fois et son pouvoir et sa faiblesse. Descartes parut en France, Descartes, génie aussi étendu peut-être, plus instruit dans les sciences particulières, surtout dans les mathématiques,

---

1. Discours sur les progrès des connaissances et de l'enseignement.

dont Bacon n'avait qu'une légère idée; mais moins profond, moins exact dans ses vues générales, il opéra dans la philosophie entière une révolution plus éclatante, mais moins solide.....

Bacon [1], qui découvrit un nouveau monde dans les sciences, distingua le premier la grammaire positive de la grammaire philosophique; il déclara que celle-ci était encore à naître; mais, d'avance, il lui traça la route qu'elle avait à suivre et qu'indiquait suffisamment le nom même qu'il lui imposait. Ce ne fut que cinquante ans après que Lancelot, déjà connu par des travaux estimables sur les deux langues anciennes, écrivit, sous la dictée d'Arnauld, l'ame de Port-Royal, cette grammaire générale si justement renommée, et qui est parmi nous le point de départ de la science.

Quand [2] on cherche quels furent les progrès de l'art de penser et de l'analyse de l'entendement, c'est encore à Bacon qu'il faut remonter. Ce fut lui qui, dès le commencement du dix-septième siècle, rejeta, comme inutiles aux progrès de l'esprit humain, la logique et la métaphysique des écoles; lui, qui fraya des chemins nouveaux, qui montra le but véritable et signala tous les écueils.

---

1. Tableau de la littérature française, pag. 1.
2. *Ibid.*, pag. 40.

PROFESSION DE FOI

DE FRANÇOIS BACON.

Je crois que rien n'est sans commencement, hors Dieu; nature, matière, esprit, essence, tout a commencé, hors un seul être, et cet être, c'est Dieu; et ce Dieu n'est pas seulement éternellement tout-puissant, uniquement sage, uniquement bon dans sa nature; il est encore de toute éternité, Père, Fils et Saint-Esprit en trois personnes.

Je crois que Dieu est si saint, si pur, si jaloux, qu'il lui est impossible de se complaire dans aucune des créatures, quoiqu'elles soient l'ouvrage de ses propres mains; qu'ainsi il n'est ni ange, ni homme, ni monde, qui soit, ou qui puisse être un seul moment agréable à ses yeux, qu'autant qu'il les envisage dans le médiateur; et voilà pourquoi, devant celui pour qui toutes choses sont présentes, *l'agneau de Dieu a été immolé avant qu'il existât aucuns mondes* (apopht. 13, 8). Sans cette éternelle disposition de sa divine providence, il lui eût été impossible de s'abaisser à aucune œuvre de la création, et il se fût éternellement renfermé dans la jouissance de la bienheureuse et indivisible association des trois personnes dans sa divinité.

Je crois que, par un effet de sa bonté et d'un amour infini et éternel, Dieu, s'étant proposé de devenir créature et de se communiquer, jusqu'à un certain point, à ses créatures, décida dans son conseil éternel, qu'une personne de la divinité serait unie à une nature créée et à un individu de cette nature. Ainsi fut vraiment établie dans la personne du médiateur une sorte d'échelle, à la faveur de laquelle Dieu put descendre jusqu'à ses créatures, et les créatures purent monter jusqu'à lui. Dans cet ordre de la Providence et en considération du grand médiateur, tournant ses regards et répandant ses faveurs sur ses créatures, quoiqu'à des degrés et dans des mesures différens, Dieu traça un plan conforme aux dispositions de sa très-sainte et très-sacrée volonté, suivant lequel quelques-unes de ses créatures se soutiennent et conservent leur premier état de grâce; d'autres tombent, mais se relèvent; d'autres, enfin, tombent, ne se relèvent point, et continuent d'exister, malgré leur état de corruption, et sans cesser d'être en proie à la colère divine; et tout cela sous l'influence d'un médiateur qui est comme le grand mystère et le centre parfait de toutes les voies de Dieu sur ses créatures, auquel servent et aboutissent toutes ses autres œuvres, et toutes ses merveilles.

Je crois que, conformément à son bon plaisir, il marqua l'homme pour être la créature à la nature de laquelle la personne du fils de Dieu devait être unie; et que parmi les générations d'hommes, il fit choix d'un petit nombre d'individus dans lesquels il se proposa de faire éclater les rayons de sa gloire en se communiquant lui-même à eux. En un mot, le ministère des anges, la damnation des démons et des réprouvés, l'administration universelle de toutes les créatures, la dispensation de tous les temps, sont comme autant de voies directes et indirectes de la Providence, qui n'aboutissent qu'à faire glorifier de plus en plus Dieu dans ses saints, lesquels ne font qu'un avec le médiateur leur chef, comme le médiateur lui-même ne fait qu'un avec Dieu.

Je crois que, conformément à ce qu'il a arrêté de toute éternité, selon son bon plaisir, et dans le temps qu'il a jugé convenable, Dieu a daigné devenir créateur; que par sa parole éternelle il a tiré du néant toutes les choses qui existent, et que par son esprit éternel il les soutient et les conserve.

Je crois que toutes les créatures, au sortir des mains de Dieu, étaient bonnes; que Dieu, ayant abandonné le commencement de tout mal et de tout désordre à la liberté de la créature, s'est réservé en lui-même le commencement du rétablissement de tout dans le premier état, ainsi que la liberté de distribuer ses grâces, en usant néanmoins de la chute et de la défection de la créature, qu'il connaissait de toute éternité par sa prescience, pour l'exécution de ce qu'il a éternellement arrêté à l'égard du médiateur, et de l'œuvre qu'il s'est proposé d'accomplir en sa personne.

Je crois que Dieu a créé des esprits; que les uns se sont maintenus dans leur premier état, et que les autres en sont tombés : qu'il a créé le ciel et la terre, ainsi que leurs armées et leurs générations; qu'il leur a donné des lois constantes et perpétuelles, et que ce que nous appelons nature, n'est autre chose que ces mêmes lois; qu'on peut compter dans ces lois trois vicissitudes ou époques; qu'elles en subiront encore une quatrième, qui sera la dernière de toutes. La première eut lieu lorsque la matière du ciel et de la terre fut créée informe; la durée de l'ouvrage des six jours forma la seconde; la troisième a commencé avec la malédiction prononcée contre l'homme et la terre, malédiction qui ne fut pas néanmoins une création nouvelle; enfin, la dernière époque datera de la fin du monde; mais la manière dont elle s'opérera, ne nous a pas été pleinement révélée. Ainsi, les lois de la nature qui existent aujourd'hui et qui gouverneront invariablement le monde jusqu'à la fin, ont commencé à être en vigueur quand

Dieu eut consommé l'œuvre de la création : elles furent partiellement révoquées au temps de la malédiction, et n'ont éprouvé aucune variation depuis cette époque.

Je crois, bien que Dieu ait cessé de créer et qu'il se repose depuis le premier sabbat, qu'il n'en exécute et n'en accomplit pas moins sa divine volonté en toutes choses, grandes et petites, générales et particulières, aussi pleinement et aussi parfaitement par sa providence, qu'il pourrait le faire par des miracles et par une création nouvelle : cependant son action n'est ni immédiate, ni directe, et ne trouble en rien la nature, qui n'est au fond, comme nous l'avons observé, que la loi par laquelle Dieu gouverne ses créatures.

Je crois que, dans le principe, l'ame de l'homme n'a été tirée ni du ciel, ni de la terre, mais a été produite par un souffle immédiat de Dieu; de sorte que les voies et les procédés de Dieu, à l'égard des esprits, ne sont point renfermés dans l'ordre de la nature, c'est-à-dire, dans les lois auxquelles sont soumis le ciel et la terre; mais que ces voies et procédés sont dans le domaine de la loi de sa volonté secrète et de sa grâce; d'où il suit que Dieu opère continuellement, ne se repose point de l'œuvre de la rédemption, comme il se repose de celle de la création, et qu'il continuera celle-là sans interruption jusqu'à la fin du monde. Alors seulement son ouvrage aura toute sa perfection, et sera suivi d'un sabbat éternel.

Je crois pareillement que toutes les fois que Dieu suspend les lois de la nature, en opérant des miracles, qui peuvent toujours être regardés comme de nouvelles créations, il le fait toujours en vue de l'œuvre de la rédemption, qui est la plus grande de ses œuvres, et comme nous l'avons déjà dit, celle à laquelle se rapportent tous les prodiges et tous les miracles divins.

Je crois que Dieu créa l'homme à son image et à sa ressemblance, c'est-à-dire, raisonnable, innocent et supérieur aux autres créatures; qu'il imposa à l'homme une loi et des conditions, que celui-ci pouvait observer et qu'il n'observa pas; que l'homme se rendit coupable d'une défection totale envers Dieu, portant la présomption jusqu'à imaginer que les commandemens et les défenses de Dieu n'étaient point les règles du bien et du mal, mais que le bien et le mal avaient un principe et une origine qui leur étaient propres; qu'il désira ardemment acquérir les connaissances de ces principes et de cette origine, dans le seul but de ne plus dépendre de la volonté de Dieu qui lui était connue, et de n'avoir obligation qu'à lui-même et à sa propre lumière, comme si lui aussi était Dieu; dessein le plus diamétralement opposé à la loi de son créateur. Cependant cet énorme péché ne vint pas d'abord de la malice de l'homme, mais des perfides suggestions du démon, créature la première révoltée contre Dieu, et tombée dans le péché par pure malice et sans y être poussée par aucune tentation.

Je crois que la mort et le désordre sont entrés dans le monde, comme une suite du péché de l'homme et un effet de la justice de Dieu; que l'image de Dieu a été défigurée dans l'homme; que le ciel et la terre, qui avaient été faits pour l'usage de l'homme, ont été, par une suite de son péché, assujettis eux-mêmes à la corruption; mais que la parole de la loi de Dieu n'eût pas été plus tôt frustrée de l'obéissance qui lui était due, qu'à l'instant se fit entendre la grande parole de la promesse, que l'homme recouvrerait par la foi l'état d'innocence dans lequel Dieu l'avait créé.

Je crois, qu'ainsi que la parole de la loi de Dieu durera éternellement, la parole de sa promesse aura une durée éternelle ; mais que l'une et l'autre ont été manifestées de différentes manières, selon l'ordre des temps ; car la loi a d'abord été manifestée dans ce reste de lumière naturelle, que la chute de l'homme n'a pas entièrement éteinte, et qui a été suffisante pour accuser les prévaricateurs. Moïse, dans ses écrits, en a donné une plus claire connaissance ; les prophètes ont ajouté encore à l'étendue et à la clarté de cette connaissance ; enfin, le fils de Dieu, le prophète par excellence et le parfait interprète de la loi, nous l'a manifestée dans toute sa perfection. Quant à la parole de la promesse, elle fut aussi manifestée et révélée d'abord par une inspiration et une révélation immédiate ; puis a été figurée et perpétuellement rappelée par deux sortes de figures, 1.° par les rits et les cérémonies de la loi ; 2.° par la suite non interrompue des histoires de l'ancien monde et de l'église des juifs : toutes choses qui, quoique vraies à la lettre, n'en sont pas moins pleines d'une allégorie perpétuelle et l'ombre du grand œuvre de la rédemption future. Cette même promesse, ou si l'on veut, cet évangile déjà clairement révélé et développé par les prophètes, l'a été bien plus pleinement encore par le fils de Dieu lui-même ; et enfin par l'esprit saint qui, jusqu'à la fin du monde, ne cessera d'éclairer l'Église.

Je crois que, dans la plénitude des temps, conformément à la promesse faite par Dieu et confirmée avec serment, descendit d'une race choisie le fruit bienheureux de la femme, Jésus-Christ, fils unique de Dieu et sauveur du monde, qui fut conçu par la puissance et l'opération du Saint-Esprit, et prit un corps dans le sein de la vierge Marie ; que non-seulement le verbe prit chair ou fut uni à la chair, mais fut fait chair, quoique sans confusion de substance ou de nature ; qu'ainsi le fils éternel de Dieu et le fils à jamais béni de Marie, étaient une seule personne, et tellement une, que la bienheureuse vierge peut être véritablement et catholiquement appelée *Dei-para*, mère de Dieu : tellement une encore, qu'il n'y a pas d'unité dans toute la nature, non pas même celle du corps et de l'ame dans l'homme, qui soit aussi parfaite; parce que les trois célestes vérités, dont celle-ci est la seconde, surpassent toutes les unités naturelles. J'entends par ces trois célestes unités, l'unité de trois personnes en Dieu; l'unité de Dieu et de l'homme dans le Christ ; l'unité du Christ et de l'Église. La première, sans doute, est céleste; et j'appelle célestes les deux dernières, parce que l'Esprit saint en est l'auteur : c'est par son opération que le Christ a été incarné et vivifié dans la chair, et c'est par l'opération du même Esprit que l'homme a été régénéré et vivifié dans l'Esprit.

APOLOGIE

DE FRANÇOIS BACON,

Au sujet des diverses imputations auxquelles l'avait exposé le procès du comte d'Essex.

Au très-honorable et très-gracieux lord, comte de Devonshire, lord-lieutenant d'Irlande.

Sous le bon plaisir de votre seigneurie, je n'ignore, ni ne dois affecter d'ignorer que la voix publique m'accuse d'ingratitude et de perfidie envers l'illustre et malheureux comte d'Essex. Il me serait facile de répondre à ce bruit injurieux, mais je dédaigne de le faire; quelque prix que j'attache à une bonne réputation, je n'entends lui asservir ni mon honneur, ni ma vertu, et je suis de l'avis de celui qui a dit élégamment, qu'*il est honteux à qui recherche une belle de l'aimer en esclave*. Aussi ne suis-je de caractère ni d'humeur à rechercher la publique estime autrement que par une conduite honorable.

D'un autre côté, pourtant, je prise singulièrement le suffrage des gens de bien, et parmi ceux-ci il n'est personne à qui je désire autant complaire qu'à votre seigneurie; d'abord, très-gracieux milord, parce que vous avez aimé le comte d'Essex, et que par cette raison même vous ne serez pas injuste envers moi, seule chose que je demande; puis, parce qu'ayant constamment trouvé en vous un honorable ami, j'ai l'assurance que le soin que je prendrai de vous donner satisfaction ne me ravalera point; enfin, parce que je sais que les hautes lumières de votre seigneurie lui font discerner les vraies règles de conduite que prescrivent le devoir et la vertu; règles, d'après lesquelles il faut juger l'affaire dans laquelle je me propose d'écrire ma défense avec candeur et brièveté. Je me flatte de vous convaincre que je n'ai rien fait soit par faveur, soit par crainte, et que je ne dusse à la reine et à l'État; car on ne peut nier qu'un honnête homme ne doive abandonner son roi plutôt que son Dieu, son ami plutôt que son roi, et tous les biens de la terre, sa vie même, plutôt que son ami[1] : au moins j'aime à croire que cette hiérarchie de sentimens n'est pas encore bannie de ce monde, autrement j'en appellerais à ce mot des payens : *ami jusqu'aux autels.*

Que si quelqu'un prétendait que je me suis immiscé dans l'affaire du comte d'Essex sans y être obligé par les devoirs ordinaires de ma charge[2], je lui répondrais, qu'il pourrait en dire autant de tous les procès qui ont été portés dans ces derniers temps au Conseil; car j'y ai toujours pris part, soit qu'ils concernassent directement l'État, soit qu'ils eussent rapport aux finances. Vous le savez, très-gracieux milord, la reine avait tellement la conscience de sa force, qu'elle entendait que chacune de ses paroles fût un ordre;

---

1. Fénélon a dit quelque part, qu'il fallait préférer sa famille à soi, son pays à sa famille et le genre humain à son pays.

Montesquieu dit aussi (Pensées diverses) :

« Si je savais quelque chose qui me fût utile et qui fût préjudiciable à ma famille, je le rejetterais de mon esprit. Si je savais quelque chose qui fût utile à ma famille et qui ne le fût pas à ma patrie, je chercherais à l'oublier. Si je savais quelque chose utile à ma patrie et qui fût préjudiciable à l'Europe et au genre humain, je le regarderais comme un crime.

2. Il était alors avocat extraordinaire de la reine.

et, qu'à l'exemple de ses plus illustres prédécesseurs, elle ne s'astreignait pas toujours aux attributions légales des charges, sa faveur particulière s'en séparant quelquefois. Je n'étais pas tellement novice que j'ignorasse l'envie et les dangers auxquels expose la confiance des princes; mais je savais, d'un autre côté, combien la reine était persévérante dans ses choix, et avec quelle constance elle poursuivait l'exécution de ce qu'elle avait une fois arrêté : or, me voyant l'objet spécial d'une bienveillance extraordinaire, je ne pus douter que cette princesse ne m'eût choisi pour être le dépositaire de sa confiance ; je dus donc me résigner à en supporter le poids : j'avouerai pourtant que j'en attendais de meilleurs résultats!

Tout ce que je demande, c'est que votre seigneurie daigne m'accorder une indulgente patience, indispensable pour connaître la vérité sur les circonstances de cette affaire, dans lesquelles je me suis trouvé mêlé; nécessaire aussi pour apprécier la fidélité que j'ai dû garder à ma reine, sans manquer à celle que je devais à un illustre infortuné, qui avait tant fait pour moi, qui avait si obligeamment agréé mes services, et dont je ne puis me rappeler le funeste sort sans une amère douleur. Toute ma conduite dans son procès est tellement au-dessus des autres actions de ma vie, qu'il n'en est aucune que je me rappelle avec plus de confiance et moins de repentir. Votre seigneurie saura aussi, que loin d'être jamais contraire au comte d'Essex, j'ai employé toutes les ressources de mon esprit et risqué même la faveur de sa majesté pour le réconcilier avec elle, et j'ai persisté dans ce dessein, sans me démentir un instant, jusqu'à impatienter la reine, si je puis m'exprimer ainsi. Depuis lors, il ne m'a plus été permis de rien tenter en faveur du comte, quoique mes sentimens soient toujours restés les mêmes. Certain de ne pouvoir plus lui être directement utile, j'ai dû me conduire différemment. Encore puis-je me flatter que cette conduite n'a pas été sans fruit pour plusieurs personnes, qui, j'aime à le croire, l'ignorent plutôt qu'elles ne le méconnaissent. Dans le récit que je vais faire, je parlerai avec impartialité même de mes ennemis, et si je tais quelques circonstances qui me touchent personnellement, ce sera uniquement par respect pour mon devoir, que je mets au-dessus de ma réputation elle-même. Quant au reste, je l'exposerai avec une sincérité qui, je l'espère, m'obtiendra grâce devant Dieu.

Le public sait que, depuis plusieurs années, j'avais consacré au comte mes voyages et mes études; mais qu'on ne croie pas que l'espoir de tirer parti de sa faveur pour mon avancement, me l'avait fait choisir pour patron. Les principes qui m'ont dirigé depuis que j'ai l'âge de raison, et que j'ai puisés tant dans la lecture des bons livres que dans l'exemple de mon père, m'avaient seuls dicté ce choix. Or, ces principes m'avaient fait voir plutôt les services que le comte pouvait rendre à ma patrie, que ceux qu'il pouvait me rendre à moi-même; ainsi, je m'étais fait son client par des motifs et d'une manière qui sont, je crois, assez rares chez les hommes. Quoi qu'il en soit, je m'attachai à lui avec un zèle qui me fit négliger souvent jusqu'au service de la reine, et toujours ma propre fortune et ma vocation, pour concentrer toute mon attention, toutes les ressources de mon esprit, toutes mes facultés, sur les choses qui intéressaient sa gloire, sa grandeur et ses devoirs.

Peu de temps après, mon frère Antoine revint des pays étrangers, avec une réputation de lumières et d'habileté dans les matières politiques, et particulièrement en diplomatie, qui lui conciliaient l'admiration générale : je l'attachai au service du comte. De son côté, je dois en convenir, celui-ci me combla de bienfaits et de témoignages d'affection. Par exemple, il me fit don d'une terre, que j'ai vendue depuis à M. Reynold Nicolas dix-huit cent livres sterling, et qui, je pense, valait davantage. L'époque où il me fit cette donation et la grâce dont il l'accompagna, en augmentèrent le prix; que l'on ne dise pas que cette digression est oiseuse; je ne veux pas être court dans l'énumération des bienfaits que j'ai reçus du comte d'Essex, et désire faire connaître à votre seigneurie comment cette donation me fut faite.

La reine m'avait refusé la charge de solliciteur général, que le comte avait long-temps et vivement demandée pour moi. Ce dernier daigna venir lui-même de Richmond, où était la cour, à Twickenham-Park, pour m'annoncer qu'il avait échoué dans ses démarches; il me dit : « *M. Bacon, la reine n'a pas voulu vous nommer; un autre a été plus heureux. Vous vous trouvez mal de m'avoir choisi pour votre protecteur, et de négliger vos propres intérêts pour vous vouer à mon service; mais, que je meure,* ce furent ses propres expressions, *si je ne fais quelque chose pour votre fortune: vous ne me refuserez point une terre que je veux vous donner.* » — Ma réponse fut, autant que je m'en souviens, *qu'il importait peu quel fût mon sort, mais que sa munificence me rappelait ce que j'avais entendu dire du duc de Guise pendant mon séjour en France: on disait que c'était le plus grand usurier du royaume, ayant converti tout son bien en obligations, ce qui signifiait qu'il n'avait rien gardé pour lui-même, et s'était fait une foule d'obligés.* «*Milord,* ajoutai-je, *je ne vous conseille pas de l'imiter, car vous pourriez trouver beaucoup de mauvais débiteurs.* » Il ne me laissa pas continuer et me força d'accepter cette donation. Je lui dis:

« Je vois bien, milord, que vous voulez que je sois votre vassal et votre redevancier; mais savez-vous quelle espèce d'hommage je puis vous prêter? L'hommage que l'on prête à un sujet est toujours subordonné à la fidélité due au souverain et aux autres autorités légitimes. Ainsi, milord, je ne saurais vous être désormais plus dévoué que je ne l'ai été jusqu'ici : je le serai toujours sous les mêmes réserves. Si jamais je deviens riche, vous permettrez que je rende une partie de ce que je reçois de vous à ceux de vos amis qui n'en tiendront rien.

Mais reprenons les choses où nous les avons laissées.

Quoique je ne prétende m'arroger d'autre titre que celui de fidèle conseiller du comte, je puis dire que tant que j'eus du crédit sur lui, ses succès allèrent toujours croissant. Nous étions pourtant continuellement en opposition directe sur deux points d'une grande importance, et comme ceci jette de la lumière sur ce que j'ai à vous dire, je dois m'en ouvrir à votre seigneurie.

D'abord, je pensais qu'une conduite obséquieuse était la seule qui lui convînt avec la reine; je me rappelle qu'à ce sujet j'osai souvent remontrer au comte que s'il suivait constamment cette règle, et ne cherchait à signaler son dévouement que par de belles actions, il viendrait un temps où la reine demanderait, comme Assuérus, *ce qu'il fallait faire pour un homme que sa souveraine désirait honorer*, lui faisant entendre que la bienveillance de celle-ci n'aurait pas de bornes, s'il savait la rechercher avec mesure; et je crois que je ne me trompais pas sur le caractère de cette princesse Le comte d'Essex pensait au contraire qu'il était impossible de rien obtenir de la reine, sans un peu d'autorité et de contrainte; je me rappelle même qu'un jour, en ayant extorqué quelque faveur, il me dit : *« Eh bien! l'ami, qui a raison de nous deux?...*

Je répondis : « *Milord, votre méthode ressemble à l'eau chaude ; d'abord elle calme les douleurs d'estomac, mais ensuite elle les aggrave : au résumé, l'eau chaude ne vaut rien.* J'ajoutai beaucoup d'autres choses dans le même sens, dont il ne tint compte.

Le second point sur lequel nous différions, c'est l'opinion que je m'efforçais constamment de lui donner du danger qu'il courait en cherchant à faire de sa gloire militaire et de sa popularité les marchepieds de son élévation. Je lui représentais que cette façon d'agir exciterait chez la reine de la jalousie, chez lui de l'arrogance et dans l'État des troubles : souvent je lui citais ces ailes attachées avec de la cire, sur lesquelles Icare s'aventura trop haut et qui l'abandonnèrent au sommet des airs ; je lui disais ensuite : *Milord, marchez, croyez-moi, sur deux pieds, et ne cherchez pas à voler sur deux ailes : ces deux pieds, ce sont la justice commutative et la justice distributive ; sachez bien user de votre grandeur : élevez les gens de mérite et de vertu, et réprimez les injustices et les vexations, alors vous n'aurez besoin ni d'art, ni de finesse.* D'Essex prétendit que ces conseils venaient de ma robe, et non de mon esprit.

Il est vrai que, n'ayant jamais entendu me vendre à lui, ni à qui que ce soit, au détriment de l'État, je faisais mon possible, et mes efforts ne furent pas heureux, pour le distraire de l'humeur belliqueuse et de la soif de popularité qui le tourmentaient. Je considérais que la reine ou vivrait long-temps, ou mourrait bientôt ; que dans le premier cas il viendrait un temps de décadence, comme c'est l'ordinaire dans la vieillesse des princes ; que dans le second la même chose arriverait, comme on le voit souvent dans les commencemens d'un règne, et que, dans ces deux cas, si l'élévation du comte était trop rapide, les circonstances pourraient lui créer des dangers, comme il pourrait en créer aux circonstances. Je me rappelle que, lorsque je le vis sur le point de partir pour l'Irlande, prévoyant quelle serait l'issue de ce voyage, je lui dis : « *Milord, lorsque je vous approchai jadis pour la première fois, vous me parûtes un médecin qui désirait guérir les plaies de l'État : mais aujourd'hui je trouve que vous ressemblez à ces charlatans qui sont bien aises que la maladie de leurs cliens se prolonge, afin de leur être toujours nécessaires.* Il ne se blessa point de la hardiesse de ce discours, car il avait l'oreille indulgente, et personne ne savait mieux supporter la vérité ; il me dit seulement, que la situation du royaume exigeait qu'il se conduisît ainsi. Je crois néanmoins que ce sont ces observations et d'autres, que j'y ajoutai à diverses reprises, qui l'engagèrent à écrire cette apologie, que plusieurs ont vue.

Il est rare que nous fassions part de notre conduite à ceux dont nous ne pouvons espérer l'approbation. La différence qui existait entre la manière de penser du comte et la mienne sur deux points aussi importans, dut donc mettre un terme à l'intimité de nos relations. Nous nous refroidîmes au point que, pendant les dix-huit mois qui précédèrent son départ pour l'Irlande, il ne daigna plus m'appeler auprès de lui, ni me consulter. Je dois pourtant excepter ce voyage même, sur lequel il voulut avoir mon avis. Non-seulement je cherchai à l'en dissuader, mais je fis ce que je pus pour le convaincre que son absence pourrait aigrir la reine, au gré de laquelle il lui serait impossible de se conduire, comme il serait impossible à celle-ci de se conduire au sien ; d'où je concluais qu'il n'en pouvait résulter rien de bon pour lui, pour elle et pour l'État ; et ne voulant rien négliger, je lui exposai, autant que je m'en souviens, les difficultés de cette expédition. L'histoire à la main, je lui montrai dans les Irlandais des ennemis à comparer aux anciens Gaulois, aux Bretons et aux Germains; je lui rappelai, que les Romains avec leurs armées si bien disciplinées, si largement payées et l'élite du monde entier, avaient appris à leurs dépens combien il est difficile de réduire des peuples qui ne voient le bonheur que dans la liberté, ne l'attendent que de leur épée, et le mettent sous la protection des marais et des bois, dont la nature leur a fait des remparts. J'en conclus, qu'attaquer les Irlandais dans sa position, c'était risquer sa réputation et donner lieu de comparer les résultats aux efforts qu'ils auraient exigés. J'ajoutai beaucoup d'autres raisons, et je suis certain que dans aucune autre circonstance je ne lui parlai avec plus de force, soit de vive voix, soit par lettres, soit par des tiers. Je voyais sa perte attachée à l'expédition d'Irlande aussi clairement qu'il soit permis à un homme de conjecturer l'avenir.

Mais, quoique le comte eût l'oreille ouverte à ce que je lui disais, son cœur était fermé aux conseils qui eussent pu prévenir sa perte. A peine fut-il parti, que je reconnus au changement qui s'opéra dans l'esprit de la reine, que je ne m'étais pas trompé; j'épiai dès-lors l'occasion favorable pour retirer des flammes, s'il était possible, un homme qui semblait s'y être jeté à plaisir; je crus la trouver peu de temps après et m'en saisis avec empressement. Votre seigneurie me permettra quelques détails sur un point que peu de personnes ont connu, d'autant qu'on a répandu le bruit que, pendant le séjour du comte en Irlande, j'avais, pour le perdre, révélé certains secrets et agi sourdement; quoique ce bruit fût une pure calomnie, il ne manquait pas alors, j'en conviens, d'une sorte de vraisemblance.

Un jour à Nonesuch, peu de temps, si je ne me trompe, avant l'arrivée de Cuffe[1], la reine, auprès de laquelle je me trouvais, me dit qu'elle avait lieu d'être tout-à-fait mécontente de la conduite du comte en Irlande; qu'il n'avait pas de succès, et se conduisait avec une arrogance et un défaut de jugement qui compromettaient lui et l'État.[2] Toujours préoccupé du désir d'être utile au comte, je répondis : *« Madame, j'ignore ce qu'exige la raison d'État, mais je sais que les princes doivent se garder d'agir avec trop de précipitation et d'obéir à un premier mouvement : si vous vous contentez de rappeler milord d'Essex et de le réduire, comme autrefois milord Leicester, à porter le bâton blanc*[3], *sans l'éloigner de votre personne et de votre cour, qui est son véritable élément, je pense qu'il sera la gloire et l'ornement du trône aux yeux de la nation et des ambassadeurs étrangers. Au contraire, si votre majesté prend à tâche de l'aigrir sans le désarmer, elle peut lui suggérer la tentation de s'écarter de la respectueuse soumission qu'il vous doit. Au lieu de cela, rappelez-le auprès de vous, satisfaites son ambition par quelque faveur qui l'y fixe, et tout ceci aura une heureuse issue. Je suppose toutefois que l'intérêt de l'État le permette, ce que vous seule pouvez apprécier. »*

Votre seigneurie le sait, si la reine eût suivi ce conseil, les choses eussent tourné tout autrement; le comte eût échappé à l'affront qui l'attendait à son retour, son com-

---

1. Secrétaire du comte.
2. En effet, il laissait dépérir l'armée de 20,000 hommes, à la tête de laquelle il était entré en Irlande pour combattre les rebelles, après s'être vanté de n'avoir besoin que de se montrer pour les réduire.
3. C'est l'insigne que portait le comte-maréchal d'Angleterre.

mandement d'Irlande eût cessé d'exciter l'envie, et il eût recouvré son ancienne faveur.

Cependant le bruit se répandit que le comte d'Essex était de retour, et qu'il était consigné dans sa propre maison à Nonesuch, pour avoir quitté l'Irlande sans la permission de la reine. A l'instant je me rendis auprès de lui, et nous eûmes une conversation qui dura environ un quart d'heure. Il me demanda ce que je pensais de la manière dont on agissait envers lui : « *Milord, répondis-je, c'est un léger nuage, un simple brouillard, qui ne tardera pas à se dissiper; mais, songez-y, quand le brouillard s'élève, il amène une ondée, tandis qu'il fait place au beau temps quand il s'abaisse. Il importe de ne pas laisser à la reine l'ombre d'un mécontentement; et si vous me croyez, comme vous le faisiez jadis et comme me permet de l'espérer la question que vous m'adressez, vous observerez surtout trois choses, qui sont : 1.° de ne pas vous vanter de la suspension d'armes ou de la paix que vous avez conclue avec Tyrone, comme d'un service que vous avez rendu, mais de la présenter comme l'ajournement d'une entreprise malheureuse; 2.° d'éviter que la reine ne se croie obligée de vous renvoyer en Irlande, vous en rapportant à elle à cet égard; 3.° de saisir toutes les occasions, bonnes ou mauvaises, sérieuses ou frivoles, de l'approcher.* »

Je me rappelle que lord d'Essex m'écouta patiemment, me répondit peu de choses et secoua plusieurs fois la tête en homme qui n'adhère pas à ce qu'on lui dit. J'ai acquis la certitude qu'il fit précisément le contraire de ce que je lui avais conseillé.

Depuis, pendant que le garde du grand-sceau informait contre lui, j'abordai plusieurs fois la reine, selon mon usage, lorsque ses affaires personnelles ou celles de la justice m'appelaient près d'elle. Cette assiduité, commentée avec la charité qui est d'usage à la cour, donna lieu de penser que j'étais du nombre de ceux qui aigrissaient la reine contre le comte d'Essex. Je ne puis pas dire, je ne veux pas même croire que cette princesse, dont je révérerai toujours la mémoire, ait accrédité cette opinion; mais si cela était, elle est auprès de Dieu et il ne me resterait qu'à déclarer, qu'il est bien malheureux d'être blessé par une personne dont il ne soit pas permis de se plaindre.

Je dois rendre cette justice à milord Cecil, qu'un jour chez lui, il me dit à moi-même : *« Cousin, on prétend, mais je n'en crois rien, que vous rendez de mauvais offices à milord d'Essex ; pour moi, je joue un rôle purement passif dans cette affaire et ne fais rien de mon propre mouvement. J'obéis, malgré moi, à la reine et ne la guide pas : lord d'Essex est un des hommes avec qui je préférerais vivre en bonne intelligence; mais la reine est ma souveraine et je suis son sujet; je ne dois pas m'exposer à perdre sa faveur : je voudrais que vous suivissiez les mêmes erremens. »*

On peut voir par là combien j'étais éloigné de la pensée qu'on me prêtait.

Les sentimens des hommes se manifestent quelquefois dans des bagatelles plus que dans les choses les plus graves; en voici la preuve : au temps de la Saint-Michel, la reine vint me demander à dîner à Twickenham-Park. Quoique je ne me targue pas d'être poëte, j'avais composé pour cette circonstance un sonnet, où je faisais allusion à la situation du comte d'Essex, dans l'espérance d'amener la reine à se réconcilier avec lui; je me rappelle même que je montrai ce sonnet à un grand personnage, ami du comte, qui m'en fit compliment. Je le répète, quoique ceci soit une bagatelle, on y voit une preuve bien claire de mes sentimens, et que j'étais disposé non-seulement à rendre service au comte, mais encore à manifester hautement mon dévouement pour lui. Il y a plus, je puis dire que jamais je ne mis tant d'ardeur dans la poursuite d'une faveur personnelle, que je n'en mis à obtenir le pardon du comte : d'abord, je fis ce que je pus pour engager sa majesté à lui envoyer quelqu'un, et à me choisir pour ce message. Je ne craignis pas d'assurer devant elle que la conduite que l'on tenait envers le comte déplaisait généralement, et qu'il importait à sa majesté qu'on pût l'attribuer à d'autres qu'à elle ; je l'engageai, en conséquence, à mêler à sa sévérité quelques marques de faveur particulières et spontanées qui, faisant éclater à la face du monde sa clémence et sa magnanimité, lui concilieraient le cœur de ses sujets. J'insistai pour qu'elle daignât envoyer quelqu'un près du comte, ou s'y rendre elle-même ; sachant bien que, si elle se déterminait à l'un ou à l'autre parti, cette marque de bienveillance deviendrait pour Essex un gage infaillible de salut. Pour me faire charger moi-même de cette mission, je dis à la reine que, si Dieu touchait son cœur et le disposait à la clémence, je la conjurais d'en donner quelque témoignage ; que, si elle ne voulait pas agir par elle-même, elle employât au moins une personne qui ne pût revendiquer le mérite de cette bienveillante démarche, et à qui l'on ne pût pas même en attribuer la première idée ; celui qu'elle choisirait ne devant être que l'instrument passif de sa clémence. Mais je ne pus rien obtenir, et pourtant je ne doute pas qu'elle n'eût pénétré mes intentions ; mes efforts n'aboutirent qu'à lui rendre ma franchise suspecte, et à lui faire croire que j'étais beaucoup plus attaché au comte qu'elle ne le voulait et ne le désirait alors.

Je me rappelle que c'est à cette époque que je lui fis

la réponse qu'on a mise sur le compte de plusieurs personnes. Sa majesté était fort irritée de la publication de l'Histoire de la première année du règne de Henri IV[1], dédiée à milord Essex. Voyant dans cet ouvrage le prélude d'un mouvement séditieux, elle me dit qu'elle le regardait comme un crime de lèse-majesté, et me demanda si je n'y pourrais pas trouver les élémens d'une accusation. Je répondis incontinent : « Pour ce qui est du crime de lèse-majesté, je n'y vois rien qui y ressemble : mais en revanche, j'y trouve plusieurs faits de félonie. — En quoi consistent-ils, dit aussitôt la reine ? — Mais, en plusieurs

---

1. John Hayward, auteur de l'*Histoire de la vie et du règne de Henri IV*, la dédia à milord Essex, et en publia, en 1599, la première partie (Londres, in-4.°). Dans l'épître dédicatoire il appelle le comte *Magnus et præsenti judicio et futuri temporis expectatione*. Cet éloge indiscret, à l'occasion duquel les ennemis d'Essex ne manquèrent pas de rappeler qu'il descendait par les femmes de la maison royale d'Angleterre, et que son nom avait été mêlé à ceux des prétendans à la couronne, joint à ce que le roi Richard II avait été déposé et Henri IV élu à sa place, indisposa la reine, et lui fit penser que ce livre avait été écrit pour encourager ses sujets à la déposer et leur fournir un précédent qu'ils pussent invoquer. Le mécontentement d'Élisabeth avait peut-être un autre motif, plus réel. Elle savait qu'Essex employait Hayward à faire une réponse au traité *Des droits* du jésuite R. Parsons, qui avait paru en 1593 et 1594 sous le nom de R. Doleman, et qu'il y devait soutenir indirectement les droits héréditaires du roi d'Écosse. Dans les mêmes vues Hayward, dans l'Histoire de Henri IV, avait mis dans la bouche de l'évêque Carlisle un discours où il défendait les droits de Richard contre ceux de Henri. Voilà, dit-on, ce qui valut à Hayward la disgrâce d'Élisabeth, qui le fit mettre en prison, et depuis la faveur de Jacques I.er, qui le nomma chevalier et historiographe du collège de Chelsea. La réponse au traité Des droits parut en 1603. Londres, in-4.°

vols manifestes que l'auteur a faits à Cornélius Tacite, auquel il a pillé nombre de sentences; qu'il n'a fait que traduire et enchâsser dans son récit. »

Une autre fois, la reine, ne pouvant se persuader que ce même livre fût de l'auteur dont il portait le nom, et l'attribuant à un écrivain plus méchant, déclara dans un violent accès de colère, qu'elle entendait qu'on mît celui-là à la question, afin de le contraindre à nommer le véritable auteur. « Madame, lui dis-je, ce n'est pas celui qui se donne pour l'auteur, mais le livre, qu'il s'agit de mettre à la question; qu'on donne à Hayward une plume, de l'encre, du papier et les livres dont il a besoin, et exigez qu'il continue son histoire où il l'a laissée. Je me fais fort de vous dire, d'après son style, s'il en a imposé en s'attribuant cet ouvrage. »

Telle fut la modération dont j'usai constamment dans l'affaire du comte, toutes les fois que la reine m'en entretint : je lui disais, que les fautes de milord Essex étaient de celles que la loi qualifie seulement de désobéissances, n'étant autre chose que des transgressions d'ordres et d'instructions particulières; transgressions dont on pouvait trouver l'excuse dans l'étendue même de la faveur qu'elle lui accordait, dans les pouvoirs qu'elle lui avait confiés, dans la latitude de sa commission et dans la nature de l'expédition dont elle l'avait chargé; que la guerre d'Irlande n'était pas de celles dans lesquelles il est possible à un général de se conformer rigoureusement à ses instructions; que la distance des lieux, séparés de nous par l'Océan, ne le permettait pas, et que le devoir de demander et d'attendre des ordres y était subordonné au caprice des vents et des tempêtes; que le comte pourrait en appeler au conseil d'État d'Irlande, qui avait approuvé sa conduite; et qu'enfin, il pourrait alléguer la pureté de ses intentions;

pureté qui, dans plusieurs religions, suffit pour excuser la désobéissance à Dieu, et à plus forte raison aux princes de la terre. Par toutes ces considérations, je disposais la reine à bien réfléchir avant de soumettre la conduite du comte à une discussion publique; j'allai plus loin, car je dis à sa majesté, que milord était un homme éloquent et disert, et que, dans cette circonstance, indépendamment de l'éloquence que la nature et l'art lui avaient donnée, il aurait pour lui la pitié et la bienveillance de ses auditeurs; éloquence bien supérieure à l'autre : que je ne doutais pas, si on lui accordait la faculté de se défendre, qu'il ne triomphât de ses accusateurs, ce qui serait mortifiant pour elle et me faisait désirer que tout se passât entre eux. J'allai jusqu'à lui dire que je souhaitais voir le comte rétabli dans ses anciens honneurs, et qu'elle y ajoutât même quelques distinctions nouvelles, qui lui fissent oublier ses chagrins.

Je conviens, pourtant, qu'en général je fus d'avis qu'on ne renvoyât pas le comte en Irlande, soit pour ne pas tomber en contradiction avec moi-même, soit parce que j'étais convaincu que cela ne profiterait ni à lui, ni à la reine, ni à l'État. Je ne cherchai cependant pas non plus à en dissuader sa majesté; mais je me maintins dans une juste mesure, qui lui laissât la liberté de se décider elle-même. A cette occasion je me rappelle que, lorsque votre seigneurie eut été nommé à la lieutenance d'Irlande, et peu de temps avant votre départ, sa majesté, étant à Whitehall, jugea à propos de me parler de votre nomination, à quoi je répliquai : « Assurément, madame, puisque l'intention de votre majesté était de ne pas employer de nouveau d'Essex à cette mission, vous ne pouviez faire un meilleur choix. » J'allais en déduire les raisons, quand la reine m'interrompit avec colère : « Essex! dit-elle; si jamais je le renvoie en Irlande, je vous épouse; rappelez-vous cette promesse et venez alors en réclamer l'exécution! — « Madame, répliquai-je, qu'Essex retourne en Irlande, si cela peut être utile à votre majesté et je vous remets votre parole. »

Aussitôt après, la reine prit le parti de faire et fit en effet en pleine chambre étoilée une proclamation, pour faire connaître au public les motifs de l'incarcération du comte, et ce, hors la présence de ce dernier; quelques libelles lui en fournirent le prétexte et l'occasion. Avant de faire cette démarche, elle s'en était ouverte à moi; mais je ne l'avais pas approuvée. Je lui avais fait observer, qu'on ne manquerait pas de dire qu'elle avait frappé milord par derrière, et qu'elle avait privé la justice de la balance dans laquelle elle doit peser l'attaque et la défense. Je m'exprimai vivement; car, si je m'en souviens bien, j'allai jusqu'à dire à la reine que le comte triompherait d'elle dans le forum de l'opinion publique; j'en concluai, comme je l'avais déjà fait, qu'il était à désirer que tout se passât en particulier. Ce qu'il y a de sûr, c'est que cette fois j'offensai Élisabeth, ce qui m'était jusqu'alors rarement arrivé; j'eus occasion, en diverses circonstances, à Noël, pendant le carême et aux approches de Pâques, de m'apercevoir qu'elle ne me recevait plus avec la même affabilité et ne me parlait plus avec la même confiance qu'auparavant : elle me fit même des reproches de ce que je n'avais pas paru à la chambre étoilée le jour de la proclamation, ce qui était vrai; mais je donnai une indisposition pour excuse. Elle n'en garda pas moins avec moi le plus profond silence sur l'affaire du comte pendant tout le temps que je viens de dire.

A Pâques, elle rompit ce silence et avoua que j'avais eu raison; que ce qui s'était passé à la chambre étoilée n'avait rien produit de bon, et avait plutôt soulevé des rumeurs factieuses qu'apaisé l'opinion publique (ce furent ses propres expressions); qu'elle était en conséquence déterminée à faire procéder contre Essex par voie d'information orale, en l'admettant à se défendre lui-même. Du reste, elle me répéta ce qu'elle m'avait déjà dit plusieurs fois auparavant, qu'elle voulait le châtier et non le perdre. Dans l'intention de la détourner de ce projet, je lui dis : « Madame, s'il m'est permis de vous faire connaître ma pensée, je vous tiendrai le langage que l'on prête à la tête de fer, forgée par le moine Bacon[1] : la première fois elle dit : *il est temps;* la seconde, *il a été temps*, et la troisième, *oncques désormais il ne sera temps.* De même aujourd'hui il est beaucoup trop tard : les esprits sont refroidis; on a trop différé. » La reine parut encore offensée de ce discours et se retira, persistant vraisemblablement dans son projet. Depuis, vers le milieu de l'été, me trouvant près d'elle, la conversation tomba sur l'affaire du comte; voyant qu'elle était toujours dans les mêmes dispositions, je lui dis en passant : « Madame, puisque vous

---

1. Roger Bacon, cordelier anglais, vivait au $\mathrm{I\hspace{-0.5pt}X}^e$. siècle. C'était un homme supérieur, grand mathématicien, grand astronome et grand chimiste. On lui attribue l'invention de la poudre à canon et plusieurs autres découvertes remarquables. Suivant une tradition long-temps populaire en Angleterre, ce moine avait fabriqué une tête d'airain, qui répondait aux questions qu'il lui adressait. Il avait, dit-on, travaillé sept ans avec son frère Bunguey à forger cette tête, afin de savoir d'elle s'il n'y aurait pas moyen de clore l'Angleterre de murs ou remparts. Les uns prétendent qu'elle fit une réponse que les deux frères n'entendirent pas, parce qu'elle parla avant qu'ils eussent prêté l'oreille; d'autres disent qu'elle fit la réponse que rapporte ici F. Bacon, et qui ne dut pas les satisfaire davantage que s'ils n'eussent rien entendu.

paraissez décidée à faire faire le procès de milord Essex, il ne me reste plus qu'à vous rappeler ces paroles d'Ovide à sa maîtresse : *il est un demi-jour préférable au jour* (*est aliquid luce patente minus*); il est à désirer que cette affaire soit jugée dans le conseil et qu'ensuite il n'en soit plus question. » Ce peu de mots parut encore déplaire à la reine : cependant j'ai lieu de croire qu'il produisit son effet dans le temps et empêcha que l'instruction du procès ne se fît dans la chambre étoilée, quoique depuis il ait plu à la reine de donner plus d'éclat à cette affaire. En effet, peu de jours après ce que je viens de dire, une assemblée, composée de conseillers, de pairs, de magistrats et de personnages importans, fut chargée de l'examiner à l'hôtel d'York. C'est alors qu'une députation me fut envoyée par ce conseil pour me notifier la volonté de la reine, qui était que j'y assistasse[1]; néanmoins un des membres de la députation me déclara que sa majesté n'avait point encore décidé si je serais employé dans l'examen qu'elle provoquait.

Voici maintenant ce qui a pu donner lieu au bruit qu'on a calomnieusement répandu, que j'ai cherché à être employé contre le comte d'Essex : le fait est que, me rappelant ce qui s'était passé entre la reine et moi, et les sujets de mécontentement que je lui avais donnés, en contrariant ses vues et en prenant les intérêts du comte, j'écrivis pour la forme deux ou trois mots à sa majesté. Je soupçonnais d'ailleurs qu'il existait contre moi une cabale ourdie par quelque ambition étrangère, et je voulais la déjouer. Dans cette lettre je disais à la reine: « que s'il lui plaisait me dispenser de prendre part au procès

---

1. Cette assemblée, à laquelle Bacon assista, eut lieu chez le garde-des-sceaux le 15 Juin 1600.

de milord Essex, à raison des bienfaits que je tenais de lui, je mettrais cette dispense au nombre des marques les plus signalées de sa royale bienveillance; mais que, dans le cas contraire, je la suppliais de croire que je saurais faire la part de chacun de mes devoirs, et qu'il n'était pas d'obligation privée qui pût me faire manquer à celle que m'imposerait son service et m'empêcher de la remplir dans toute son étendue. » Certes cette requête n'avait en soi rien de blâmable et que la prudence n'eût commandé à tout homme sage; mais ma vue portait plus loin : je ne doutais pas que les débats de ce procès ne fissent éclater entre le comte et la reine toute l'aigreur qui fermentait dans leur ame; or, je songeais qu'en me conformant aux volontés de la reine, je conserverais mon crédit, sans nuire au comte, auquel ce même crédit pourrait plus tard n'être pas inutile. J'avais d'ailleurs entendu dire, que la reine voulait absolument que nous fussions tous employés dans ce procès et que chacun y jouât son rôle : pouvais-je m'y soustraire? Les tâches furent donc distribuées : la mienne fut de montrer avec quelle irrévérence le comte s'était conduit en fournissant matière au pamphlet séditieux dont il a été question, et qui lui avait été dédié, sous le titre d'Histoire de Henri IV. J'objectai vainement aux distributeurs des rôles que ce grief était bien ancien et n'avait aucun rapport au reste de l'accusation, qui s'appliquait exclusivement à l'expédition d'Irlande; qu'en butte depuis quelque temps à la calomnie, j'allais y être exposé bien davantage, si je donnais lieu de croire qu'on ne s'était pas trompé sur mon compte. On me répondit captieusement, que c'était précisément à cause de mon étroite liaison avec le comte qu'on me confiait ce chef d'accusation, qui était le moins grave; que les autres étaient seuls sérieux, tandis que celui-ci, ne portant que sur des imprudences, me permettrait de me borner à des considérations générales sur la conduite que le comte aurait dû tenir. Quoique peu satisfait de ces explications, et sachant bien qu'il y a moins d'inconvénient à charger quelqu'un de ses propres fautes que de celles d'autrui, je n'osai désobéir à la reine et décliner la mission qui m'était destinée. J'acceptai ma tâche et la remplis avec fermeté, tout en démontrant mieux qu'on ne l'avait jamais fait que, hors les points que j'établissais, le comte était innocent. Un devoir d'un ordre supérieur ne m'imposait-il pas d'en agir ainsi? L'honneur et la gloire de la reine, engagés dans cette affaire, m'y obligeaient également, sans compter le désir secret que j'avais de me ménager sur cette princesse un crédit et un ascendant que je pourrais faire tourner plus tard au profit du comte.

En effet, lorsque j'eus rempli ma tâche, dès le lendemain, si je me le rappelle bien, j'allai trouver la reine, avec l'intention de ne rien négliger pour faire rentrer milord en grâce; croyant savoir comment il convenait de s'y prendre avec la reine, j'imaginai de flatter d'abord son ressentiment en la félicitant de la manière dont tout s'était passé. « Madame, lui dis-je, votre majesté vient de triompher de deux adversaires rebelles aux plus grands héros, l'opinion publique et une ame altière. Cela suffit, je pense, à votre gloire, et l'humilité que le comte a montrée envers votre majesté le rend à mes yeux plus digne que jamais de sa royale faveur. Daignez laisser à votre victoire tout son éclat en ne la prolongeant pas davantage. Profitez au contraire de l'occasion pour y ajouter en recevant le comte avec indulgence. » La reine parut m'écouter avec plaisir et me répéta ce qu'elle m'avait déjà dit plusieurs fois, qu'elle voulait châtier le comte et non le perdre, comme pour me faire entendre que le moment était arrivé où je pourrais juger de la sincérité de ces paroles. Elle m'ordonna ensuite de mettre par écrit tout ce qui s'était passé la veille; j'obéis, et peu de jours après je lui apportai mon travail, que je lui lus dans les deux soirées suivantes. Lorsque j'arrivai à la défense du comte, que j'avais particulièrement soignée, la reine se montra singulièrement touchée et parut s'attendrir en faveur de milord. Elle alla jusqu'à me dire, qu'à la manière dont j'avais rendu la défense du comte, elle s'apercevait qu'une ancienne affection s'oublie mal-aisément; à quoi je repartis incontinent, que j'espérais qu'elle en jugeait par elle-même[1], et que maintenant, qu'elle connaissait toute l'affaire, elle ne permettrait sans doute pas qu'on allât plus loin. « Madame, ajoutai-je, le feu ne brûle que trop, pourquoi l'attiser encore? Votre majesté ne peut-elle pas se réserver de donner à ce procès telle suite que bon lui semblera. Qu'elle interdise aux scribes et greffiers d'en consigner les pièces dans leurs registres, et le public n'osera faire ce qu'elle aura interdit à la justice elle-même. » La reine accueillit cette idée et m'ordonna de supprimer ce que j'avais écrit; je remplis si bien ses intentions, que je ne pense pas que plus de cinq personnes l'aient vu.[2]

---

[1]. Il ne faut pas perdre de vue qu'Élisabeth avait cinquante-huit ans la première fois qu'elle vit le comte d'Essex, et celui-ci vingt-quatre ans, et qu'à l'époque à laquelle se réfère le récit de Bacon ils avaient l'un et l'autre dix ans de plus. Il faut donc croire que l'affection de la reine pour le comte était toute maternelle. On sait que Leicester, beau-père de ce dernier, avait été l'amant d'Élisabeth; il avait donc pu lui inspirer le sentiment que nous lui attribuons.

[2]. Ce rapport, rédigé au mois de Juin 1600, se trouve dans les œuvres de Bacon, 2.ᵉ vol., édit. de 1765, sous ce titre : *The procerdings of the Earl of Essex.*

Depuis lors, pendant les jours de l'été, que la cour passa à Nonesuch et à Oatlands, ma pensée constante et mon unique occupation furent de faire naître ou de saisir l'occasion de rendre le comte à son ancienne faveur. Je lui fis part de mes intentions dès qu'il fut libre et que je pus lui écrire sans encourir la disgrâce de la reine. Il agréa mes efforts, et je puis dire que je n'approchai pas une fois la reine, ce qui m'arrivait souvent alors, sans lui parler en sa faveur; je le tenais au courant de tout ce que j'apprenais et de mes démarches; j'allai jusqu'à écrire sous son nom à cette princesse, d'après le désir qu'il en manifesta. Je lui objectai d'abord la supériorité qu'il avait sur moi du côté de l'esprit et du style; mais il prétendit que sa longue absence l'avait rendu étranger aux pensées actuelles de la reine. Je cédai à cette considération et fis. si bien que, dans les six semaines ou deux mois qui suivirent, son retour en grâce devint de plus en plus probable. Je n'étais jamais plus agréable à la reine que quand je lui parlais en faveur du comte; j'en pourrais donner plusieurs preuves : je me bornerai à une ou deux, qu'il est bon que vous sachiez.

La reine me parlait quelquefois d'un certain individu qui s'était fait fort de guérir mon frère de la goutte ou du moins de calmer ses douleurs, et s'informait souvent de l'effet des remèdes. Un jour je lui répondis que mon frère s'était d'abord bien trouvé du traitement qu'on lui faisait suivre, mais qu'ensuite son état avait empiré : « Bacon, me dit la reine, cela ne m'étonne pas; le défaut des charlatans est de s'en tenir constamment aux remèdes qui ont d'abord produit un bon effet et d'ignorer les modifications que les circonstances exigent, continuant d'employer des purgatifs lorsque les cordiaux sont devenus nécessaires. »—« Ah! madame, lui répondis-je, j'admire la manière judicieuse dont votre majesté parle de la médecine du corps; puisse-t-elle apprécier aussi bien le traitement qui convient aux plaies de l'ame! La position dans laquelle se trouve milord Essex lui offrirait une belle cure à faire. Je vous ai entendu dire que vous vouliez corriger le comte et non le perdre; peut-être penserez-vous que le moment est venu de faire succéder les cordiaux aux purgatifs. Les délais que votre majesté apporte à ce changement sont plus propres à ulcérer qu'à corriger une ame fière. »

Une autre fois elle me dit qu'Essex lui avait écrit plusieurs lettres qui l'avaient touchée, mais qu'en les examinant avec plus d'attention, elle s'était aperçue qu'elles n'avaient qu'un objet, qui était d'obtenir le renouvellement d'une ferme[1]. « Ah! madame, pourquoi faut-il que votre majesté interprète ainsi les choses! eh quoi! deux pensées ne peuvent-elles habiter à la fois chez une créature? Il me semblait au contraire qu'il était dans la nature de l'homme d'obéir à deux sympathies, dont l'une le porte à chercher la perfection, et l'autre à se conserver. Par la première, il ressemble au fer qui cherche l'aimant; par la seconde, au cep qui cherche l'échalas. Le besoin et non l'amour est le principe de cette dernière tendance. Veuillez donc, madame, passer au comte la seconde de ces sympathies, née du besoin qu'il a de vous, en faveur de la première, qui l'attache à votre personne et qui est innée chez lui. »

Je craindrais de fatiguer votre seigneurie en entrant dans d'autres détails: qu'il lui suffise de savoir qu'à la même époque, de concert avec le comte, j'écrivis deux lettres, dont l'une était censée écrite par mon frère; et l'autre,

---

1. Il s'agit ici de la ferme des vins doux, dont Essex avait le privilége, qui était près d'expirer (29 Sept. 1600).

qui était la réponse, par milord lui-même. Toutes deux devaient être communiquées par moi à la reine, à qui elles étaient destinées, pour lui prouver qu'Essex était tel qu'elle pouvait le désirer. J'en atteste ceux qui les ont vues, surtout s'ils ont connu la reine et s'ils ont bien présentes les circonstances où l'on se trouvait, qu'ils disent si elles n'étaient pas très-propres à réconcilier milord Essex avec la reine; et que l'on ne dise pas que j'y ai fait aucun changement depuis, puisqu'elles furent publiées dans le temps telles qu'elles sont encore aujourd'hui, par les soins de mon frère et des amis de sa seigneurie.

Le fait est que sa majesté, fatiguée des continuelles tergiversations[1] du comte, finit par s'aigrir tout-à-fait contre lui. Alors, se rappelant sans doute tout ce que j'avais fait et dit en sa faveur, avec un zèle infatigable et souvent importun, elle me disgracia complétement, et ne daigna pas m'accorder un regard pendant les trois mois qui s'écoulèrent depuis la Saint-Michel jusqu'à la Circoncision. Si je me présentais à elle, elle détournait la tête, et si je m'en approchais, pour lui parler d'affaires judiciaires, elle m'écartait sous les plus légers prétextes. N'y pouvant plus tenir, je saisis l'occasion d'une audience, que j'obtins

---

1. Ces tergiversations prirent peu de temps après un autre caractère. La reine, après la procédure instruite à l'hôtel d'York, s'était contentée d'ôter à Essex sa place dans le conseil privé, de le suspendre de ses autres fonctions et de lui interdire l'accès de sa personne. Mais Essex, qui manquait de jugement, imagina que Jacques VI, roi d'Écosse, fils de Marie Stuart et héritier présomptif d'Élisabeth, appuyerait toutes les tentatives qu'il pourrait faire. Il se flattait d'ailleurs d'avoir un parti dans Londres. En conséquence, suivi de quelques insensés, il parcourut les rues de cette capitale, essayant de soulever le peuple, mais personne ne bougea. On le saisit et on lui fit son procès.

dans les premiers jours de Janvier, pour lui dire que je voyais bien qu'elle m'avait retiré sa faveur, quoique j'eusse perdu à cause d'elle bien des amis. « Votre majesté, ajoutai-je, m'a mis en avant, suivant l'expression française, en *enfant perdu;* et comme l'infanterie dont on se sert pour couvrir la cavalerie, elle me laisse exposé à l'envie, sans asile et sans appui : je savais déjà qu'au jeu d'échecs, le fou qui garde le roi est en butte à toutes les attaques. On m'en veut parce que l'on croit que j'ai agi contre milord Essex, tandis que vous me retirez votre faveur pour avoir pris ses intérêts. Malgré cela je ne me repens pas de ce que j'ai fait pour vous et pour lui dans la sincérité de mon cœur et sans aucune vue personnelle. Si je me romps le cou, j'aurai fait comme M. Dorrington, qui, pendant plusieurs jours, fit le tour de l'église du haut de laquelle il devait se précipiter, afin de reconnaître la place où il tomberait. Comme lui, je prévois ma chute prochaine; je désire seulement que vous sachiez que c'est à ma fidélité et non à un accès de démence qu'on devra l'imputer, et je n'en continuerai pas moins de prier pour vous. »

A ce discours que je prononçai avec chaleur, la reine, qu'il avait émue, répondit mille choses gracieuses et bienveillantes, m'invitant à m'en reposer sur elle et assurant que sa protection ne me manquerait pas. Quant à milord Essex, elle n'en dit mot, et je me retirai avec la ferme résolution de ne plus m'occuper de cette affaire, convaincu que, continuer de m'en mêler, ce serait me perdre sans utilité pour le comte.

Tel fut le terme de mes démarches en faveur de sa seigneurie; depuis lors jusqu'au 8 Février[1], jour fatal à milord Essex, je ne vis plus la reine.

---

[1]. Condamné le 8 Février 1601, Essex fut exécuté le 25 du même mois.

Quant à ma conduite dans le procès du comte, votre seigneurie sait si j'eusse pu agir autrement que je ne l'ai fait, sans manquer à mes devoirs. Du reste, Dieu m'est témoin que je n'ai demandé ni à la reine, ni à personne au monde, soit à déposer contre l'accusé, soit à le juger; et que mes collègues et moi n'avons rien fait que ce dont nous avons été chargés.

Pour ce qui est du temps qui s'est écoulé entre l'accusation et le supplice du comte, une seule fois pendant cet intervalle j'ai, si je m'en souviens bien, été admis auprès de la reine, mais pour un motif qui ne me permettait pas de l'entretenir directement d'un pareil sujet. Je ne laissai pas de faire d'une manière générale un appel à sa clémence, que je comparai à un baume précieux qui distillait continuellement de ses royales mains et répandait sur son peuple une suave odeur. Je fis plus, j'osai tenter d'atténuer, je ne dis pas le crime du comte, il y aurait eu de la témérité, mais le danger qui en pouvait résulter, faisant observer que, si ses auteurs avaient été des méchans, il n'eût pu être prévenu sans effusion de sang; tandis qu'il paraissait bien, par la manière dont tout s'était passé, que ceux qui l'avaient tramé n'en avaient pas senti l'énormité et ne s'étaient pas doutés de la sévérité du châtiment qu'ils encouraient. J'ajoutai quelques autres réflexions, que je passe sous silence.

A l'égard de ma conduite postérieure, je puis citer une foule de témoins recommandables, qui attesteront que dès le lendemain du jugement du comte, six accusés sur neuf furent relaxés à ma diligence et par suite des informations que j'avais prises sur leur qualité et leur caractère. Certes, il m'eût été facile de les perdre, puisque j'avais entre les mains des lettres de leurs complices qui les inculpaient suffisamment. Déjà le jury avait prêté serment, et, le moment fatal arrivé, il allait être prononcé sur leur sort : ils peuvent dire, avec quelle sollicitude j'avais veillé à ce qu'aucun de ceux qui étaient impliqués dans ce procès, ne fût privé de sa liberté, avant que les charges fussent suffisamment précisées et établies. Ils peuvent dire, enfin, si je ne me suis pas conduit en toutes choses avec loyauté.

Il est cependant un point dont je dois convenir, c'est que la reine m'ayant demandé ce que je pensais de sir Thomas Smith, je répondis qu'il ne valait pas mieux que les autres ; mais vous saurez qu'alors je n'avais encore lu que l'acte d'accusation, et que l'information m'était inconnue. Dès que j'eus pris connaissance de celle-ci, et que j'eus vu les accusateurs atténuer leurs précédens témoignages par de nouvelles déclarations ; aussitôt, surtout, que j'eus entendu sir Thomas Smith lui-même, je m'empressai d'aller trouver la reine pour décharger ma conscience ; et, sans égard pour l'opinion que j'avais d'abord manifestée, je dis à sa majesté que l'on avait calomnié sir Thomas Smith, ou que ses accusateurs s'entendaient maintenant avec lui, et qu'il convenait de soumettre son procès à une révision.

Je dois confesser aussi qu'à cette époque sa majesté, qui avait été satisfaite de mon style dans le premier rapport que j'avais fait sur la procédure instruite à l'hôtel d'York, et dans plusieurs autres écrits que j'avais composés pour elle, m'ordonna d'écrire l'apologie qu'elle a fait publier pour justifier la condamnation du comte ; mais vous saurez que jamais secrétaire ne fut tenu de se conformer plus strictement, pour la pensée et pour l'expression, à la volonté de celui sous la dictée duquel il écrit, que je ne le fus à la volonté de la reine. Il y a plus, quand mon travail fut terminé, il fut soumis à un conseil de lords choisis par sa majesté. Il y fut lu d'un bout à l'autre, pesé, critiqué, altéré, et devint entre les mains de mes censeurs un ouvrage nouveau; sans toutefois que je veuille dire que la vérité n'y a pas été respectée. Leurs seigneuries et moi, quelque désir que nous eussions d'atteindre le but, nous voulions par-dessus tout être vrais. Au surplus, je ne leur prêtai que ma plume et j'écrivis sous leur direction. Après avoir subi cette première épreuve, mon travail fut encore attentivement lu par la reine, qui y fit elle-même quelques changemens; enfin, il était déjà sous presse, lorsque sa majesté, chez qui votre seigneurie sait que le génie des grandes choses n'excluait pas le soin minutieux des petites, se rappela que je n'avais pu me défaire de mon ancien respect pour le comte, et qu'au cours de mon récit je l'avais constamment appelé *milord* Essex. Cette qualification lui parut déplacée, et elle voulut qu'on y substituât le nom seul d'*Essex*, ou de *dernier comte d'Essex*. En conséquence elle fit supprimer quelques exemplaires déjà achevés, et fit recommencer l'impression.[1]

Voilà, si je m'en souviens bien, milord, toute la part que j'ai prise à cette affaire. Je ne vous ai épargné aucuns détails; non qu'ils aient, au moins ceux qui me sont personnels, une grande importance, mais j'ai voulu vous mettre à même de vous assurer de la vérité et répondre à la calomnie. Je suis bien sûr de n'avoir rien dit que d'exact, quoiqu'il s'agisse de faits déjà anciens : c'est à vous maintenant de dire si je ne me suis pas conduit en

---

1. On trouve cet écrit dans le deuxième volume des OEuvres de Bacon, sous ce titre : *A declaration of the practices, and treasons attempted and committed by Robert, late Earl of Essex*, etc.

honnête homme. Pour moi, je le déclare, si la reine et le comte eussent voulu me croire, comme ils ont bien voulu m'écouter, ce dernier vivrait heureux et moi par lui. Il me reste à supplier votre seigneurie de me pardonner la longueur de cette apologie, et surtout de ne pas m'ôter son estime, tant que je ne m'en serai pas rendu indigne.

Dans cette espérance, je demeure de votre seigneurie,
le très-humble et très-empressé serviteur,

F. Bacon.

DERNIÈRE VOLONTÉ

DE FRANÇOIS BACON,

VICOMTE DE SAINT-ALBAN.[1]

Je remets entre les mains de Dieu mon ame et mon corps ; je le conjure par les mérites de la bienheureuse passion de mon Sauveur, de se souvenir de mon ame au jour de ma mort, et de mon corps au jour de ma résurrection.

Je désire être enterré dans l'église de Saint-Michel près Saint-Alban : c'est là que repose ma mère ; c'est dans cette paroisse qu'est ma maison de Gorhambury, et cette église est la seule église chrétienne qu'il y ait dans l'enceinte du vieux Verulam.

Je désire que les frais de mes funérailles n'excèdent pas 300 liv. st. au plus.

Quant à mon nom et à ma mémoire, je les fie aux discours des hommes charitables, aux nations étrangères et aux âges futurs.

Pour ce qui est de la partie durable de ma mémoire, qui se compose de mes ouvrages et de mes écrits, je désire que mes exécuteurs testamentaires, et spécialement sir John Constable et mon excellent ami M. Bosvile, se chargent de recueillir tout ce que j'ai fait tant en anglais qu'en latin, le fassent bien relier et le distribuent à la bibliothèque du roi, à celle de l'université de Cambridge, à celle du collége de la Trinité, où j'ai été élevé ; à celle du collége de Bennet, où mon père a été élevé ; à celle

---

[1]. Extrait des registres de la cour de Cantorbéry.

de l'université d'Oxford, à celle de milord de Cantorbery et à celle d'Eaton.

Comme j'ai fait deux recueils, l'un de mes oraisons ou discours, et l'autre de celles de mes lettres qui ont quelque intérêt, et que ces recueils, relatifs à des affaires d'État, ne peuvent être utiles qu'au gouvernement, je les lègue et confie au très-honorable et excellent lord évêque de Lincoln, et au chancelier de sa majesté dans le comté de Lancastre. Je désire aussi que mes exécuteurs testamentaires, spécialement Constable, mon frère, et M. Bosvile, prennent possession, immédiatement après mon décès, de tous mes papiers quelconques, qui se trouveront dans mes armoires, boîtes et cartons, et qu'ils les mettent sous cachet, jusqu'à ce qu'ils aient le loisir d'en faire le dépouillement.

Je donne et lègue aux pauvres des différentes paroisses où j'ai passé le temps de mon pélerinage sur la terre, quelques aumônes, proportionnées à la médiocrité de ma fortune : aux pauvres de Saint-Martin-des-Champs, où je suis né, et où j'ai vécu pendant les premiers et les derniers jours de ma vie, 40 liv. st.; aux pauvres de Saint-Michel près Saint-Alban, où je désire être enterré, la même somme, et 10 liv. en sus, *parce que le jour de la mort vaut mieux que celui de la naissance* (Eccl. 7, 2); aux pauvres de Saint-André d'Holborn, en mémoire de mon long séjour à Gray'sinn, 30 liv. st.; aux pauvres de l'abbaye de Saint-Alban, 20 liv. st.; aux pauvres de Saint-Pierre, 20 liv. st.; aux pauvres de Saint-Étienne, 20 liv. st.; aux pauvres de Redborn, 20 liv. st.; aux pauvres d'Hemstead, où j'ai entendu les sermons et les prières qui m'ont consolé pendant les ravages de la première grande peste, 20 liv. st.; aux pauvres de Twickenham où j'ai habité quelque temps dans Twickenhampark, 20 liv. st.

Jé prie M. Shute, de la rue des Lombards, de se charger de mon oraison funèbre, et je lui donne, en cette considération, 20 liv. st. En cas d'empêchement, je fais la même prière et le même legs à M. Peterson, mon dernier chapelain, et, à son défaut, à son frère.

Dons et legs à ma femme.

Je donne et confirme à mon épouse bien-aimée, par le présent testament, tout ce qui lui est assuré, promis ou annoncé par notre contrat de mariage, savoir : ma terre d'Hertfordshire, mes revenus du sceau et tous mes immeubles, conformément à ce qui est stipulé audit contrat. Je lui donne aussi les meubles à mon usage à Gorhambury, tels que tables de bois, fauteuils, lits et autres choses semblables. Je n'excepte que les riches tentures avec leurs dessus, les tapis de Turquie, les coussins et autres meubles qui ornent la galerie ; j'excepte aussi un riche fauteuil, qui est un cadeau de ma nièce Césarine ; mes armes et toutes les tables de marbre. Je donne également à ma femme mes quatre chevaux hongrois de voiture ; mon meilleur carrosse ; les jumens et le carrosse à son usage. Je donne et lègue à ma femme, pour sa vie durant, la moitié de la rente qui lui était réservée sur le bail de Read. Cette rente, qui lui a été attribuée lorsqu'elle a pris son ménage à part, uniquement pour la mettre à même de vivre plus honorablement, devait cesser à ma mort ; cependant, comme elle a commencé à la toucher, je suis bien aise qu'elle continue. Je crois par ces dispositions, qui sont indépendantes de ses reprises, avoir mis ma femme en état de soutenir le rang de vicomtesse, et lui avoir donné un témoignage suffisant de mon amour et de ma libéralité envers elle. En effet, je calcule, et je cave au plus bas, que Gorhambury et ma terre d'Hertfordshire, rapportent un revenu annuel de 700 liv. st., sans compter les coupes de bois et les loyers de bâtimens : or, par mon contrat de mariage, je n'étais obligé de laisser à ma femme que 500 liv. st. par an ; les 200 liv. st. et plus, que j'y ajoute, sont donc une pure libéralité. Les 600 liv. st. de rente annuelle, que je lui lègue sur la ferme des Writs, sont encore une pure libéralité. Ses reprises et sa part dans la communauté peuvent se monter à 200 autres liv. st. et plus de rente annuelle, indépendamment des valeurs qu'elle possède en joyaux, vaisselle plats et autres objets précieux, dont jamais je ne fus avare envers elle. Toutes choses que j'énumère, non que je croie trop faire pour ma femme, mais de peur qu'on ne prise ce que je fais au-dessous de sa valeur.

Legs à mes amis.

Je donne à mon digne ami, le très-honorable marquis d'Effiat, dernier ambassadeur de France, mes livres de prières et les psaumes que j'ai traduits en vers avec beaucoup de soin.

Je donne à mon noble ami, le très-honorable Édouard, comte de Dorset, la bague enrichie de diamans, que le roi régnant m'a donnée, lorsqu'il n'était encore que prince.

Je donne à mon très-honorable ami, ma bouteille en or fondu.

Je donne à Constable, mon frère, ma bibliothèque et 100 liv. st. en or ; à sa femme, une bague de 50 liv. st. ; à Nall, leur fille, une bague de 40 liv. st.

A miladi Coke, une bague de 50 liv. st. ; à sa fille Anne Coke, une bague de 40 liv. st. ; à son fils Charles, une bague de 30 liv. st.

Je veux aussi que mes exécuteurs testamentaires vendent les appartemens que j'ai dans Gray's inn, et qui sont actuellement loués ; on pourra, je pense, en tirer 300 liv. st.; savoir : 100 liv. du rez-de-chaussée et 200 liv. des étages supérieurs. Je désire que mes exécuteurs testamentaires emploient le produit de cette vente, quel qu'il soit, à l'entretien de vingt-cinq pauvres élèves de deux universités; savoir : de quinze élèves de Cambridge, et de dix élèves d'Oxford.

Je donne à M. Thomas Meautys, une bague de 50 liv. st.; j'y joins le tapis de pieds à mon usage.

Je donne à mon ancien et digne ami sir Toby Matthew, une bague de 30 liv. st.

A mon excellent ami sir Christophe Darcy, une bague de 30 liv. st.

A M. Henri Percy, 100 liv. st.

A M. Henri Goodricke, 40 liv. st.

A mon filleul François Low, fils de Humphrey-Lowe, 150 liv. st.

A mon filleul François Hatcher, fils de M. William Hatcher, 100 liv. st.

A mon filleul François Fleetwood, fils de Henri Fleetwood, écuyer, 50 liv. st.

A mon filleul Philips, fils de l'auditeur Philips, 20 liv. st.

Je donne à chacun de mes exécuteurs testamentaires, une pièce d'argenterie de 30 liv. st.

Legs à mes domestiques tant anciens qu'actuels.

Je donne à Halpeny, 400 liv. st., et la moitié des provisions de foin, de bois de chauffage et de charpente, que je me trouverai avoir au jour de mon décès; à Stephen Paise, 350 liv. st. et mon lit avec ses accessoires; couvre-pieds, garnitures de lit, chemises, taies d'oreillers, draps de lit, bonnets de nuit, mouchoirs à moucher, etc.; à Wood, 330 liv. st. et toute ma garde-robe, pourpoints et chaussures; à sa femme, 10 liv. st.; à mon ci-devant domestique François Edney, 200 liv. st. et ma belle robe; à mon ancien serviteur Troughton, 100 liv. st.; à mon dernier chapelain, le D.ʳ Rawleigh, 100 liv. st.; à mon ancien serviteur Fletcher, 100 liv. st. et 10 liv. à son frère, qui touchera le tout, si Fletcher ne me survit pas; à la dernière femme de chambre de ma femme, mistriss Wagstaffe, 100 liv. st.; à Maurice Davis, 100 liv. st.; au vieux John Bayes, 100 liv. st.; à mon ancien serviteur Woder, 70 liv. sterl.; à mon ancien serviteur Guilman, 60 liv. st.; à mon ancien serviteur Faldo, 40 liv. st.; à mon cocher de Londres, 40 liv. st.; à Harsnys, mon valet de chambre, 40 liv. st.; à Abraham, mon valet de pied, 40 liv. st.; à Smith, mon intendant, et à sa femme, 40 liv. st.; à mon ancien serviteur Bowes, 30 liv. st.; à mon serviteur Atkins, 30 liv. st.; au vieux Thomas Gotherum, qui a été élevé avec moi, 30 liv. st.; à mon serviteur Plomer, 20 liv. st.; à Daty, mon cuisinier, 20 liv. st.; à Henri Brown, 20 liv. st.; à Richard Smith, 20 liv. st.; à William Sayers, 10 liv. st.; à John Lorge, 20 liv. st.; à la bonne vieille Smith, 10 liv. st.; à la femme de Peter Radford, 5 liv. Enfin, je donne à chacun de mes domestiques qui ne sont pas nommés au présent, 5 liv. st.

Affectation générale de mes terres et biens à l'exécution de mes dernières volontés.

Conséquemment à l'assurance donnée dans le temps aux chevaliers sir John Constable, mon beau-frère; sir Thomas Crewe; sir Thomas Hegley, avocats, et à quelques autres personnes, qui n'existent plus aujourd'hui, que mes terres et tenemens en Hertfordshire n'étaient que temporairement séquestrés; et pour tenir lieu de l'amende à laquelle j'ai été condamné, et pour tout paiement d'icelle, les justiciers M. Hutton et M. Chamberlain, et les chevaliers sir François Barneham et sir Thomas Crewe, ont été saisis de tous mes biens, par lettres-patentes de sa majesté, en qualité de séquestres par moi désignés. A cet égard, voici ma dernière volonté : j'entends que lesdits séquestres par moi désignés et nommés par lesdites lettres-patentes, se conforment à tout ce que mes exécuteurs testamentaires jugeront convenable de faire et de requérir pour le paiement de mes dettes, l'acquittement de mes legs et l'exécution de mes dernières volontés, ayant charitablement soin que les plus pauvres de mes créanciers et légataires soient payés les premiers.

De plus, je donne et lègue à mes exécuteurs testamentaires, pour les mettre à même de mieux et plus promptement payer mes dettes et exécuter mes dernières volontés, tous mes biens, propres, et dettes actives quelconques; aussi bien que les arrérages de la pension annuelle de 1200 liv. st. que le roi me fait, et qui depuis plusieurs années ne m'est pas payée; comme aussi toute ma vaisselle plate, mes bijoux, meubles; en un mot, tout ce que j'ai de biens et propres, n'exceptant que ce dont j'ai spécialement disposé par le présent testament.

Et comme j'ai lieu de croire que la vente de mes immeubles, fermes, biens et propres, donnera, mes dettes et legs acquittés, un excédant assez considérable, j'entends que mes exécuteurs testamentaires emploient cet excédant de la manière suivante, savoir : à acheter un héritage assez grand pour fonder et doter deux chaires dans chaque université; l'une de ces chaires sera consacrée à l'enseignement de la philosophie naturelle, et en général des sciences qui en dépendent. J'ai lieu de penser que ces deux chaires pourront coûter, chacune, 200 liv. st. par an. Quant à l'organisation de ces deux chaires et aux choix des professeurs, auquel il faudra de temps en temps pourvoir, j'en laisse le soin à mes exécuteurs testamentaires, qui s'entendront pour cela avec les évêques de Lincoln, de Coventry et de Litchfield.¹

Néanmoins je désire que nul n'y puisse être professeur s'il n'est Anglais, à moins qu'il ne soit maître-ès-arts depuis sept ans et qu'il ne s'abstienne de professer la théologie, le droit et la physique, aussi long-temps qu'il occupera l'une des deux chaires; à ces conditions, on ne s'enquerra pas s'il est étranger ou Anglais. Je désire aussi, pour la gouverne de mes exécuteurs testamentaires, que ces deux chaires soient mises sur le même pied que celles précédemment établies par le chevalier sir Henri Savil.

Je nomme et institue exécuteurs du présent testament, mes dignes amis, le très-honorable chevalier sir Humphrey Maye, chancelier de sa majesté dans le duché de Lancastre; M. Hutton, justicier; sir Thomas Crewe; sir Francis Barneham; sir John Constable et sir Euball Thelwall.

Je nomme, pour surveiller l'exécution du présent testament, mon noble, constant et sincère ami, le duc de Buckingham. Je le supplie très-humblement, et c'est la

---

1. Sorbière, disciple de Gassendi, assure, comme le tenant de sir William Bosvil, que lord Bacon n'ayant plus rien, ne fit un testament que pour la forme, et qu'il légua 400,000 liv. st. à un collége imaginaire, dont il avait tracé le plan dans sa Nouvelle Atlantide; mais cette assertion de Sorbière n'est rien moins que vraisemblable.

dernière requête que je lui adresse, de daigner dans sa bonté assurer l'entière exécution de ces dernières volontés, et accorder, pour l'amour de moi, sa bienveillante protection à ceux de mes bons serviteurs que mes exécuteurs testamentaires recommanderont à sa grâce. Je le supplie aussi très-humblement de recommander au roi, mon très-gracieux souverain, la mémoire de mes longs, continuels et fidèles services; ce prince a toujours été mon protecteur, même avant de monter sur le trône : aussi, quoique déjà j'aie un pied dans le ciel, je prie et prierai Dieu pour lui, tant qu'il me restera un souffle de vie.

Comme sa grâce est surchargée d'affaires, elle trouvera bon que je lui donne pour adjoint, dans ladite surveillance, mon digne ami et proche allié, le maître des archives.

Avant de supplier les exécuteurs et surveillans ci-dessus nommés, d'accepter ces qualités, j'ai bien réfléchi à l'embarras et à la peine que j'allais leur donner; mais j'ai pensé, qu'en considération de ce que je leur ai été, ils voudraient bien condescendre à rendre ce dernier office à ma mémoire et à mon nom. J'ai jugé que, si tous les hommes peuvent se faire rendre justice eux-mêmes, moi, pour être honoré, j'avais besoin de l'honorable intérêt de personnes honorables.

Ici je crois devoir annuler et entièrement révoquer toute donation, libéralité, confirmation et attribution que je puis avoir faites à ma femme dans la première partie du présent testament, et ce pour causes graves et justes; en conséquence je réduis ma femme aux seuls droits qu'elle peut avoir à prétendre.

Je recommande spécialement à mes exécuteurs testamentaires de payer un billet que je viens de souscrire, étant malade, en faveur de M. Thomas Mewtys, qui s'est engagé pour moi vis-à-vis de Robert Dowglas, afin que ledit Robert Dowglas lui fasse quittance.

Fr. Saint-Alban.

Publié le dix-neuvième jour de Décembre 1625, en présence de W. Rawley, Rob. Halpeny, Stephen Paise, Will. Atkins, Thomas Kent, Edward Legge.

L'an 1627, 13 Juillet, sir Thomas Crewe et sir John Constable, exécuteurs testamentaires nommés par le testament ci-dessus, ayant refusé ou plutôt décliné cette charge, après avoir été régulièrement sommés de la remplir; sir Humphrey Maye, chancelier du duché de Lancastre; sir Richard Hutton, l'un des justiciers du banc du roi; sir Euball Thelwall, l'un des maîtres en la cour suprême de chancellerie, et sir François Barneham, également exécuteurs testamentaires, nommés audit testament, s'étant aussi excusés sous divers prétextes, et ayant expressément renoncé audit titre d'exécuteurs, ainsi qu'il appert d'actes authentiques; sir Robert Rich, maître en la cour suprême de chancellerie, et Thomas Meautys, écuyer, créanciers de feu lord François Bacon, baron de Verulam, vicomte de Saint-Alban, sont commis à l'administration des biens, droits et créances dudit François Bacon, sous la condition de se conformer, autant que possible, à la teneur et à l'effet dudit testament. En conséquence, lesdits Rich et Meautys ont prêté serment sur les saints Évangiles de bien et fidèlement administrer, suivant les formes dues et prescrites par le droit.

Linthwaite Farrant, greffier.

FIN DU SECOND VOLUME.

TABLE.

TOME PREMIER.

	Pages.
Avertissement	j
Notice sur Nicolas Bacon	xix
Notice sur Nathanaël Bacon	xliv
Notice sur Lady Anne Bacon	xlvj
Notice sur Antoine Bacon	xlix
Livre I.er	1
Livre II	71
Livre III	129
Livre IV	160
Livre V	208

TOME SECOND.

Livre VI	1
Livre VII	80
Liste chronologique des ouvrages de Bacon	207
Notice bibliographique	219
Témoignages	246
Profession de foi de François Bacon	291
Apologie de François Bacon, au sujet des diverses imputations auxquelles l'avait exposé le procès du comte d'Essex	298
Dernière volonté de F. Bacon	328

www.ingramcontent.com/pod-product-compliance
Lightning Source LLC
Chambersburg PA
CBHW060508170426
43199CB00011B/1374